漢城時代 百濟의 古墳文化

● 지은이

이남석_李南奭

現공주대학교 사학과 교수, 박물관장

저서

『百濟石室墳研究』
『百濟墓制의 研究』
『백제의 고분문화』
『百濟文化의 理解』
『熊津時代의 百濟考古學』

漢城時代
百濟의 古墳文化

초판인쇄일   2014년 2월 27일
초판발행일   2014년 2월 28일
지 은 이   이남석
발 행 인   김선경
책 임 편 집   김윤희, 김소라
발 행 처   도서출판 서경문화사
             주소 : 서울시 종로구 이화장길 70-14(동숭동) 105호
             전화 : 743-8203, 8205 / 팩스 : 743-8210
             메일 : sk8203@chol.com
인   쇄   바른글인쇄
제   책   반도제책사
등 록 번 호   제 300-1994-41호
ISBN   978-89-6062-123-7   93900
ⓒ이남석, 2014

漢城時代 百濟의 古墳文化

이남석 지음

책 머 리 에

한성시대 백제사는 초기정황을 구체화할 수 있는 자료의 부족으로 일목요연한 이해
가 어렵다는 것은 주지된다. 이는 문헌사만이 아니라 고고학도 마찬가지인데, 자료 부족만이 아
니라 마한과의 이해 혼돈이란 또 다른 환경도 있다. 그 원인은 동일한 물질자료에 대한 다양한 이
견에서 찾을 수 있을 것인데, 그럼에도 백제가 한강유역에서 성장을 거듭한 결과 4세기대에 이르
러 명실상부한 고대국가로 자리 매김되었다는 점에 이견은 없다.

본서는 이처럼 다소 혼란상을 드러내는 백제 한성시대 역사상을 분묘라는 물질자료
를 통해 이해를 다소나마 진전시켜 보고자 마련하였다. 여기에 수록된 글은 그동안 발표되었던
것 일부를 포함하여 새롭게 작성한 것들로 한성시대 백제 분묘에 초점을 맞춘 것들이다.

무덤을 어떻게 다룰 것인가를 시작으로 삼한의 소국이었던 백제 묘제는 마한묘제로
인식하여 검토하여 보았다. 나아가 한성시대 백제 분묘의 중심에 있는 토광묘를 주구토광묘와 관
곽토광묘, 분구토광묘로 구분하여 각 묘제의 특성과 계통에 대해 살펴보았다. 무엇보다도 한성기
백제묘제로서 이질성이 큰 적석총의 재인식도 진행하였는데, 석촌동 고분군의 종합적 검토와 함
께 분묘로서 적석총의 진정성 문제에 초점을 맞추어 보았다. 또한 횡혈식 석실묘는 초기적 정황
을 살피기 위하여 연원의 검토와 한성시대 석실묘의 잔존현황을 토대로 묘제 특성도 고찰하여 보
았다. 아울러 신라토기가 출토된 석실묘를 검토함으로써 백제 횡혈식 석실묘의 인지방식도 제시
하여 보았다. 이외에도 금동관모가 출토되는 분묘가 대체로 한성시대에 국한되는 것을 기회로 이
의 정치·사회적 의미도 추구하면서 마지막으로 백제 묘제의 전개상을 토대로 한성시대 백제분묘
의 종합적 이해도 제시하여 보았다.

사실 기왕의 백제 고분문화, 특히 한성시대의 백제 분묘 검토에 부닥치는 가장 큰 한

계는 마한묘제의 몰이해, 적석총의 묘제로서 구체성 결여, 그리고 석실묘 등장 정황에 대한 이견 등을 꼽을 수 있을 것이다. 그런데 이러한 한계는 백제를 잉태한 마한과 그 묘제의 이해가 우선되면서, 백제의 고유묘제로 인식되는 토광묘나 적석총, 그리고 나중에 주묘제로 자리하는 석실묘에 대한 분명한 위상 확립을 통해 극복될 수 있을 것으로 보았다. 이에 마한묘제의 구체화, 토광묘의 연원과 전개상의 확립, 적석총의 재해석 및 석실묘 위상의 강화를 시도하여 보았는데, 나름의 미진함도 적지 않다고 여겨진다.

　　　　한성시대 백제 고고학의 접근도 문헌사처럼 자료적 한계를 완전히 극복하기는 어려운 것이 현실이다. 지역에 따라 자료 증가는 예견될 수 있겠지만, 적어도 한성시대의 정황을 알려줄 자료의 상당정도가 이미 인멸된 상황이고, 그 회복도 불가능한 것이 많기에 그러하다. 그러나 자료 부족을 더 이상 피난처로 삼을 수 없는 것도 현실이다. 따라서 이러한 현실을 직시하면서, 빈약한 자료지만 가능한 합리성이 담보된 해석을 통하여 한성시대 고분문화에 대한 나름의 이해를 시도하였는데, 만족한 결과인가에 대해서는 흔쾌한 대답이 어렵다.

　　　　백제묘제 이해의 핵심이 한성시대의 분묘에 있다고 여겨져, 그동안 관심만 가졌던 분야를 살펴 정리한 것이기에 여전한 게으름으로 주변의 많은 손을 빌릴 수밖에 없었다. 공주대학교 박물관의 이현숙 학예사를 비롯한 학예원, 그리고 대학원생 장영미 양 등의 수고에 우선 감사한다. 그리고 어려운 환경에도 기꺼이 출판을 맡아준 서경문화사 김선경 사장께는 항상 죄송하기 그지없다. 학문에 정진할 수 있도록 항상 성원하는 가족에게도 겉치레 감사만 거듭한다.

2014. 2. 20

熊津邊에서　著者 識

차 례

I 인간과 무덤
人間과 무덤

1. 무덤은

　주검을 위한 시설을 무덤이라고 부르며, 한자로 "墳墓"라 적을 수 있다. 우리는 무덤을 분묘 혹은 묘지·고분 등의 여러 가지 이름으로 부른다. 그러나 우리말은 무덤 외에 별다른 용어를 갖지 못하고, 이외의 용어는 한자어에 다름 아니다. 즉 무덤이란 용어는 한자로 다양하게 표현되기도 하는데, 이는 동일한 무덤이라도 시기와 지역 그리고 묻힌 자에 따라 다르게 사용되었음을 보여주는 것이다. 특히 무덤 중에서 오래된 것을 "古墳"이라 부르는데, 이는 우리말로 옛 무덤을 말하지만 한문에 없는 신조어이다. 여기에서 옛날이란 개념도 모호하지만, 아무튼 '古墳'이란 용어는 오래 전이란 시간을 기점으로 역사성이 부여된 무덤을 말하는 것임을 밝혀 둔다.

　그런데 '古墳'이란 용어는 오히려 학술적 의미가 강하다. 옛날의 무덤 중에서 학술적 가치가 있는 것을 고분으로 부르자는 의견도 있다. 때문에 고분 자체의 의미는 학술적 측면에서 시작된 것이고, 여기에 역사성과 관련하여 '고분시대'나 '고분문화'라는 용어가 널리 사용된 것이 아닌가 여겨진다. 지금은 옛 무덤을 고분으로 부르는 것이 거의 일반화되었지만 기실, 고분이란 단어의 사용은 신중하여야 한다는 것도 알 수 있다.

인류가 지구상에 등장하여 문명을 형성할 수 있었던 것은 인지능력을 갖추었기 때문이다. 사유능력은 사람으로 하여금 상상의 나래를 펼 수 있게 하였고, 그에 따라 종교적 의식, 즉 사후세계에 대한 인식도 형성하게 되었다. 특히 원시적 물질문명과 과학수준에서 인류는 자연현상에 대한 이해에 한계가 있었고, 어쩌면 생존의 필수조건인 生老病死마저도 합리적으로 받아들이기 어려웠을 것이다. 오히려 인류는 사유가 가능하였기에 생로병사와 같은 자연 섭리를 형이상학적 섭리로 받아들일 수밖에 없었고, 그러한 차원에서 永生을 믿을 수밖에 없었을 것이다. 이러한 환경에선 죽음 자체를 生의 종결이 아니라 새로운 시작으로 볼 수밖에 없기에, 죽음 후의 遺體에 대한 관심도 자연스럽게 형성되었을 것이다. 그로써 죽은 시신을 중요시하는 관념이 생겨났을 것이고, 그러한 환경은 인류에게 보편적일 것으로 여겨진다. 때문에 인류 삶의 흔적에서 가장 보편적으로 남겨진 것이 이들 주검을 위한 시설들일 것이다.

인류가 무덤을 만들게 된 것은 사후세계에 대한 인식에서 비롯된 것이다. 그러나 사후세계를 인식하였다고 무작정 무덤을 만든다고 볼 수는 없다. 그들이 인식한 사후세계가 어떤 것인지, 어떤 방식으로 사후세계를 인식하였는지에 따라 무덤의 존재 여부나 모습도 차이가 있을 수밖에 없다. 무덤은 사후세계의 인식 속에서 이루어진 인간 활동의 결과물일 뿐이다. 무덤은 이러한 인식을 토대로 이루어진 다양한 활동, 우리는 이를 '喪葬禮'라고 부르는데, 그러한 활동의 결과로 남겨진 물질자료일 뿐이다. 그런데 무덤만으로 다양한 상장례를 예단하기는 어렵다. 오히려 무덤과 전혀 별개의 사후세계를 인식하는 활동이 존재한다는 것도 유념하여야 한다.

사람이 죽은 다음의 사후세계를 인식한 것은 언제부터일까. 인류의 기원을 영장류가 아닌 현생인류의 관점에서 볼 경우 그리 먼 시기는 아닐 것이다. 250만년전이나 450만년전의 인류 기원은 영장류에 초점된 것이다. 오히려 사유능력 즉 지적 사고에서 우리와 비슷하다고 여겨지는 호모 사피엔스 사피엔스, 즉 현생인류의 기원은 멀어야 7~8만년전이 언급될 수 있을 뿐이다. 그러한 정황은 고고학 상으로 후기 구석기시대에 초점될 수 있을 것인데, 시간상으로 멀어야 4만년 정도의 역사가 언급될 수 있다. 인류가 사후세계를 인식한 것도 그 즈음일 것이라고 추정되는데, 실제 인류학이나 고고학적으로 검증될 수 있는 증거는 훨씬 늦은 시기라는 것도 유념되어야 한다.

인류사의 범주에서 삶의 흔적으로 무덤이 남겨진 것은 후기 구석기시대의 것으로, 적어도 1만여년을 상회하지만 한반도의 경우는 그리 오랜 것은 발견되지 않는다. 후기 구석기시대의 매장 흔적으로 홍수아이가 알려져 있지만, 단 한건의 사례에 불과하고 오히려 보편성 문제도 있다. 그러나 신석기시대에 이르면 무덤이 많이 나타난다. 아마도 신석기시대에 사후세계에 대한 인식이 구체화된 것이 아닐까 추정되는데, 그 즈음에 각종의 신앙이 보편화되는 것으로 미루어 그러하다. 이러한 정황은 인류가 문명단계에 진입하면서 우선적으로 무덤을 만든 것이 아닌가를 추정케 하기도 한다. 무덤은 인류의 삶과 불가분의 관계에 있는, 인류 삶을 가장 상징적으로 나타내는 물질자료로 자리매김된 것이다.

사실, 무덤은 사람이 죽은 다음에 만드는 것이고, 그 자체는 시신을 처리하는 시설에 다름 아니다. 그러나 무덤은 여기에 묻힌 자가 누구인가, 즉 신분이나 지위에 따라 형태나 내용을 달리한다. 그리고 어떤 시기에 만든 것인가에 따라 존재 형태에 차이가 있다. 무덤 자체도 어떻게 생겼는가, 무엇으로 만들었는가에 따라 그 내용이 다양하게 구분된다. 무덤은 땅을 파고 시신을 묻는 것을 말하지만 인류 문화의 다양성에 짝하여 무덤의 형태도 매우 다양하게 존재한다. 무덤을 만드는 방법은 문화권에 따라 시대와 지역에 따라 커다란 차이가 있다. 이는 무덤을 만든 사람들의 문화배경·민족성·생활환경 나아가 자연환경의 차이에 따라 각기 다른 형태의 무덤을 만들기 때문이다. 예컨대 이집트의 피라미드는 수만의 인력을 동원하여 만든 장대한 구조물이고, 유럽의 돌멘도 대단한 규모를 지닌 무덤이다. 동아시아에도 도용 출토로 유명한 秦始皇陵처럼 장대한 규모로 조성된 무덤이 있다. 그리고 風葬으로 분류되는 아무런 시설이 없이 사체를 방기하는 형태의 아메리카 인디언의 무덤도 있고, 우리에게도 들판에 방기하듯이 시신을 안치하는 초분도 있다.

물론 이러한 차별화는 비단 큰 문화권만이 아니라 좁은 지역에서도 그러하다. 그러나 규모의 크고 작음이나, 화려함의 정도가 무덤의 중요성을 나타내는 것은 아니다. 오히려 각각에 형성된 관습과 환경에 따라 서로 다른 무덤을 만들 뿐이다. 유념해야 할 것은 무덤 자체가 사회 정형을 그대로 반영하는 것은 아니라는 점이다. 무덤의 상대 비교가 사회 간의 상대 비교가 될 수 없음을 명심해야 한다. 메소포타미아 문명, 인더스 문명에 부재한 고총고분이 그것이 존재하는 이집트보다 후진성을 의미하는 것은 아니기 때문이다. 이는 문명권에 국한되지 않고, 보다 국지적 측면에서도 크게 부각된다. 한국고대사회의 삼국사회를 비교할 경우 무덤의 규모나 부장품의 多寡가 그 주체의 정치적·사회적 우열을 반영하는 것은 아니라는 것이 그것이다.

결국 무덤은 차이가 있겠지만 존재만으로도 이를 만든 주체인 인간이 사유동물임을 적나라하게 나타내는 것이고, 그들이 죽음 자체도 예사롭게 넘기지 않음에서 여타의 동물과 차별화될 수 있음을 보여주는 물질자료이다. 사실 사람이 사람답게 살 수 있는 것은 문화적 삶을 영위하기 때문이다. 그리고 문화는 사회 준칙의 형태로 관습화되어 누대에 걸쳐 계승된다. 특히 정주생활이 이루어지면서 '冠婚喪祭'와 같은 문화 행위가 중시되었고, 이러한 通過儀禮는 시간과 공간 및 주체에 따라 차별적으로 존재하기에 해당 사회의 역사를 고찰하기 위한 자료로 활용되는 것이다. 이중에서도 墓·葬制는 당대의 사회의식이나 관습을 폭넓게 반영하면서 사회 변화와 밀접한 관련을 지니고 있다.

때문에 인류 과거 모습의 복원은 이 묘제를 통해서 진행함에 그 유용성이 두드러진다. 그러한 유용성은 무덤이 지닌 시간과 지역 그리고 사용주체에 따라 다양성을 지닌 것과 관련이 있다. 즉 특정 지역에서도 민족에 따라 시기에 따라 무덤을 차별화된 형태로 만든다. 우리는 무덤의 형태만 보아도 그것의 담당자가 누구인가 그들이 어떤 변천 과정을 겪는가를 알 수 있다. 이로써 무덤은 인류사의 단면을 아는데 매우 유용한 자료로 활용되는 것이다. 무덤은 사후세계의 안식처로 마련된 시설이다. 그러나 무덤은 현실적 이해관계를 배경으로 만든 것이기에 사회의 이해관계가 반영되었다고 볼 수 있다. 문제는 그것이 어느 정도 현실세계를 반영하는가라는 점이다. 무덤이 물질자료의 집합체임에도 불구하고 당대의 현실적 정치·사회 환경을 직접적으로 반영한 것인가의 문제는 검토가 필요하다는 것이다. 아마도 이 의문은 무덤의 역사성이나 사회성이 어떻게 정의되고, 나아가 무덤이 과거 사회의 무엇을 반영하고 있는가의 의문과 상통될 수 있을 것이다.

사실, 물질자료로써 무덤의 기본적 속성은 사후세계의 안식처로서 피장자를 위한 것이나 조상숭배와 관련된 것이다. 이러한 신앙적 관점에서 보면, 오히려 築造者들인 후손들의 미래 안녕과 번영에 직결되는 기념물로 봄이 타당하다. 때문에 무덤은 현실사회를 규제하는 준칙과는 무관하게 그것이 존재하는 경우가 있기도 하다. 여기에 무덤의 양식, 즉 墓制는 어떤 단위집단 사회의 구성원들 간에 의식적으로 공유하는 것이 보통이다. 다만 묘제는 사회가 안정적으로 유지될 경우에는 거의 동일한 양상으로 나타나기에 자칫 제도화된 것으로 인식될 수도 있다. 그러나 묘제는 법제로 강제할 수 있는 것으로 보기 어렵고, 나아가 고정 불변의 것도 아니라는 점이 유의되어야 한다. 무덤을 만드는 방식은 관습화되어 항상적 속성을 드러내지만, 필요에 따라 얼마든지 변화·변용될 수 있는 것이다. 다만 변화·변용의 필요가 무엇인가라는 점은 의문일 수 있는데, 그것은 사회적 합의에 의한 것일 수도 있고, 체제 붕괴에 따른 불가항력적인 요인일 수도 있다. 그러나 보다 근본적인 것은 미래 지향적 입신과 관련하여 사후세계에 대한 인식을 토대로 묘제 변화의 필요성이 대두되었다면, 누구도 강제하지 않은 자발적 변화가 일어날 수 있는 것이 묘제이다.

2. 무덤의 考古學的 意味

고고학의 학문적 장점은 인문학으로서 과학적 면모가 크게 돋보인다는 점이다. 특히 고고학은 인류의 과거 삶을 그들이 남긴 물질자료를 통해 탐구한다. 유적·유물 즉 전혀 편견 없이 진정성을 머금은 물질자료를 다룬다는 장점도 있다.

유적·유물은 추상적이기 보다 오히려 사실적 정보를 머금고 있으며, 특수하기보다 보편적 사실을 전하는 물질자료이다. 때문에 유적·유물은 인류 과거를 加減없이 웅변하는 가장 적극적 자료이기도 하다. 고고학은 그러한 물질자료를 통해 인류의 과거 삶을 연구하는 학문으로 우리가 상대적으로 소홀하였던 사실을 탐구하는데 매우 유익한 학문이다. 선사시대는 물론이거니와 역사시대의 경우 비교적 소홀하였던 보편적 삶의 모습은 오직 고고학만이 복원할 수 있다는 것이 그것이다. 여기에 최근의 고고학은 다양한 연구방법의 개발을 통해서 관심 영역을 크게 확대할 수 있게 되었고, 이로서 과거 인류의 삶을 보다 다양하게 설명할 수 있게 되었다.

고고학은 審美眼을 자극하는 골동품의 축적이 부와 명예의 과시수단이었던 시기에 세계 각지의 문명권 문화유산을 약탈적으로 수집하면서, 다른 한편에서 문화유산은 오히려 인류의 자산이고 역사의 증거임을 자각하면서 인류의 과거 삶을 밝히는 학문으로 출발한다. 특히 왜곡된 인류사를 바로 잡는데 유적·유물의 유용성을 인지하게 된다. 이를 기회로 다양한 연구방법이 개발됨으로써 고고학은 인류의 보편적 삶을 가장 구체적으로 살필 수 있는 학문이 된 것이다.

그런데 고고학의 원활한 수행은 물질자료의 확보가 선행되어야 한다. 이를 위해서 유적발굴이 끊임없이 진행될 수밖에 없으며, 지금도 각지에서 유적발굴이 계속되는 이유이기도 하다. 이러한 유적 발굴은 過去人이 남긴 문화유산을 찾아내는, 즉 고고학에서 연구 자료의 확보를 위한 절차에 다름 아니다. 그러기에 유적발굴은 고고학이란 학문 실행의 출발점이기에, 발굴은 물질자료에 함유된 정보의 손상이 없도록 진행되어야 한다. 무덤은 고고학 자료로서 특수성과 함께 다양성을 갖추고 있을 뿐만 아니라 시간에 구애되지 않고 항상적으로 생산되는 물질자료이다. 따라서 고고학 자료로서 무덤은 가장 보편성을 갖춘 것으로 볼 수 있다. 여기에 더하여 무덤은 사후세계와 관련된 의식이 반영된 물질자료이기에 인위적으로 성격의 왜곡이 크지 않다는 장점도 있다. 나아가 무덤은 과거사회의 인간 존재를 가장 분명하게 보여주는 자료이기도 하다. 무덤은 특정시기와 지역의 사람들이 향유하던 사유방식이나 의식세계의 단면을 가장 적나라하게 보여주기 때문이다. 특히 사람들은 그들의 의식을 구체화하면서 무덤이란 구조물과 함께 부장품도 남기는데, 그러한 것들이 당대 사회실상을 밝히는 최고의 정보원이다. 무덤의 발굴에 신중할 필요가 여기에 있다.

무덤은 사회적 산물이다. 물론 무덤은 만든 사람들의 사후세계에 대한 인식이 일차적으로 반영되겠지만 그들이 구성한 사회의 모습도 극명하게 반영될 수밖에 없다. 사자의 발생에서 喪葬禮를 거쳐 그 결과를 처리한 시설물이 무덤이다. 그러나 상장례는 미지의 사후세계를 염두에 둔 행위로서 현실과 불가분의 관계 속에 설계될 수밖에 없다. 따라서 거기에는 사회의 정적인 모습만이 아니라 변화란 동적인 모습도 반영될 수밖에 없을 것이다. 그것은 가족관계, 친족관계 혈연과의 상호간의 관계를 포함하여 집단 전체와 관련된 것일 수 있다. 따라서 물질자료로서 무덤이 내포한 고고학 정보는 풍부할 뿐만 아니라 매우 다양한 것으로 평가함에 주저할 필요가 없다. 비록 무덤은 사후 유체의 안식처라는 점에서 오랫동안 관습화되었던 환경에 기초하여 조성된 것일지라도 그것은 관습화된 환경을 증거하는 물질자료로 존재한다. 고고학은 이를 통해서 그들의 현실적 모습이나 의식세계를 엿보는 것이다. 나아가 무덤의 구축에 반영된 기술적 측면은 물론이고 부장품으로 물질문화의 정도를 가늠하는 것도 고고학이다.

무덤은 인류의 삶이 계속되는 한 영속적으로 건축될 수밖에 없기에 시대적 변천상도 체계적일 수밖에 없다. 특히 거기에는 누대에 걸쳐 나타난 사회변화의 실상이 그대로 반영될 수밖에 없고, 고고학은 이를 토대로 사회변화상도 밝힐 수 있다. 물론 무덤에 강한 전통성이 있다는 것은 널리 알려진 인식이다. 그러나 무덤만큼 사회변화에 민감한 물질자료도 없을 것이란 사실도 유념되어야 할 것이다. 안정된 사회에서 묘제 변화는 거의 발견되지 않지만 사회체제 변화가 유발될 경우 그것이 묘제변화로 이어지는 경우가 많기 때문이다. 이는 무덤은 사회성이 강하다는 것을 의미하는 것이기도 하다. 특히 동양사회처럼 사후세계의 인식이 조상숭배와 관련되고 그 實現物로 무덤이 만들어지는데 무덤이 사후세계의 안식처뿐만 아니라 고통스런 현실의 彼岸處로 간주될 수도 있다. 이 경우 묘제는 현실을 일탈하는 경우도 예상할 수 있다.

그럼에도 고고학 자료로서 무덤의 가치는 결코 과소평가될 수 없다. 그것은 무덤이 함유한 당대 사회 실상의 풍부한 정보력을 결코 외면할 수 없기 때문이다. 특히 무덤은 당대의 가장 선진적 의식이 반영된 물질자료이고 첨단적 소재가 집약된 것이기 때문이다. 무덤은 미래의 이상을 구하기 위한 현실세계의 구현물이기에 그들이 가진 관습·관행만이 아니라 미래의 이상까지 엿볼 수 있게 한다. 이처럼 당대 사회의 물질문화가 가장 적나라하게 드러난 자료가 무덤이다. 따라서 다른 고고학 자료와 달리 부장품 자체를 의식적으로 埋納하기에 의식적 측면에서의 자료적 진정성이나 완전성은 완벽하다고 볼 수 있다. 여기에 사회의 변화·변천도 그대로 반추하고 있기에 무덤은 고고학의 궁극적 목표, 즉 과거 사회의 변화·변천상을 엿보는데 가장 적합한 자료가 될 수밖에 없다.

물질자료로서 무덤은 고고학 연구의 매력 덩어리이다. 그런데 과거 인류의 삶을 복원할 수 있는 적극적 사료로서의 성격회복은 올바르게 분석되고 해석됨을 전제한다. 반복하지만 무덤은 인간이 사후세계를 의식한 상장례의 결과로 남겨진 흔적일 뿐이다. 따라서 상장례의 구체적 정보가 결여된 상태에서 무덤만으로 조영주체의 면모를 추정하기에 많은 한계가 있다는 것도 잊지 말아야 한다. 사후세계에 대한 인식이 어떤가에 따라 토장·수장·풍장·조장·화장 등 장제가 차별화되어 진행되듯이 무덤도 사후세계의 인식차에 따라 차별적으로 만들 수밖에 없다.

무덤은 해당 사회집단만의 고유 관습이 반영된 것이고, 특히 사후세계와 관련한 신앙적 의례 결과로 남겨진 물질자료일 뿐이다. 때문에 무덤이 사회정황을 유추하는 사료로서의 성격을 갖추기 위해서는 무엇보다도 거기에 반영된 인간의 이상과 관념의 포착이 우선되어야 할 것이다. 이를 토대로 물질자료로서 무덤에 포함된 위상의 회복과 그 성격이 구체화되어야 할 것인데, 그것이 고고학이 수행할 업무인 것이다.

3. 韓國 古代社會와 무덤

우리가 고고학이란 학문에 접근한 시점은 그리 오래지 않았기에 무덤을 학술적으로 검토한 역사도 길지 않다. 일제강점기에도 그들이 우리의 전국 방방곡곡 문화유산을 무차별적으로 파헤칠 때 바라볼 수밖에 없었다. 그런데 일제강점기에 고고학이란 미명아래 가장 많이 파헤쳐진 문화유산은 아마도 무덤일 것이다. 수적으로 가장 많았고, 접근이 용이할 뿐만 아니라 풍부한 부장품은 원하는 것을 어렵지 않게 손에 넣을 수 있었기 때문이다. 그런 와중에 우리의 옛 무덤이 '골인장'이나 '고려장'의 결과라는 왜곡 날조된 前代未聞의 악의적 속담도 유포되고, 소중한 문화유산인 무덤의 도굴도 병행되었기에 이제는 본래 상태로 남겨진 무덤이 거의 없을 정도이다. 안타깝지만 무덤의 고고학적 중요성을 단적으로 보여주는 사례이고, 자료적 가치가 결코 적지 않음을 입증하는 사례이나 실제의 학문적 접근이 그리 오래지 않았다는 아쉬움도 있다.

해방이후 역사학의 과제는 일제강점기에 왜곡된 식민사학의 극복이었다. 방편으로 민족주의적 관점에서 한국고대사의 새로운 해석이 진행되었으나 관련 사료의 부족으로 많은 난관에 봉착했었음도 널리 알려진 사실이다. 때문에 난관 극복의 수단이 필요하였고, 그 적극적 대응 수단이 아마도 고고학이었을 것이다. 특히 한국 고대사에서 사료의 상대적 부족이 두드러지는 고구려나 백제사의 경우는 보다 적극적일 수밖에 없었을 것이다. 상대적으로 사료 왜곡이나 편견이 많고, 그마저도 빈약상이 크게 두드러졌기 때문이다. 이러한 현실에서 무덤과 같은 고고학 자료에 대한 주목은 어쩌면 자연스러운 현상이었고, 따라서 일찍부터 무덤을 주목하고 조사가 진행되었던 것이다.

사실, 우리나라도 무덤 조영의 오랜 역사를 지니고 있다. 동아시아 지역에 문명이 형성되면서 각각 독립된 단위 집단들이 등장하고, 그들은 서로 다른 문화를 향유하면서 무덤을 만들었다. 잘 알려져 있듯이 문헌사적으로 우리나라의 역사는 고조선을 기점으로 이후 남방 계열과 북방계열로 구분하여 다종·다양한 정치집단이 등장하지만 이는 기록에 근거한 것일 뿐, 오히려 고고학적인 역사는 매우 오랜 것이다. 따라서 무덤도 그에 따라 오랜 역사를 지니고 있다고 볼 수 있다. 구석기시대의 매장 관념에 대해서는 정확하지 않으나, 신석기시대에 이르면 패총 속에서 사람 뼈가 출토되는가 하면 구체적 형태의 무덤도 나타난다. 이것이 청동기시대에 이르면 특유의 고인돌이라든가 석관묘가 만들어지면서 무덤의 형태도 보다 구체화된다. 물론 우리 역사에서 묘제가 구체화되는 것을 청동기시대로 보지만, 인문발달의 정도로 미루어 보다 上廻될 수 있을 것이다. 특히 묘제가 구체화되었다는 것은 수렵·어로와 같은 채집경제가 점차 생산경제로 발전하였다던가, 계층화의 진전 및 정치력 성장이 이룩되면서 무덤의 조영에 남다른 노력이 경주되었음을 반증하는 것으로 볼 수 있다. 이러한 환경은 백제를 비롯한 삼국시대 각각의 사회에서 동일하였을 것이다.

그런데 한국 선사·고대사회의 고분문화와 관련하여 주시될 수 있는 것은 그 전개상에 一目瞭然한 관계가 형성되지 않는다는 점이다. 즉 물질자료를 선후관계로 배열할 경우 신 자료의 돌발적 출현이 자주 나타나는데, 무덤에서 더더욱 그러하다. 물론 한반도 고대사회의 특징은 문화의 자체적이고 점진적 발전보다 오히려 선진지역의 신문물 수용에 의한 변화상이 두드러지다는 점에 있다. 이는 무덤의 경우도 마찬가지로 한반도 선사·고대사회에 전개된 무덤의 대부분이 북방이나 중국 동북지역의 것들과 연계되어 있음에서 알 수 있다.

신석기시대의 묘제는 구체화하기 어렵지만 적어도 청동기시대의 경우 고인돌과 석관묘에서 그러한 정황이 확인된다. 예컨대 고인돌의 경우 일찍이 한반도 자생설의 제기에도 불구하고 최근 만주의 遼河유역에 산재된 고인돌 자료는 시·공간적으로 한반도 고인돌과의 관련을 부인할 수 없게 되었다. 나아가 석관묘의 경우도 청동기시대에 이르러 북방에서 유입된 묘제라는 인식은 주지된 것이다. 이러한 정황은 원삼국기나 삼국시대에 이르러서도 크게 다르지 않다. 물론 부분적으로 자생적으로 발전된 묘제도 있지만 그것도 新來 묘제의 영향에서 비롯되는 것이 많다는 점을 부인하기 어렵다.

한반도 고대사회의 묘제는 시간과 공간에 따라 차별적으로 존재하며, 시간의 진전에 따른 변화도 크게 유발된다. 특히 고대사회의 경우 정치·사회적 환경변화가 크게 나타나고 그와 관련된 탓인지 묘제변화도 크다. 그런데 이러한 변화의 배경은 대체로 두 가지 측면에서 이해될 수 있을 것이다. 하나는 정치 환경의 변화에 따른 사회질서의 재편에 의한 것이다. 앞서 언급된 것처럼 사회 환경의 물리적 변화는 기존의 질서체제라던가 관습체제의 붕괴를 가져올 수 있고, 그에 따라 묘제의 변화도 수반될 수밖에 없을 것이다. 물론 그 주된 원인은 아마도 정치 환경의 변화일 것이다. 즉 정치 환경의 변화는 사회체제의 혁명적 변화가 수반될 수밖에 없고 그에 따라 묘제변화도 필연적이라는 것이다. 다만 정치 환경의 변화가 반드시 기왕의 사회질서가 갑작스럽게 붕괴되는 것과 같은 급격한 변화를 담보하는 것이 아니라면, 묘제의 변화는 오히려 踏步的이면서 점진적인 경우가 많다는 점은 유념되어야 할 것이다.

또 다른 하나는 선진문물의 유입과정에 보다 선진지역의 묘제가 유입되는 경우이다. 이 경우 새로운 묘제의 수용이 그들이 가지고 있던 상장례나 사후세계의 인식을 토대로 이루어지는 것으로 보아야 한다. 즉 묘제의 기본적 속성, 무덤이 사후세계와 관련된 시설로서 그것은 조상신과 같은 신의 영역과 관련된 것으로 그와 관련한 인식의 전환에서 나타난 것으로 보아야 한다는 것이다. 이 경우 관심을 끄는 것은 문물의 교류가 정치적 상관관계, 즉 상급의 강자가 중앙으로 기능하면서 그들의 문화가 약자인 지방으로 파급되는 정형을 갖추고 있는 경우가 대부분이란 점이다. 즉 묘제의 경우 강자인 중앙의 묘제가 선진적 요소가 되어 이를 후진지역의 약자, 즉 지방사회에 전파되는 정황인데, 주목되는 것은 그 반대의 현상은 전혀 발견되지 않는다는 점이다.

사실, 동아시아 문물교류의 실제는 중국을 정점으로 전개됨이 일반적이다. 중국을 核으로 사방으로 파급됨이 기본적 정형이고, 그것이 동아시아 문물교류의 패턴으로 봄에 문제가 없을 것이다. 물론 그 매개의 수단이 조공책봉이란 정치적 행위가 개재되어 있는 것으로 볼 수 있는데, 아무튼 이러한 패턴은 중국의 선진문물이 외곽으로 확산되는 방식이면서 수단이기도 하다. 다만 무덤은 그러한 물질교류의 패턴에 직접적으로 반드시 대비될 수 있는 것은 아니라는 점도 유념할 필요가 있다. 무덤은 부동산적 성격의 물질자료로서 동산적인 여타의 물질처럼 收受나 賜與의 대상이 될 수가 없다. 따라서 무덤의 확산은 인적교류가 전제되거나 아니면 모방에 의한 재현이 주된 방식과 수단이 될 수밖에 없다는 점에서 그러하다.

전통사회에서 고유묘제가 고수되는 환경에 새로운 묘제의 수용은 엄청난 모험으로 보아야 한다. 그것은 전통적 관습에서 일탈을 의미하는 것이기에 파격적이고 모험적일 수밖에 없기 때문이다. 따라서 그러한 모험은 해당 집단사회에서 그것이 가능한 위치를 점유한 집단이나 개인에 의해 이루어질 수밖에 없을 것이다. 이는 새로운 묘제 수용의 어려움을 상징적으로 보여주는 것일 텐데 그럼에도 우리의 고대사회에서 새로운 묘제 수용이 비교적 활발하였던 것으로 확인된다. 다만 새로운 묘제의 수용주체가 높은 위계를 점유하고 있던 그룹이기에 그들이 수용하는 새로운 묘제도 보다 선진적인 것일 수밖에 없을 것이란 사실은 주목될 필요가 있을 것이다. 아마도 전통사회에서의 우월성 강화는 기존질서와의 차별화, 즉 보다 선진적 묘제와 같은 威勢的 과시물의 도입을 통한 차별화를 구현함으로써 사회적 우월성을 과시코자 하였을 것이다. 물론 이러한 행위는 종교적 내세 및 미래 성장 도약의 수단이었겠지만 기존의 질서체계와는 상반되는 것이다. 때문에 일탈에 따른 통제는 당연할 것으로 여겨지나 그마저 한계가 적지 않았을 것이란 환경도 상정할 수 있다.

다만 우리나라의 고대사회에서 무덤의 축조가 얼마만큼 계획적이고 체계적이었는가를 구체적으로 알려주는 자료는 없다. 민족지학적 방법에 의거할 경우 일정한 범위에 따라서 전문가는 존재할 것으로 추정될 수도 있을 것이다. 그러나 전사회의 보편적 현상이나 정치·행정적 의미의 전문화를 인정하기는 어렵다. 물론 이를 반증할 증거도 없지만 고고학 자료에 의

거할 경우 지역 간, 시대별, 나아가 지역내 묘제의 형식에 나타나는 커다란 차이 등에 따라 그러하다는 것이다. 적어도 한국 고대사회의 묘제는 지역별로 관습적으로 인정된 일정한 양식이 존재하지만 획일화된 양식, 즉 절대화된 기본 모델이 존재하여 그것을 전문 기술자에 의해 전문적으로 축조되었다고 볼만한 근거는 전혀 없다.

II 마한분묘와 묘제의 인식
馬韓墳墓와 墓制의 認識

1. 序言

1~3세기대 한반도 남부지역의 역사는 시대구분상 삼국시대 초반부로 인식함이 일반적이나 문헌사학에서는 삼한시대로, 고고학에서는 원삼국시대 등으로 보다 세분하여 이해하기도 한다. 이는 동시대의 정치·사회 정황을 삼국적 범주에서만 이해하기가 어렵다는 나름의 특수한 사정을 보여주는 것이기도 하다. 특히 고고학의 경우 이 시기를 고대국가인 백제나 신라가 잉태된 배경으로 간주하면서, 원삼국시대 혹은 삼한으로 구분하는 것도 그러한 사정을 반영한다. 그런데 백제사의 경우 1~3세기대의 초기정황 전개에 마한과 깊은 관련 속에 언급됨이[1] 일반적이나 세부 인식에 적지 않은 시각차를 드러내고, 그로 말미암아 물질문화를 기초한 고고학적 접근에 상당한 어려움을 겪게 한다.

---

1) 金貞培, 1973, 「古代社會에 있어 馬韓의 性格」 『馬韓百濟文化學術會議』 圓光大學校 馬韓百濟文化研究所.

백제묘제는 유형적으로 다양성이 크다는 특성을 갖추고 있을 뿐만 아니라, 다양성에 기반한 묘제가 시·공간적 존재특성을 드러내면서 일정한 변화상이 전개된다. 더불어 그것이 사회변화와 밀접한 관련이 있다는 결론에 이를 만큼의 깊은 이해도 이루어져 있다[2]. 다만 초기의 정황, 즉 1~3세기로 구분되는 시기의 묘제내용은 아직 그 대강의 이해 기반조차 마련하지 못한 것이 현실이다. 물론 마한 무덤이나 묘제에 대한 검토가 적지 않았지만 [3], 내용은 1~3세기대의 한반도 서남부지역에 특정되는 마한묘제와는 거리가 있는 것이 대부분이다. 때문에 백제묘제의 종합적 이해를 위해서는 1~3세기 대에 해당되는 백제 초기의 묘제환경, 즉 마한묘제에 대한 검토가 절실하게 요구된다.

그런데 묘제 검토를 위해서는 자료의 확보가 필수임에도 불구하고, 마한 무덤의 자료적 현황은 그 존재마저 의심스러울 만큼 부족하다. 공간적으로 경기·충청·전라 지역, 그리고 시간상 1~3세기 즈음에 속하는 분묘자료를 찾기가 어려울 정도이다. 최근에 마한 분묘로 인지되는 자료가 부분적으로 발굴된 바 있고, 기왕에 알려졌던 자료를 검토하여 이를 마한분묘의 자료 범주에 포함을 시켜도 그 열악상은 여전할 따름이다. 특히 삼한 이전시기인 청동기시대 후반이나 이후인 삼국시대 분묘자료 현황을 고려할 경우 자료 빈약상은 더욱 두드러진다. 그런데 최근 유적조사 현황을 고려하면 이러한 자료부족 현황 조사의 미비·미발견이란 핑계는 더 이상 용납되기 어렵다. 오히려 부족한 자료 환경 자체를 보다 적극적으로 해석할 필요가 있는데, 특히 3세기말에서 4세기대에 이르러 폭발적으로 증가하는 다

---

2) 이남석, 2002, 『百濟의 古墳文化』, 서경.
3) ①성정용, 1998, 「3~5세기 금강유역 마한 백제 묘제의 양상」 『3~5세기 금강유역의 고고학』, 韓國考古學會.
　　②최완규, 2000, 「湖南地域의 馬韓墳墓 類型과 展開」 『湖南考古學報』11, 호남고고학회.
　　③임영진, 2010, 「묘제를 통해 본 마한의 지역성과 변천과정」 『百濟學報』3, 백제학회.

양한 분묘가 고총고분으로 활발하게 조성되는 현황으로 미루어 볼 때 그러하다.

여기에서는 백제 한성시대 전반부에 해당하는 1~3세기 무렵의 백제묘제 정황을 살피기 위한 방법으로 마한묘제를 검토코자 한다. 이는 百濟가 마한의 소국의 하나였던 伯濟國에서 비롯되었기에, 그와 관련된 실상이 마한 범주에서 이해될 수 있다는 점과, 자료가 매우 빈약한 상황에서 伯濟國의 묘제만을 별도로 다루기가 어렵다는 점 등을 감안하여, 마한묘제의 이해를 백제초기 묘제의 이해로 갈음될 수 있을 것으로 생각하였기 때문이다. 이를 위해서 역사 실체로서 마한에 대한 나름의 개념을 정리하고, 이어 지금까지 알려진 마한 분묘자료를 검토하여 묘제를 인식한 다음, 그것이 백제묘제로 어떻게 전환되는가도 살펴보겠다. 다만 마한은 1~3세기라는 시간범위에, 한반도 서남부 지역에 존재했던 역사적 실체라는 전제를 기저에 두었음도 밝혀둔다.

2. 馬韓과 馬韓의 考古學

마한묘제의 검토는 마한이란 역사체가 남긴 분묘 내용을 살피는 것이다. 따라서 마한이 무엇인가에 대한 판단이 우선된 후에 분묘와 관련된 고고학적 물질자료, 즉 마한의 묘제현황이 검토되어야 할 것이다. 이를 위해서는 마한이 역사적 실체라는 점을 유념하고, 시·공간적 개념을 분명하게 정의할 필요가 있다. 즉 마한은 1~3세기라는 시간범위에 한반도 서남부 지역에 존재했던 역사적 실체라는 것은 분명한데, 그러한 마한이 무엇을 의미하는가에 대해서 구체적으로 검토할 필요가 있다는 것이다.

사실, 한국고대사상의 인식은 삼한을 기반으로 고대국가 백제나 신라가 성장하였다고 봄이 일반적이다. 삼한의 실체는 이러한 원론적 인식, 즉 백제와 신라·가야가 삼한에서 비롯되기에 삼한을 삼국사회의 모체로 보아야 한다는 것이다[4]. 물론 이러한 논거의 기저에는『三國史記』초기부분 기사와의 상충문제도 있지만, 중국의 역사서인『三國志』魏志 東夷傳의 韓과 관련된 기록에 근거하고 있음도 주지된 사실이다. 물론 동시기 역사정황의 자세한 인식 방법으로『三國史記』를 비롯한 여타의 사서들이 포괄적으로 활용되기도 하지만[5], 1~3세기 무렵 한반도 남부지역 역사정황의 기본은『三國志』에 근거하여 삼한과 거기에 포함된 소국을 토대로 이해하는 것이 일반화되어 있다.

삼한 소국을 중심한 이러한 시대사 인식은 고고학도 마찬가지이다. 삼한에 후속되는 역사체로 백제·신라·가야가 인식되고, 특히 신라는 진한에서, 그리고 가야는 변한에서 비롯된다는 계기성의 인지에도 큰 의문은 없다. 그런데 마한과 백제와의 관계 설정에는 다소 이견이 없지 않다. 마한과 백제는 연속적 관계보다 오히려 상대적 관계가 강조되는 경우가 많기에 그러하다. 백제와 마한을 처음부터 대립적 관계의 대등한 정치체로 인식한다던가[6], 삼국이 정립된 4세기대 이후에도 마한은 백제와 동일한 위상을 지닌 정치체로 여전히 존재한다고 인식함이[7] 그것이다.

그런데 4~6세기에도 여전히 마한이 존재한다는 점에 대해서 나름의 의문이 없지 않은데 특히 그것이 물질문화의 차별적 존재상에 근거하고 있기에 그러하다. 내용은 원삼국기 이후의 백제 강역, 그것도 지방사회에 나름의 고유한 물질문화가 잔존하고, 그것이 여타의 지역과 차별화된다는 점을 근거로 백제가 아닌 별도의 독립된 정치체를 설정할 수 있을까의 의문이 그

---

4) 이현혜, 2007,「마한사회의 형성과 발전」『백제의 기원과 건국』, 충청남도역사연구원.
5) 노중국, 2009,「마한의 성립과 변천」『마한, 숨쉬는 기록』.
6) 최몽룡, 1986,「고고학적 측면에서 본 마한의 대외교섭」『馬韓·百濟文化』9, 마한·백제문화연구소.
7) 임영진, 2013,「고고학에서 본 전남지역 마한과 백제」『백제, 마한과 하나되다』.

것이다. 이로써 4~6세기에 정치적으로 백제와는 대립된 독자의 마한이나 마한 왕국을 설정하는데 아직은 동의하기가 어렵지 않은가 여겨진다.

우선 그와 관련하여 물질문화가 차별적으로 잔존한다는 이유가 정치적 차별화로 이해될 수 있는가의 의문을 제기할 수 있을 것이다. 주지되듯이 1~3세기란 시간 범위를 문헌사학은 삼한사회로 구분한다. 그리고 고고학은 이 시기를 원삼국시대로 구분하는데, 그 배경은 삼한이나 원삼국시대가 이후의 삼국시대와 여러 가지 정황적 차이가 있음에 근거하는 것에 있다. 특히 고고학에서 그러한 구분이 물질문화의 정황 차이에 근거하는 것으로[8] 봄이 일반적이다.

그런데 물질문화는 정치·환경의 변화에도 본래적 속성이 크게 변화되지 않고 오히려 연속성이 유지될 수 있기에, 삼한·원삼국시대가 삼국시대로 전환 후에 이전의 물질문화의 속성이 어느 정도 유지되는 것은 자연스런 현상으로 볼 수 있다. 예컨대 원삼국기의 다양하였던 물질문화는 4세기대 혹은 그 이후에도 크게 변화되지 않고 지역적 다양성을 갖춘 채 유지된다는 것이 그것이다. 나아가 다양한 물질문화는 시기적 단절현상이 분명하지 않은 것이 많은데, 특히 원삼국기에서 삼국기로의 전환에도 불구하고 이전의 물질문화는 여전히 지속되는 경우가 많음에서 알 수 있다. 물론 이러한 정황은 삼국시대의 주체들 즉 백제·신라나 가야의 물질문화가 원삼국시대에 기반을 두었다는 점을 고려할 경우 충분히 수긍될 수 있는 것이기도 하다.

따라서 마한의 伯濟와 이후 삼국 중의 百濟와의 차별을 전제할 경우, 4~6세기 무렵에도 여전히 마한이란 정치체가 존재하는가를 물질문화만으로 준별하는 것은 어렵지 않은가 여겨진다. 물질문화의 연속성과 함께 삼한·삼국기의 물질문화의 다기·다양성을 고려할 경우 특정한 성격의 물질문

---

8) 金元龍, 1987, 「馬韓·百濟考古學의 發展」『馬韓·百濟文化』10, 마한·백제문화연구소.

화를 그대로 독자적 정치세력으로 비정하는 것은 보다 충분한 방증자료가 전제될 필요가 있지 않은가 여겨진다. 그런데 보다 긴요한 것은 마한의 실체의 정립일 것이다. 마한이 1~3세기대의 역사적 실체란 점에서 그 성격의 분명한 인지는 이후의 마한 이해 길라잡이로 삼을 수 있기에 그러하다.

사실, 삼한의 하나로서 마한에 대한 실체적 내용을 전하는 사서는 국내 사서가 아닌 중국의『三國志』魏志 東夷傳이란 것은 이미 앞서 언급한 바와 같다. 중국의 사서로서『三國志』보다 이전의 사건을 다룬 것으로 삼한에 대한 시대정황을 기록한『後漢書』도 있지만, 오히려 찬술 연대가 늦고 삼한과 관련된 내용도 오히려『三國志』를 근간하여 개작된 것으로 인식한다[9]. 특히 국내외를 막론하고『三國志』보다 이른 시기에 찬술된 사서로서 마한 즉 삼한에 대한 정황을 전하는 것이 전혀 없다. 반면에『三國志』이후의 사서에서 마한에 대한 언급이 상당정도 발견된다. 그러나 대부분이『三國志』나『後漢書』의 내용을 모체로 재서술된 것에 불과하다. 때문에 마한과 관련된 인식의 전거는『三國志』가 가장 우선되어야 한다는 전제는 충분하다.

한편, 국내사서로 마한 인식과 관련하여 우선 주목될 사서는 물론『三國史記』와『三國遺事』라는 것은 재언이 필요치 않다. 이외에 조선시대의 文集類나 史書類[10] 그리고 地理誌에서[11] 마한이 자주 언급된다. 그리고 전자는 시대사적 관점에서 마한을 언급한 것이라면, 후자는 고조선의 준왕의 遷移와 관련되고 한사회가 마한에서 비롯된다는, 다시 말하면 正統論的 관점에서 논급되었다는 것도 주지된 사실이다. 그런데『三國史記』등의 사서는 국내사서로서 삼한과 직결되는 삼국의 역사를 적은 것이나, 편년체

---

9) 『三國志』는 陳壽(233~297)가 편찬한 史書이며,『後漢書』는 范曄(398~445)이 편찬한 史書이다.
10) 安鼎福의『東史綱目』: 李肯翊의『燃藜室記述』: 韓致奫의『海東繹史』.
11) 『新增東國輿地勝覽』의 序文, 黃海道, 益山郡, 忠淸道, 京畿, 京都편에 기록된 馬韓.

의 서술 속에 삼한이 언급되어 있다는 점에서 나름의 주목될 부분이 있기는
하다. 다만 내용에서 중국의『三國志』등에 언급된 정황과는 차이가 발견
되는데, 특히 마한의 경우 고대국가 백제에 대응된 정치체로서 인식하면서
백제 건국이 마한의 멸망에서 비롯되었다는 인식이[12] 그것이다. 이러한 인
식차이는 마한의 본래적 모습을 인지한 후의 것인가에 의문과 함께 그것이
사서의 찬술시점까지 진행된 마한의 인식변화가 반영된 것으로 볼 수 있다
는 정도의 이해는 필요할 것이다.

  물론 한국고대사 관련기록으로『三國史記』와『三國遺事』가 핵심이란
점을 부인하기는 어렵다. 그리고 한국고대사의 도입부에 해당되는 삼국 초
반부의 인식도『三國史記』등을 통해 진행되고 있음이 현실이다. 이를 고
려할 경우『三國史記』의 마한 인식을 마냥 부정하기도 어려운 것 또한 사실
이다. 다만『三國史記』의 찬술이 마한이 존재하던 시기보다 훨씬 후대라는
점은 차치하더라도 그 자체가 2차 사료라는 점을 환기하면서 그 사료적 가
치는 재음미되어야 할 것이다. 여기에『三國史記』가 한반도 고대사회의 정
황을 종합하여 기술한 것보다는 오히려 고구려, 백제, 신라의 역사만을 정
리한 것에 불과하다는 점도 유념될 필요가 있다. 특히『三國史記』의 찬술
목적이 삼국시대 역사의 객관적 기술보다 고려가 삼한·삼국을 계승하였다
는 관점을 강조함에 목적이 있기에, 삼국을 동등한 위상에서 저술코자 노
력하였다는 흔적도 인정하지 않을 수 없다[13]. 특히『三國史記』는 이전의
사서를 참고하면서 찬술 목적의 달성하기 위해 재편집한 부분도 상당하다.

---

12) 『三國史記』卷第一 新羅本紀 第一 赫居世居西干 "三十八年春二月 遣瓠公聘於馬韓 馬韓
     王讓瓠公…"에서 마한의 왕을 언급하고 있음이 그 대표적 사례이다.
13) 삼국사기 찬술목적에서 삼한 삼국의 계승의식을 강조하고 있음이 그것이다.『三國史
     記』第一篇 序文, "惟此海東三國 歷年長久 宜其事實 著在方策…俾之編集", "… 況惟新
     羅氏高句麗氏百濟氏 開基鼎峙 能以禮通於中國 故 范曄漢書 宋祁唐書 皆有列傳 而詳內
     略外 不以具載 …"

따라서 마한과 관련된 내용의 진정성은 『三國史記』보다는 중국 기록이지만 『三國志』魏志 東夷傳의 韓과 관련된 기록에 근거하여야 한다는 타당성에 큰 의문이 없을 것으로 생각된다.

결국, 마한 관련기록의 인식은 기왕의 검토처럼 『三國志』를 시작으로 『後漢書』를 비롯한 이후의 正史類에 남겨진 내용이었다는 판단에 문제가 없다고 여겨진다. 다만 『魏略』 등과 같은 성격불명의 사서도 존재하기에 마한관련 내용이 별도로 이전부터 존재하지 않을까라는 의문도 없지 않지만 여전히 추정에 불과하다. 따라서 한국고대사의 한 축이었던 삼한 특히 마한 관련기록의 시초는 『三國志』라는 역사서였고, 정황에 대한 認知의 총합도 『三國志』魏志 東夷傳 韓條의 사실이란 점에 문제가 없음을 강조하고 싶다.

주지되듯이 『三國志』魏志 東夷傳은 중국의 삼국시대 魏·吳·蜀의 역사를 편년체로 적으면서 列傳條에 같은 시기의 주변국에 대한 역사를 적었는데, 동쪽의 東夷에 대한 기록이 魏志 東夷傳이다. 여기에는 동이 지역의 주체들 즉 夫餘를 비롯한 高句麗, 挹婁, 沃沮와 東濊 그리고 韓을 비롯하여 倭에 대한 개략적 실상을 적고 있다. 특히 『三國志』의 찬술연대가 서기 280년대라는 점에 근거하여, 東夷지역 다수의 역사적 실상은 적어도 3세기 중반대까지의 사실이란 점도 유념하여야 할 것이다. 즉 관련 기록은 중국의 삼국시대와 동반되는 東夷 지역의 역사정황을 적은 것으로 보아야 한다는 것이다. 이로써 『三國志』魏志 東夷傳으로 간취되는 3세기 중후반경의 동북아시아 역사정세는 『三國史記』 내용의 주인공인 고구려·백제·신라를 비롯한 고대 국가체가 중심이 되어 정립된 역사 환경만이 아니라는 것을 알 수 있다. 오히려 북방에 부여·고구려와 같은 조직화된 정치체가 존재하고 반면에 남방에는 마한·변한·진한으로 불리는 78개의 소국으로 구성된 한과 100여개의 소국을 이루고 있는 왜 등이 존재하였다는 내용도 주목하여야 할 것이다.

그렇다면 사서에 언급된 1~3세기 어간의 한반도 서남부 지역에 실재한 마한을 어떻게 인식할 것인가. 우선『三國志』魏志 東夷傳 등은 이 지역에 존재하는 집단을 마한으로 적고 있음을 주목할 필요가 있다. 그리고 마한은 54개의 소국으로 구성된 집합체를 총칭하는 것으로 어쩌면 지역이나 종족 등을 의미하는 명칭으로 언급되었음도 유념하여야 할 것이다. 문제는 마한을 단위 정치집단으로 볼 수 있는가의 문제인데 적어도 1~3세기 어간의 마한이라면 그러한 인식은 어렵지 않은가 여겨진다.

마한을 단위 정치체로 인식하게 된 것은 앞에서 삼한이나 삼국에 대한 역사인식의 진전과정에서 비롯된 것으로 추정하였고, 그 대표적 사례가『三國史記』의 마한 인식으로 보았다.『三國志』는 마한을 지역이나 종족 외에 54개의 소국을 지칭하는 총합적 의미로 사용한 것인데 반해서『三國史記』는 하나의 단위정치체인 왕국으로 분명하게 인식하는[14] 차이가 있음에 근거한다. 다만 비슷한 인식이 중국 사서인『後漢書』에서도 발견되지만[15] 모두가 역사적 실체로서 마한 인식의 진전결과로 나타난 것으로 보아야 할 것이다.

『三國志』魏志 東夷傳의 내용을 개관하면 부여를 비롯하여 고구려, 읍루와 옥저, 동예를 적으면서 부여와 고구려는 풍속 외에 정치체로서의 면모를 드러내고 있다. 반면에 읍루, 옥저, 동예 등은 대체로 풍속만을 적었음도 알 수 있다. 더불어 한반도 남쪽은 韓의 존재를 언급하고, 나아가 바다 건너 일본 열도의 왜도 기록하였다. 그런데 夫餘·高句麗 그리고 韓이나 倭 등은 성격을 하나로 분명하게 정의하기가 어렵다. 오히려 경우에 따라

---

14) 『三國史記』卷第1 新羅本紀 第 1 "三十九年 馬韓 王 薨或說上曰 西韓 王前辱我使今當其
喪征之其口不足平也上曰幸人之災不仁也不從乃遣使弔 慰": 卷第二十三 百濟本紀 第一
"二十四年秋七月王作 熊川 柵 馬韓 王 遣使責讓曰王初渡河…"삼국사기에서 마한을 왕
국으로 기록한 근거.
15) 『後漢書』卷 85 東夷列傳 第 75 韓 "…皆古之辰國也"

서 정치체·종족·지역으로 인식될 수 있는 여지를 보이기기도 한다. 때문에 각각의 주체는 무엇을 의미하는가의 검토가 필요한데 아무래도 그 실체는 전체 정황에서 탐색될 수밖에 없다. 즉 부여나 고구려는 종족적 측면에 대한 언급도 없지 않으나 하나의 단위 정치체로서 구체성을 감지할 수 있다. 반면에 옥저나 읍루 그리고 동예 등은 정치체 보다는 오히려 종족적 단위집단으로서의 의미를 추론할 수 있음이 그것이다.

한편 한반도 남부지역의 경우는 韓으로 구분하였고 아울러 바다건너 일본 열도도 倭로 구분하고 있다. 그러면서 특이하게 다수의 小國이 언급되고 있어 앞의 고구려·부여나 읍루 등의 경우와 차이를 드러낸다. 즉 韓의 경우 마한·진한·변한의 3종을 언급하면서 각각에는 다수의 소국을 포함하고 있다. 때문에 마한·진한·변한의 의미는 이들 소국의 연합이나 그를 대표하는 정치체를 의미하는 것으로 볼 수도 있겠으나, 오히려 각각은 여러 개의 소국이 포함되어 있는 지역이나 종족의 의미라고 볼 수밖에 없지 않은가 여겨진다. 이는 일본열도의 倭에는 100여개의 小國이 있는 것을 기록하고 있는데 이 경우 倭라는 것이 하나의 단위정치체가 아닌 전체를 통칭하는 의미로 볼 수밖에 없는 것과 같은 맥락에서 이해되어야 하기 때문이다.

결국 1~3세기 어간에 한반도 남부지역의 사회상을 살핌에 그 실상을 구체적으로 언급한 대표 역사서는 중국의 『三國志』魏志 東夷傳이고, 거기에 명기된 韓은 일단 종족적 의미인 것으로 판단할 수 있다. 더불어 이를 마한·진한·변한으로 구분한 것도 그러한 의미였던 것으로 이해될 수 있는데, 마한을 하나의 단위 정치체로 보기는 어렵다는 결론도 가능하다. 오히려 마한은 54개의 단위 정치체인 小國을 總稱한 의미였던 것으로 보아야 할 것이다. 이러한 정황을 종합하면 마한은 1~3세기대 한반도 서남부 지역의 주체들을 총칭하는 의미로서 거기에는 종족·지역·문화·시대의 의미로 사용함에 문제가 없을 것이다. 마한묘제나 마한고고학으로 여기에 冠稱된 마한은 『三國志』韓의 일종인 마한을 의미하는 것으로, 시간적으로 1~3세

기에는 단위 정치체가 아닌 54개의 소국과 함께 종족·지역·문화·시대의 총
합적 의미로 정의될 수 있을 것이다.

3. 馬韓墳墓와 그 墓制의 認識

마한의 분묘는 마한으로 분류된 시기와 지역에서 사용된 분묘이다. 따
라서 시간적으로 1~3세기에 국한하면서『三國志』에 언급된 마한에 국한
될 경우 공간적 범위는 경기·충청·전라지역이 대상이 될 것이고, 주체는
54개의 소국이 될 수 있다. 그런데 현재의 고고학 환경에서 관련 자료의 정
황을 탐색하기가 그리 넉넉하다고 보기는 어렵다. 삼한시대 마한분묘로 취
급될 수 있는 자료가 거의 전무한 형편이기 때문이다.

사실, 마한지역으로 구분되는 한반도 서남부 지역의 청동기시대 고고
학적 자료는 비교적 풍부한 것으로 봄에 문제가 없다. 금강유역을 비롯하
여 영산강 유역에서 청동기문화가 크게 번창하였음은 주지된 사실이고, 이
를 대변하듯이 석관묘나 고인돌 자료가 아주 풍부하게 남겨져 있기 때문이
다[16]. 그런데 청동기시대에 번성한 사회 환경이 이후의 철기시대까지 지속
되었고 그것이 마한사회로 정립되었음에도 마한과 관련된 분묘자료는 매우
영성한 상황이다.

마한의 분묘로 판단할 수 있는 자료가 없지 않은데 일찍이 알려졌던 광
주 신창리 옹관묘[17]와 화순 용강리의 분묘[18], 그리고 최근의 발굴조사로

---

16) 李榮文, 2004,「榮山江流域 支石墓 文化의 性格」『文化史學』21, 한국문화사학회.
17) 金元龍, 1964,『新昌里甕棺墓地』國立서울大學校考古人類學叢刊 第一冊, 서울大學校
    出版部.
18) 林永珍·徐賢珠, 1995,「和順 龍江里의 土壙墓와 甕棺墓」『湖南考古學報』3, 호남고고
    학회.

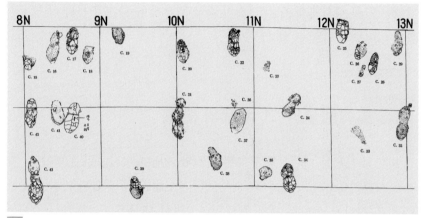

001　신창리 옹관묘지 분포도(보고서에서)

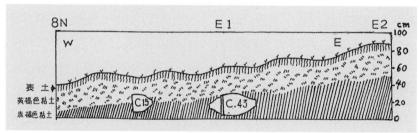

002　신창리 옹관묘의 매장형태(보고서에서)

알려진 군산의 미룡동 분묘[19]와 세종시의 나성동의 분묘[20] 등이 그것이다. 결국 마한의 분묘자료에 대한 검토는 이들로 집약될 수 없는 형편이지만 또한 이를 통해 이루어질 수밖에 없다. 우선 이들 유적의 분묘현황을 살펴보기로 하겠다.

　　마한의 분묘로서 가장 일찍 인지된 것은 아마도 광주 신창리 옹관묘일

---

19)　군산대학교박물관, 2013, 「군산 미룡동고분 발굴조사 약보고서」.
20)　중앙문화재연구원, 2012, 「행정중심복합도시 중앙녹지공간 및 생활권 2-4구역 내 저습8유적(북쪽) 연기 나성리유적 발굴조사 약식보고서」.

것이다[21]. 신창리 옹관묘는 1963년에 발굴 조사된 유적으로 극락강변의 낮은 구릉성 대지에 자리한 것이다. 조사 전에 분묘의 흔적은 전혀 없었지만, 옹관 등의 토기편이 넓게 산포됨을 근거로 발굴 조사된 유적이다. 모두 53기의 옹관묘가 확인되었으나 이는 유적의 극히 일부에 불과한 것이고, 보다 주변으로 무덤구역이 크게 확대될 수 있을 것인데, 그에 따라 매장시설인 옹관은 발견된 것보다 몇 배가 많았을 것으로 추정한다.

신창리 옹관묘는 발굴조사 당시에 이미 마한시대의 분묘로 인지된 것이다. 즉 유적이 전형적인 무문토기 문화의 전통을 간직한 것으로 보면서 연대를 초기철기시대의 시초기로 실연대를 서력 기원전후의 약 100~200년간에 해당된다고 보았다. 다만 무덤의 주체에 대해서는 미성년자들로 보기도 한다. 옹관들은 구릉 말단부의 점토층에 파묻혀 있었는데, 그 깊이가 지표하에서 20~30cm 정도에 불과하였으며, 일부는 옹관의 상부가 노출되어 있었던 것으로 전한다. 조사결과 옹관묘군이 입지한 곳은 경작지로서 교란이 확인되나, 본래부터 일정한 규모의 토광이 있던 것이 아니라 아무렇게나 구덩이를 파고 옹관을 간단히 묻었던 것으로 판단하였다. 당시에 봉토는 확인되지 않았지만 좁은 면적에 대부분의 옹관들이 중복되지 않은 것을 보면 비록 낮지만 어느 정도 눈으로 확인될 수 있는 흙무더기를 형성하는 즉 지상에 매장시설을 안치하고 흙을 덮는 형태의 묘제였던 것으로 본다. 참고로 매장주체로 사용된 옹관은 대체로 甕과 坩이 합구한 형식이며, 옹관 내에서 수습되는 유물은 거의 없고 단지 일부에 토기가 함께 매납되었을 뿐이었다.

다음으로 화순 용강리의 마한 분묘이다. 우선 분묘는 토광묘 4기와 옹관묘 1기로 5기가 조사되었는데 모두 구릉성 평지에 입지하고, 무덤의 장

---

21) 金元龍, 1964, 앞의 보고서.

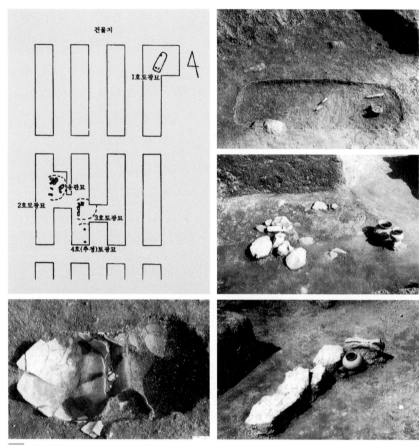

003 용강리 분묘의 현황 (보고서에서)

축은 대체로 경사의 방향에 맞추어져 있는 것으로 전한다. 그런데 묘광의 경우 1호 토광묘에서 얕은 토광이 확인되었을 뿐이고, 2호와 3호에서는 토광이 확인되지 않았기에 단언할 수 없지만 토광이 없었을 가능성이 크다고 보았다. 그리고 봉분은 2호와 3호에서 확인되었는데, 잔돌이 많이 섞인 흙으로 성토하였으며, 그 범위는 지름 300cm 내외, 높이 40cm 내외로 추정하였다. 더불어 옹관묘의 경우 소옹과 원저호를 합구하여 조성한 것으로, 소옹은 아가리를 깬 후 사용하였으며, 합구한 길이가 60~70cm 정도로 계측된다. 옹관묘는 2호 토광묘의 옆에 나란하게 위치하는데, 2호 토광묘의 봉분 범위로 보아 같은 봉분에 들어 있을 가능성이 크므로 2호 토광묘의 배장으로 보기도 한다. 이들 분묘의 묘제에 대해서 토광묘는 목관 또는 바로 시신을 놓고 부분적으로 판석을 돌려 구획한 뒤 봉토를 씌운 독특한 방식으로 판단하고 있기도 하다.

분묘에서 수습된 유물은 토광묘에서는 발 1점, 심발 1점, 원저호 3점, 양이부호 1점, 유견호 1점, 철제 낫 1점이 출토되었으며, 옹관묘에서는 옥 2점이 출토되었다. 더불어 유적의 편년은 양이부호나 유견호와 같은 유물의 고려도 필요하겠지만 원저호와 심발의 공반관계, 작은 원저호의 존재 등과 같이 시기적으로 이른 요소들이 있어 용강리 토광묘는 영산강 유역의 대형 옹관묘보다 앞선 시기에 해당하는 3세기 초·중반경으로 편년하기도 한다.

한편 군산의 미룡동 고분군은 2013년도에 군산대학교 박물관에 의해 군산대학교내의 구릉성 산지의 능선상부에서 발굴 조사된 유적이다. 고분군은 주변에 큰 주구를 돌려 묘역을 구획하고, 그 내부에 10기의 개별무덤이 안치된 다장묘의 형상을 갖추고 있는 것이다. 무덤의 전체 모습은 세장방형인데, 외변에 둘러진 주구도 단면 U자형으로 폭이 1~2.5m의 규모이다. 무덤들은 토광묘의 형상을 갖추고 있는 것 8기와 옹관묘 2기로 구분된다. 토광묘로 구분한 것은 중심축을 따라 규모가 큰 것이 일렬로 배치되어 있고, 측면에 중·소형이 배치된 양상이다. 그런데 묘광은 암반층을 낮게 굴광하여 마련한 것과, 암반층을 정지하여 그대로 사용한 것으로 구분되고, 특히 암반층을 굴광한 경우에는 무덤의 벽면에 대형 석재 2~4매가 남아 있다. 그리고 암반층을 정지하여 그대로 사용한 경우에는 무덤의 측벽 상면에 석재가 돌려져 있기도 하다. 옹관묘는 토광묘와 다르게 일정한 배치 양상을 보이지 않는데, 중심부에 1기, 동남쪽 외곽에 1기 등 총 2기의 합

004 미룡동 고분 전경 (보고서에서)

005 미룡동 3·4호 토광묘(左), 8호 토광묘(右) (보고서에서)

006 미룡동 2호옹관묘(左), 출토유물 일괄(右) (보고서에서)

구식 옹관이 확인되었다. 옹관의 매장방법은 별도의 묘광을 마련하지 않고 표면을 정지하여 그대로 안치한 것이다.

분묘에서 수습된 유물은 토광묘의 내부에서 원저단경호와 직구호, 광구호, 유견호 등의 다양한 토기류와 쇠손칼, 소형 농공구 등의 철기류가 있다. 그리고 주구 내에서는 발 2점이 출토되었다. 토기류의 경우 구연이 밖으로 벌어져 나가는 광구호와 편구형에 가까운 직구호 등이 출토되었는데 이들은 현재 호남지역에서 보고되지 않은 특이한 형태의 것으로 보고 있다. 이 분묘에 대해서 출토유물의 정황이나 무덤의 특이성으로 일단 마한의 묘제로 보지만 정확한 편년을 밝히지는 않았다. 기왕의 마한 전통묘제로 본 분구묘가 성토된 분구 내에 매장부를 시설하는 것과의 차이를 주목하기도 한다.

마한분묘의 마지막 사례로 세종시 나성동의 것이다. 미룡동 고분과 마찬가지로 2013년도에 발굴조사된 것인데 미고지상에 위치하는 3기의 분묘가 확인되었다. 조사자는 이를 토광묘로 구분하였는데, 1호 토광묘는 평면형태 장방형으로 거의 바닥만 남아 있는 것이다. 그리고 묘광 내 매장주체는 확인되지 않으나 양단벽 바닥에 목관을 고정시키기 위해 굴

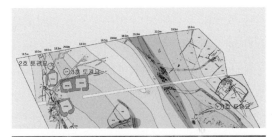

007 나성동 유적(보고서에서)

착한 흔적이 남아있어 목관 사용을 추정한 것이다. 출토유물로는 발형토기와 철도자 1점이 확인되었다. 한편 2호 토광묘의 경우도 내부에 통나무 관을 사용한 흔적이 확인되었으나 출토된 유물은 없다. 더불어 이 분묘는 백제시대 취락으로 이용되기 이전에 분묘공간으로 이용되었음을 근거로 원삼국시대 즉 마한의 분묘로 본다.

이상으로 마한분묘로 판단되는 광주의 신창리 옹관묘, 화순 용강리 분묘, 군산 미룡동 고분군과 함께 세종시 나성동의 분묘를 보았다. 군산 미룡동과 세종시 나성동 분묘는 최근의 발굴결과로서 약보고서를 참고하여 살폈기에 나름의 한계도 있을 것이다. 더불어 유적의 내용은 보고내용을 토대로 정리하였기에 용어 등에 차이가 있기도 하다.

우선 확인된 마한 분묘의 묘제현황을 종합할 필요가 있다. 보고서의 내용대로 보면 마한 분묘는 토광묘와 옹관묘로 될 수 있음을 알 수 있다. 그러나 토광묘의 경우 보다 세부적으로 형식구분이 필요할 것이고, 옹관묘도 단지 매장주체를 항아리를 사용하였음을 토대로 구분한 결과이기에 보다 구체적 분류가 필요하다. 그런데 토광묘로 분류된 화순 용강리나 군산 미룡동, 그리고 세종시 나성동 모두에서 공통점이 발견된다. 그것은 토광묘의 기본 속성인 묘광의 형태가 구체적이지 않다는 점이다. 반면에 매장시설로 목관은 분명하게 인지되는 구조이면서 나성동 것을 제외하면 매장시설 자체도 지하로 굴착하여 조성하지 않았다는 공통점이 있다. 즉 이들 분묘의 기본은 목관을 사용하였음과 함께 지면을 대강 정지하고 거기에 목관을 안치한 다음에 그 위에 흙을 덮었음이 공통적으로 확인된다. 물론 나성동의 사례처럼 지반을 파서 묘광 평면을 갖춘 형상을 조성한 것도 있지만 이들은 저지대 입지나 굴곡진 지반을 정지하는 정도에 불과하다. 따라서 발견된 마한의 분묘 중에 토광묘로 제시된 자료는 묘제적으로 봉토묘, 즉 지반을 대강 정지하여 목관을 시설한 다음, 매장행위를 끝낸 후에 흙으로 관을 덮는 방식의 묘제로 정리될 수 있겠다.

이러한 매장방식은 옹관묘도 마찬가지이다. 신창리 옹관묘의 경우 좁은 범위에 약 50여기의 옹관이 안치되어 있음에도 옹관을 안치한 묘광은 전혀 발견되지 않았다. 토광묘나 옹관묘의 경우 매장시설이 지하에 매납되는 것이 일반적이기에, 지하에 묘광을 굴광하여 조성함이 보통이다. 그러나 다수의 옹관에 그러한 흔적이 전혀 발견되지 않는 것은 원칙적으로 토광이나 묘광을 조성하지 않았음을 보여주는 것이다. 반면에 다수의 옹관은 일정한 간격으로 분포되었음에서 각각 흙을 덮어 마무리한 것으로 볼 수 있기에 묘제의 기본은 봉토 방식이었음을 알 수 있다. 물론 이러한 전통은 백제시대의 마한계 묘제로 간주된 서울의 가락동 2호분이라든가[22] 천안의 두정동 분묘에서[23] 간취되고, 후술되듯이 분구토광묘에서도 비슷한 속성을 발견할 수 있다.

결국 마한분묘의 묘제적 특징은 목관이나 옹관 사용이 전제되나 지하 매납이 아닌 지상에 매장시설을 구축한 다음에 흙을 덮는다는 것에 있다. 따라서 매장시설은 목관이나 옹관을 사용하고, 매장부는 지상에 안치하고 봉토하는 것으로 묘제로 정리될 수 있다. 더불어 목관의 잔존 정형에서 결구재가 발견되지 않는 것으로 미루어 지상에 목관을 시설한 다음에 시신을 안치한 것이 아닌가 판단된다. 나아가 장착품만이 아니라 의례와 관련된 공헌품도 목관 내에 부장하는 것도 일반적 모습으로 확인된다. 여기에 방위 관념의 결여, 매장시설 장축의 부정형성, 목관 안치시에 주변을 석재로 고이는 모습, 봉토 중에 석재가 포함된다거나 석재만으로 덮는 방식도 나름의 묘제적 속성으로 간주될 수 있을 것이다. 결국 발굴된 자료를 토대로 마한분묘의 묘제내용은 봉토목관이나 봉토옹관과 함께 봉석목관 등으로 분류하면서 그 대표적 묘제를 봉토묘로 정의할 수 있을 것이다. 그리고 이들은 일

---

22) 尹世英, 1975,「可樂洞 百濟古墳 第一號, 第二號墳 發掘調査略報」『考古學』3.
23) 李南奭·徐程錫, 2000,『斗井洞遺蹟』, 公州大學校博物館.

정한 권역을 이루면서 무덤군을 이룰 것으로 추정되는데, 미륭동 고분군의 경우 외변에 주구가 돌려져 있음에서 하나의 단위 무덤군도 예상될 수 있다.

그런데 앞서 살핀 것처럼 봉토묘를 마한묘제로 보편화하기 위해서는 자료부족이란 현실적 문제의 해결이 필요하다. 마한이 1~3세기라는 시간적 범위로 미루어 결코 짧지 않은 기간동안 존재하였고, 공간적으로도 한반도의 서남부지역 대부분 지역에 해당된다. 그럼에도 살핀 것처럼 4지점의 유적 외에 유사성을 인정할 수 있는 서울 가락동이나 천안 두정동 유적이 존재할 뿐으로 전체적으로 대표성이 인정될 수 있는가에 의문이 없지 않다. 그러나 이들이 동시기 분묘로 알려진 전부라는 점을 고려할 경우 자료의 부족은 조사의 미비나 결여보다는 오히려 분묘나 묘제 자체에서 비롯된 문제가 아닌가 여겨진다. 즉 묘제적 특징으로 말미암아 무덤의 존재가 파악되지 않거나, 아니면 대부분 유실된 것과 관련될 수 있다는 것이다.

그와 관련하여 가능한 해답은 기왕에 조사된 마한분묘의 잔존정황이나 조사정황에서 얻을 수 있을 것이다. 우선 살핀 것처럼 신창리 옹관묘는 유적의 발굴조사전에 분묘로 인지될 흔적이 전혀 없었고, 단지 관련 유물만 남겨졌던 것으로 알려져 있다. 이처럼 유적의 존재가 외형적으로 확인될 수 없었던 정황은 화순 용강리의 분묘나 나성동 분묘의 경우도 마찬가지이다. 용강리의 분묘는 표면적으로 그 존재가 전혀 인지될 수 없는 상황에서 발굴조사가 이루어졌다는 점에서 그러하다. 다만 미륭동 고분군의 경우 대형 분묘의 형상을 인지하고 발굴조사를 진행하였는데, 기대와는 달리 전혀 인지하지 못하였던 작은 개별 분묘가 산포된 채 잔존된 것으로 확인되었다. 이러한 정황은 비록 마한의 분묘가 존재하더라도 발견의 어려움이 크다는 것과 동시에 무덤 자체의 인지가 쉽지 않다는 것을 알게 한다.

한편 마한분묘의 조성방식은 지상에 목관이나 옹관 등의 매장시설을 안치한 다음, 그 위에 흙이나 돌을 덮어 마무리한 지상식의 봉토묘 형식이다. 따라서 이 묘제는 지상에 표식시설로 봉분을 크게 조성하지는 않은 것으로 판단된다. 이는 신창리나 미룡동 그리고 화순 용강리 분묘의 경우 봉분으로 인정될 부분이 구체적이지 않은데서 추정할 수 있다. 특히 매납시설을 지상에 그대로 안치하거나 지반을 대강 정지하여 안치하였다는 것을 알 수 있는데, 이 경우 매장시설은 그대로 지표면에 노출되기 쉬우면서 곧바로 유구자체의 유실로 이어질 수밖에 없다는 것도 알 수 있다. 나아가 그러한 분묘가 오랜 기간 존치되어 유적으로 남기는 어렵다는 것도 알 수 있다. 결국 이러한 마한묘제의 구조속성이 지표면 유실에 따른 유구자체의 신속한 인멸을 가져왔기에 그것이 자료의 빈곤문제로 남겨진 것이 아닌가 생각된다.

물론 이와 같은 묘제적 특징은 마한의 喪葬禮와 밀접한 관련이 있을 것이다. 즉 다른 시대·지역과는 달리 마한지역 분묘유적이 적게 남겨진 배경은 마한의 喪葬禮가 남다르기 때문이 아닌가 여겨진다는 것이다. 다만 마한의 喪葬禮에 대해서 구체적으로 확인할 방법은 아직 찾기가 어렵다. 그러나 진·변한 사회에 새의 깃털을 넣어 하늘로 승천하기를 기원하였다는[24] 내용으로 미루어 마한도 이와는 크게 다르지 않을 것으로 여겨져 나름의 특수성을 감지할 수 있다. 여기에 분묘의 경우는 有槨無棺의 전통을 언급하여[25] 棺·槨制가 엄수되는 중국과는 차이가 있음을 보여주는데, 아무튼 그것은 상장례의 실행 후에 이루어진 매장결과라는 것은 주목된다. 그런데 마한묘제로서 언급된 有槨無棺은 잔존된 마한분묘의 묘제정형과 일치하는 것으로 확인된다. 이러한 결과는 봉토묘로 정립된 마한묘제의 보편성을 인

24) 『三國志』魏志 東夷傳 韓條에 "…辰韓在馬韓之東… …以大鳥羽送死其意欲使死者飛揚…"이란 기사가 그것이다.

25) 『三國志』魏志 東夷傳 韓條의 馬韓 풍속관련 기사에 "其葬有槨無棺…"이란 기사가 있음에 근거한다. 그런데 이 기사는 원삼국기 토광묘에 목관만 잔존한다는 판단에 無槨有棺을 잘못 적은 것으로 해석하였으나 본래 기록이 정확한 것으로 보아야 할 것이다. 마한의 토광묘는 관·곽이 구분되지 않는 매장시설을 갖추고 거기에 시신은 물론 부장품까지 함께 매장하는데, 이러한 장법은 棺槨制의 관념, 즉 시신은 棺에, 부장품은 槨에 넣는 전통적 중국의 장법과 차이를 주목하여 有槨無棺으로 기록하였다고 볼 수 있기 때문이다.

정할 수 있음과 함께 마한사회가 여타 지역과는 차별화된 상장례를 실행한 결과가 아닌가 여겨진다.

4. 馬韓에서 百濟墓制로

앞서 마한의 분묘와 그 묘제를 살펴보았다. 마한묘제는 봉토나 봉석묘적 측면에서 이해될 수 있으면서 당시의 喪葬禮의 특성과 관련되어 매장행위도 나름의 특성이 있을 것으로 보았다. 더불어 그러한 정황은 대체로 마한시대 즉 1~3세기에 국한된다는 것도 주지할 수 있다. 그리고 마한의 묘제환경에서 백제 특히 삼한 소국으로서 伯濟國의 묘제로 특정될 만한 것이 발견되지 않기에 伯濟國의 분묘도 마한묘제의 범주에서 이해될 수밖에 없다는 것도 알 수 있다. 그렇다면 나름의 고유한 속성을 갖춘 마한묘제가 삼국시대란 새로운 시대로 접어들면서 어떻게 변화되었는가의 의문도 없지 않다. 즉 마한의 묘제가 삼국, 즉 백제시대로 접어들면서 어떻게 전개되었는가의 의문이 그것이다.

그와 관련하여 우선 주목되는 것은 묘제의 잔존 정황, 즉 현재 확인되는 마한과 삼국시대의 분묘 잔존정형의 차이이다. 앞서 언급되었듯이 마한묘제 환경은 내용의 엉성함과 단순성으로 잔존현황이 매우 빈약하였음을 알 수 있다. 그런데 3세기말에서 4세기대에 이르면 묘제환경은 변화되어 이전과는 전혀 다른 상황이 전개되는데, 다종다양한 분묘들이 풍부하게 남겨진 것이 그것을 방증한다. 이 시기에 전개된 묘제환경은 부분적으로 마한 고유의 속성을 지닌 것이 있기도 하지만 대체로 새로운 것들의 유입이 활발하게 이루어지고, 묘제 상호간 접촉으로 변종도 나타난다. 나아가 대부분의 분묘가 고총으로 조성되면서 지역에 따라 특화된 형태, 즉 묘제별 지역권을 형성하기도 한다.

더불어 4세기대에 전개된 묘제환경은 5세기대 후반까지 지속되는데 그 것이 백제 묘제의 모습이기도 하다. 물론 이즈음에 성행된 묘제는 나름의 연원과 변천 배경도 인지된다. 대체적 정황은 마한묘제인 봉토·봉석묘가 점차적으로 지양되어 부분적으로 잔존될 뿐이고, 오히려 전혀 새로운 묘제 가 폭넓게 등장하는데 특히 유형적으로 매우 다양하다는 특징이 있다. 예 컨대 토광묘 계통으로 봉토목관묘 외에 주구토광묘와 관·곽토광묘, 그리고 분구토광묘가 있다. 나아가 석축묘 계통으로 봉석목관묘 외에 석곽묘와 석 실묘가 있는데 이들은 수혈·횡구·횡혈식으로 구분된다. 또한 석곽, 토광, 횡혈, 분구로 구분되는 옹관묘와 횡혈묘·전축묘·화장묘를 비롯하여 적석총 을 더하면 묘제 유형이 매우 다양하다[26]. 그리고 횡혈식 석실묘나 전축묘 그리고 화장묘 등의 일부 유형을 제외하면 대체로 3세기말이나 4세기대에 등장하고 이후 백제사회의 발전에 짝하여 상호 관련을 보이면서 형식변화 도 나타난다. 그중에서 마한묘제와 관련하여 주목될 수 있는 것은 아무래 도 3세기말에서 4세기 즈음에 등장하는 토광묘 계통의 주구토광묘, 관·곽 토광묘, 분구토광묘, 그리고 옹관묘 등일 것이다.

　한편 분포정형은 도읍지역에 특이하게 존재하는 적석총을 제외하면 봉 토·봉석목관묘가 한강의 중·상류 일원에 넓게 자리한다[27]. 그리고 이들의 분포권과 구분되어 경기 서해안과 경기 남쪽 지역, 그리고 충청권 일원에 주구토광묘가 분포한다[28]. 나아가 주구토광묘의 남쪽으로 분구토광묘가 넓게 산재하는데 영산강 유역은 옹관을 매장주체로 사용하는 또 다른 분구

---

26)　이남석, 2013, 「백제의 분포와 그 축조환경」, 한성백제박물관.

27)　한강 중상류의 봉토목관묘는 서울 가락동과 석촌동의 토광묘 유적이 그 대상이 될 수 있 으며, 봉석목관묘는 한탄강 유역 및 한강 상류역에서 발견된 것으로 기왕에 적석묘로 분류된 것으로 연천의 삼곶리, 파주, 중도의 적석총이 그것이다.

28)　李南奭, 2011, 「中西部地域 墳丘墓의 檢討」『先史와 古代』35, 한국고대학회.

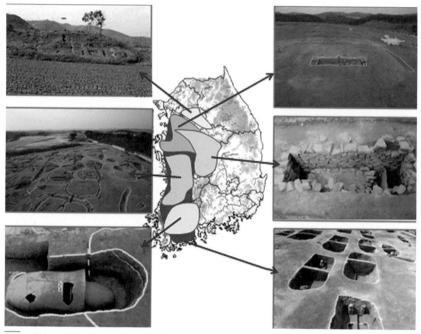

008 석실묘 이외의 백제 묘제 분포현황

옹관묘가 분포권을 이루고 있다[29]. 더불어 중부 내륙에 관·곽토광묘와 석
곽묘가 자리하는데 부분적인 중복상을 보이나 관·곽토광묘가 경기남부와
충청내륙에 분포한다. 이에 중복되어 보다 남쪽의 금강유역을 포함한 범위
로 석곽묘의 분포권역을 설정할 수 있기도 하다.

　이러한 분포정황은 한성 도읍말기까지 지속된 것으로 확인되는데, 다만
475년 웅진천도를 기점으로 각지에 잔존하던 다양한 묘제들은 점차 소멸
되고 대신에 횡혈식 석실묘가 그 자리를 대신하는 변화상도 연출 된다[30].
주지되듯이 횡혈식 석실묘는 4세기 후반 무렵에 유입되어 점차 지방사회로

29)　成洛俊, 1983, 「榮山江流域의 甕棺墓硏究」 『百濟文化』15, 공주대학교 백제문화연구소.
30)　이남석, 2009, 「橫穴式 墓制의 淵源과 展開」 『先史와 古代』30, 한국고대학회.

확산된 것인데[31] 6세기 초반 무렵에 이르면 이것만이 백제 유일묘제로 남는다.

그런데 3세기말이나 4세기대에 정립된 백제묘제는 기왕의 마한묘제가 지속된 것 외에 새롭게 등장한 묘제도 적지 않고, 새롭게 등장한 묘제 영향으로 변형된 것이 있음을 알 수 있다. 마한적 전통을 간직한 묘제는 앞서 언급된 바 있듯이 봉토·봉석묘와 유사한 속성을 가진 봉토목관묘나 봉석목관묘가 그것인데, 이들은 분포권이 일정 범위에 한정되고 사용 시기도 4세기 중후반 무렵까지에 불과하다[32]. 반면에 새롭게 등장한 묘제는 주구토광묘를 꼽을 수 있을 것인데, 이는 서북한 지역에서 남하한 묘제로 볼 수 있는 것이다. 다만 관·곽토광묘처럼 묘제적으로 주구토광묘와 유사한 것으로 대체로 4세기대로 편년되는 묘제가 존재하나 그 연원을 구체화하기는 어려운 것도 없지 않다. 이는 석곽묘도 마찬가지로, 석곽묘의 등장시기를 토광묘계통보다 늦은 4세기 중반이나 4세기 후반경으로 보면서 백제묘제로서 새롭게 등장한 것으로 봄에는 문제가 없으나 연원은 단지 서북한 지역과의 관련하여 유추함이[33] 그것이다. 그러나 석실묘는 다른 묘제보다 늦은 4세기 후반 무렵에 도읍지역에 등장하고 그것이 여타의 묘제권역에 산발적으로 확산되면서 앞서 언급한 것처럼 6세기대에는 백제 유일의 묘제로 정착되는 특수성도 확인된다.

그런데 마한묘제의 변천과 관련하여 주목될 수 있는 것이 백제의 분구토광묘이다. 분구토광묘는 빨라야 3세기말, 아니면 4세기 초반 무렵에 백제묘제로 새롭게 발생한 것이다. 그 연원은 아무래도 마한의 봉토묘나 봉석묘

---

31) 이남석, 2009, 앞의 논문.
32) 이는 서울 석촌동이나 가락동의 봉토목관묘, 봉석목관묘로 구분할 수 있는 기왕의 토광묘나 석곽묘의 존재, 한강 상류 및 임진강 유역에 있는 기왕에 백제의 적석묘로 분류된 봉석목관묘가 대체로 4세기 중반대까지 사용되는 것에 근거하는 것이다.
33) 이남석, 2009, 앞의 논문.

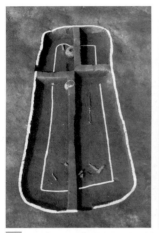

009 백제의 분구토광묘와 유적 전경

에서 찾을 수밖에 없는 묘제이다. 즉 마한묘제인 봉토묘가 새롭게 유입된 묘제의 영향으로 발생한 묘제라는 것이다. 물론 영향의 주체는 서북지방에서 남하한 주구토광묘이다. 주구토광묘와 분구토광묘를 비교하면 묘제에 나름의 相異·相似性이 보이지만 이는 두 묘제 상호간의 밀접한 관련을 보여주는 것으로 볼 수 있다. 즉 분구토광묘를 기준으로 본 공통적 속성은 주구토광묘의 전통에서 비롯된 것이고, 이질적 속성은 마한의 봉토묘에서 비롯된 것임을 확연하게 보여준다. 즉 분구토광묘의 외형적 속성은 주구토광묘와 유사하고 매장부의 속성은 마한의 봉토묘와 흡사하다는 것이다.

　마한의 묘제는 상장례의 강조 속에 매장시설의 구체성이 매우 빈약한 것임을 앞서 보았다. 반면에 한반도 서북한 지역은 일찍이 중국 춘추시대 이래 성행하였던 관·곽토광묘가 유입되어 크게 성행하면서 이후 전축묘 등의 새로운 묘제도 유입되어 마한과는 전혀 다른 묘제환경이 전개되었음도 알 수 있다. 그러다가 3세기 어간에 이르러 서북한 지역의 혼란, 즉 군현사회의 해체를 기회로 관·곽묘제적 전통에 입각한 주구토광묘가 남쪽으로 확산되면서 그것이 마한의 토착묘제인 봉토묘에 영향을 끼쳐 분구토광묘가

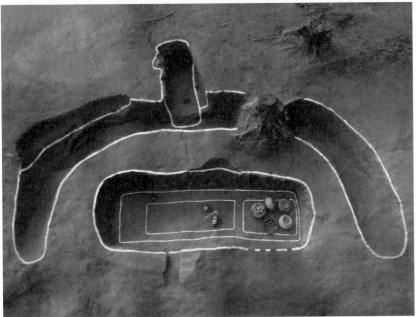

010 세종시 석삼리 주구토광묘 전경과 매장부(보고서에서)

발생한 것이 아닌가 추정하는 것이다. 이는 묘제적으로 분구토광묘의 외형이 주구토광묘와 유사하나 매장주체시설은 각각의 고유한 속성을 그대로 유지한 것에서 추정하는 것이다.

이러한 추정을 반증할 수 있는 정황으로 두 묘제의 등장 시기나 분포정형을 꼽을 수 있을 것이다. 예컨대 서산 예천동 주구토광묘 유적이나 천안의 청당동 주구토광묘 유적을 토대로 마한지역에 이 묘제의 등장은 아무리 늦어도 3세기의 중반은 내려오지 않는다는 것을 알 수 있다. 반면에 분구토광묘는 3세기말이나 4세기초반을 크게 상회하는 자료가 아직은 발견되지 않는다. 오히려 대부분의 분구토광묘 유적이 4세기 초반경 이후로 편년될 뿐인데, 이는 분구토광묘의 등장이나 발생이 주구토광묘보다 늦다는 사실을 보여준다. 또한 두 묘제의 분포권을 살펴보면 주구토광묘는 북쪽에서 남으로의 전개상을 갖추었으나 김포나 인천 등의 경기 서해안, 그리고 경기 남부지역을 비롯한 아산만 일원과 충청 내륙지역 등으로 전개된 양상이다. 이는 경기 내륙의 봉토·봉석묘의 분포권을 피하고 나아가 남쪽의 분구토광묘와 크게 겹치지 않았음을 보여주는데, 이것은 분구토광묘가 그 이남에 폭넓은 분포권을 형성하고 있기에 그러하다.

결국 마한의 묘제는 서북한 지역의 주구토광묘 영향으로 백제의 분구토광묘로 전개되었다고 볼 수 있고, 그 배경은 분포의 외형을 고총으로 조성하는 전통에서 비롯된 것으로 볼 수 있다. 물론 이러한 묘제 변화는 당시의 정치·사회환경 변화와 관련된 것으로, 당시 동북아 지역에 성행한 고총고분 조영환경과도 무관치 않은 듯하다. 그리고 그러한 환경은 백제의 분구토광묘만이 아니라 영산강 유역의 분구옹관묘 등에서도 발견된다.

4세기대 이후, 영산강 유역에 집중적으로 등장하는 옹관묘도 묘제의 연원이 마한에 있음은 앞서 본 신창리 옹관묘를 통해 짐작하기 어렵지 않다. 그리고 4세기대 이후의 백제 분구옹관묘는 고총의 분형을 갖추고 있음이 특징인데 이것은 마한의 옹관묘와는 확연한 차이점이다. 물론 그 배경은 다장적 매장방법의 구현을 위해 옹관을 반복매장한데서 구할 수 있지만 외형을 고총형상으로 조성한다는 변화된 환경이 발견된다.

분구옹관묘는 매장시설인 옹관을 모두 지상식으로 안치하면서 별도로 묘광을 조성하지 않았다는 점에서는 마한의 옹관묘와 다르지 않다. 옹관을 안치한 후에 흙을 덮는 방식이었을 뿐이다. 그러다가 봉분을 크게 올리는 고총화로 인해 옹관을 수평이나 중층으로 반복 매납하면서 커다란 봉분이 조성된 것이다. 이러한 정황은 마한묘제의 전통이 간직된 분묘가 외형을 고총으로

011 분구옹관묘

조성하면서 나타난 속성으로 볼 수 있을 것인데, 서울의 가락동 2호분이나 천안의 두정동 분구묘도 그 사례로 꼽을 수 있을 것이다. 가락동 2호분의 경우 조성시기가 4세기대를 벗어나지 않는 점, 다장묘로 목관을 반복하여 중층으로 안치하였고, 고대한 봉분을 만들었다는 점 등에서 영산강 유역의 분구옹관묘 조성방식과 큰 차이가 없음에서 그러하다.

요컨대 마한사회는 4세기로 접어들면서 백제사회로 전환됨을 기회로 묘제도 백제적인 것으로 전환되었음을 알 수 있다. 백제묘제가 마한과는 달리 유형의 다양화가 두드러질 뿐만 아니라 분묘의 고총화가 크게 진전되고 지역별로 특화된 분포권을 형성한다. 이러한 변화의 이면에는 마한에서 고대국가로의 전환이란 새로운 정치 환경의 도래되면서 그에 짝하여 묘제 환경의 변화도 나타난 것으로 볼 수 있다.

5. 結言

고고학에서 원삼국시대로 분류할 수 있는 삼한시대의 백제묘제 이해는 마한사회의 범주에서 진행될 수밖에 없다. 문헌상 백제 건국시기를 기점으로 적어도 3세기 후반까지 고대국가 백제의 위상을 구체화하기 어렵다. 나아가 동시기 백제의 물질문화에 대한 고유한 흔적도 구분하기 어렵다. 오히려 이즈음 백제와 관련한 물질문화의 정황은 삼한 중의 하나인 마한을 통해 이해될 수밖에 없다. 이를 위해서 마한의 시·공간적 범위와 그에 대한 구체적 개념을 설정하고, 나아가 분묘 정황을 살펴 묘제 특성을 검출한 다음에 그것이 백제사회에 이르면서 어떻게 변천되었는가도 살펴보았다.

최근 마한의 역사인식은 비교적 다양하나 『三國志』魏志 東夷傳에 근거할 경우, 시간적으로 기원전후에서 3세기 어간의 정황은 오히려 종족·지역 문화의 개념으로 인식되었음을 알 수 있다. 그리고 마한의 정치적 의미는

54개의 소국을 아우르는 총합적 개념이었을 뿐이라는 것도 알 수 있다. 오히려 마한을 역사체로 보는 것은 역사인식의 진전에 따라 왕국 등으로 인지되었을 뿐임도 알 수 있다. 때문에 마한은 정치체가 아닌 지역·시대·문화나 종족의 개념이 우선되어야 할 것이고, 정치체로서 마한은 馬韓小國이나 馬韓 諸國을 의미하는 것으로 보아야 할 것이다.

시·공간적으로 규정된 마한의 범위에서 인지되는 분묘자료는 매우 빈약하다. 오히려 全無하다고 말할 정도의 자료적 한계가 나타난다. 다만 최근에 발견된 군산 미룡동 고분군을 비롯하여 화순의 용강리 유적의 분묘, 세종시 나성동 유적 등으로 동시기의 묘제환경을 대략이나마 이해할 수 있을 뿐이다. 나아가 기왕에 알려진 광주 신창리 옹관묘의 경우도 마한의 분묘로 봄에 문제가 없을 것이다. 따라서 이들 분묘자료를 토대로 마한분묘의 묘제는 일단 封土·封石墓로 정리할 수 있다. 이 묘제는 목관이나 옹관의 사용이 전제되나, 지면을 대강 정지하여 목관을 안치하고 다시 흙이나 돌을 대강 덮는 방식으로 복원될 수 있다. 이러한 환경은 동시기 분묘자료의 전반적 유실을 가져왔을 것으로 추정되고, 매장시설의 빈약상도 마한사회 특유의 상장례와 관련 있을 것으로 추정하였다.

마한묘제는 伯濟國이 고대국가 百濟로 발돋움하면서 나타난 전반적 변화에 부응하여 특유의 백제묘제로 정립된다. 더불어 백제묘제는 이전의 마한묘제와는 커다란 차이를 드러내는데 다양한 묘제가 지역적으로 고유의 분포권을 가지면서 정립되었음이 그것이다. 물론 백제의 초기 도읍 범위인 한강 중·상류지역에는 마한 고유의 봉토묘나 봉석묘가 일정기간 유지되나, 이외 대부분의 마한지역은 신유형의 묘제 유입과 함께 상호 관련을 통해 다양한 묘제 변화도 연출된다. 그러한 변화상은 3세기 후반경에 새롭게 유입된 주구토광묘의 영향으로 새롭게 발생한 墳丘墓, 즉 분구토광묘나 분구옹관묘를 통해 알 수 있다.

III 백제 분구토광묘(분구묘)의 검토

百濟 墳丘土壙墓(墳丘墓)의 檢討

1. 序言

'90년대 중반 무렵 관창리 유적[1]에서 분구토광묘 유형 자료가 조사된 후 한반도 남부의 서해안을 중심으로 同形의 자료조사가 크게 증가되었다. 따라서 묘제 검토도 다각적으로 진행되어 묘제의 기원이나 전개, 그리고 그 특성을 비롯한 사용주체의 사회성까지 폭넓은 검토가 이루어졌다. 특히 이 묘제는 기왕에 토광묘로 분류된 것과 차별화될 수 있는 것이면서 호남 지역의 분구옹관묘의 전개와 연계될 수 있기에 큰 주목을 받았음은 물론이고, 최근에는 백제 지방사회의 묘제로 인정되면서 그 성격의 복합성에 대한 주목도 이루어지고 있는 실정이다.[2]

---

1) 윤세영·이홍종, 1997, 『寬倉里 周溝墓』, 高麗大學校 埋藏文化財研究所.
2) 기왕에 분구토광묘 관련 논고를 정리하면 다음과 같다.
  ① 姜仁求, 1994, 「周溝土壙墓에 관한 몇가지 問題」『정신문화연구』17-3(56호), 한국 정신문화연구원.
  ② 崔完奎, 1996, 「周溝墓의 特徵과 諸問題」『古文化』第49輯, 韓國大學博物館協會.

기왕의 백제묘제에 대한 인식은 토광묘, 석곽묘, 석실묘, 그리고 옹관묘 등의 단선적 분류 속에 존재 특성을 근거로 시·공적 특성과 사용주체의 규명과 검토가 주류를 이루었지만[3] 90년대에 새로운 자료 증가를 기회로 유형 세분화, 사용주체의 인식과 함께 각 묘제의 계기적 전개과정에 대한 보다 진전된 이해가 마련되기에 이른다.[4] 특히 호남지역 옹관묘에 대한 이해의 심화는 물론이고 중서부지역 토광묘 계통에 대한 다양한 인식을 비롯하여 묘제간 상관관계를 이해할 수 있는 수단이 마련되었다고 볼 수 있다. 물론 이러한 환경의 정립은 소위 주구토광묘라든가, 분구묘라는 새로운 묘제의 진정성 인식과 무관치 않다. 특히 주구토광묘 및 분구묘의 인식을 기

_____, 2002, 「全北地方의 周溝墓」『東아시아의 周溝墓』호남고고학회 창립 10주년 기념 국제학술대회 발표요지문, 湖南考古學會.

_____, 2002, 「百濟成立과 發展期의 錦江流域 墓制 樣相」『韓國上古史學報』제37호, 韓國上古史學會.

③ 林永珍, 2002, 『全南地域의 周溝墓」『東아시아의 周溝墓』, 호남고고학회 창립 10주년 기념 국제학술대회 발표요지, 湖南考古學會.

④ 朴淳發, 2003, 「충남지역 주구묘 연구현황과 과제」『충남지역 매장문화재 발굴조사의 과제』충남역사문화원.

⑤ 李盛周, 2000, 「墳丘墓의 認識」『韓國上古史學報』제32호, 韓國上古史學會.

⑥ 韓國考古學會, 2006, 『墳丘墓·墳丘式 古墳의 新資料와 百濟』第49回 全國歷史學大會 考古學部 發表資料集.

⑦ 崔盛洛, 2007, 「분구묘 인식에 대한 검토」『韓國考古學報』第62輯, 韓國考古學會.

⑧ 李澤求, 2008, 「한반도 중서부지역의 馬韓 墳丘墓」『韓國考古學報』第66輯, 韓國考古學會.

⑨ 성정용, 2009, 「호남·호서·경기지역의 토광묘」『한국 매장문화재 조사연구방법론』5, 국립문화재연구소.

⑩ 김승옥, 2009, 「분구묘의 인식과 시공간적 전개과정」『한국 매장문화재 조사연구방법론』5, 국립문화재연구소.

3) 安承周, 1975, 「百濟古墳의 研究」『百濟文化』7·8合輯, 公州師大 百濟文化研究所.
   姜仁求, 1977, 『百濟墓制의 研究』, 一志社.

4) 李南奭, 1995, 『百濟 石室墳墓制 研究』, 高麗大學校大學院 博士學位論文.
   林永珍, 1995, 『百濟漢城時代古墳研究』, 서울大學校大學院 博士學位論文.
   崔完奎, 1997, 『錦江流域 百濟古墳의 研究』, 崇實大學校大學院 博士學位論文.

회로 삼한과 백제의 묘제 계기성은 물론이고 각 지역에 산재된 지방적 전통 묘제의 속성과 연원 등을 폭넓게 고찰할 수 있는 계기가 마련되었으며, 이를 토대로 한반도 고대사회의 분묘문화를 이해하는데 적지 않은 진전이 있었다고 볼 수 있다.

사실, 한반도 서남부지역을 중심으로 전개된 삼한-백제기 묘제의 복합성은 그 다양성뿐만 아니라 전개상황도 상당한 역동성을 갖춘 것으로 볼 수 있게 한다. 그러나 고대사회의 역동적 변화상을 대변하는 다양한 묘제환경도 그것을 체계적으로 이해할 수 있는가에 대해서는 아직 미진함이 많다고 볼 수밖에 없다. 물론 삼한-백제기 묘제 연구의 태생적 한계로 지적되는 자료 부족문제를 핑계 삼을 수 있겠지만 최근의 활발한 고고학적 성과로 축적된 자료만으로도 標識的 대표성을 담보할 수 있는 정도가 되었기에 더 이상의 피난처는 될 수 없다. 오히려 자료부족이 문제가 아니라 정치한 분석 결여라든가, 시대상에 대한 선험적 인식만의 강조나 이해부족에서 비롯된 문제가 장애로 남아있지 않은가를 되돌아 볼 필요도 있다. 특히 삼한사회에서 백제로의 전환, 마한 실체의 이해, 백제사회상의 전개 등에 이해의 충돌이 있고 그로써 묘제와 같은 물질문화 전개상의 정연한 이해 틀을 갖추는데 어려움을 초래한 부분도 없지 않은 듯하다.

여기에서는 기왕의 묘제검토 속에 정립된 분구토광묘 인식을 바탕으로 중서부지역 분구토광묘의 존재현황에 주목하면서 이의 묘제특성과 연원문제를 살피고자 한다[5]. 분구토광묘는 존재의 인지 이후에 조사예의 증가가 두드러지고 묘제뿐만 아니라 타 묘제와의 상관성 및 사용주체 등에 대한 논

---

5) 지역범위는 경기, 충청의 범위를 중서부지역으로 삼았는데 경기지역에 분구토광묘로 보고된 자료가 있기 때문이다. 다만 경기지역 분구토광묘 자료는 대부분이 정식보고서가 간행되지 않은 것이기에 세부 검토에 한계가 있고, 특히 이들은 분구토광묘보다 오히려 주구토광묘로 판단될 수 있는 여지가 적지 않은 것들이다. 따라서 본고는 경기, 충청지역을 중서부지역으로 포괄하였으나 오히려 검토는 충청지역에 국한될 것이다.

급도 적지 않다. 그러나 용어나 개념 문제, 기원과 전개에 인식차가 적지 않을 뿐만 아니라 신출자료의 속성에 대한 인식마저 차이가 노정되는 실정이다. 이러한 환경에서 중서부지역에 한정된 자료만으로 분구토광묘 연구에 남겨진 난제를 해결할 수 없음을 자인하지만 지정학적 조건을 고려할 경우 적어도 연원이나 전개상의 단초는 마련될 수 있을 것으로 기대하면서 검토를 진행하겠다.

2. 墳丘土壙墓(墳丘墓)는

분구토광묘란 용어는 흙이나 돌을 쌓아 분구를 조성한 무덤으로 정리되지만, 무덤과 관련된 용어의 상당 정도가 역사·사회적 맥락 속에 시대적 개념도 含意된 상태로 사용된 전례에 비추어 분구토광묘도 고대사회에 사용된 하나의 특정 분묘 유형을 가리키는 개념적 용어로 사용함에 구태여 이의를 제기할 필요는 없을 것이다.

그러나 묘제의 일반적 분류기준으로 축조재료나 축조방식 그리고 외형을 비롯하여 매장부의 형태 등 다양한 속성이 원용되지만, 아직 통일된 분류결과를 갖지 못하였다. 이러한 현실을 고려할 경우 복잡한 묘제를 하나의 통일된 기준으로 일목요연하게 정리하기가 어렵다는 것은 충분히 이해될 수 있다. 때문에 묘제의 유형이나 형식 분류 결과들은 연구자들의 편의에 따라 이해되어 왔던 것으로 추정된다. 물론 앞으로도 묘제의 유형이나 형식, 그리고 용어 등에 대해서 통일된 일원적 시각을 갖춘다는 것은 여전히 至難할 것이다. 이러한 환경을 고려하면 묘제의 유형분류에서 개념의 정확성 추구도 필요하지만, 경우에 따라서는 이해나 인식 편의를 우선적으로 고려하는 것도 나름의 방편이라 여겨진다.

따라서 墳丘墓란 용어에 대한 다양한 견해가 제기되었지만, 그 개념이

001 분구토광묘의 발굴조사후 잔존 전경

002 서산 기지리 분구토광묘의 노출 전경

특정 시기의 무덤이 쉽게 연상될 수 있는 것으로, 다수의 연구자들에게 분구토광묘가 어떤 유형의 무덤이란 것이 쉽게 각인될 수 있다면 어원 또는 의미 등에 다소 부적합이 있더라도 구태여 문제 삼을 필요는 없을 것이다.

지금까지 분구토광묘 속성은 지상에 흙이나 돌을 쌓아 분구를 조성한 것을 특징으로 꼽았다[6]. 나아가 封土나 封石과의 차별화를 위해 매장시설이 地上, 즉 분구내에 존재하는 것을 특징으로 지적하기도 한다. 이는 형태상으로 지상에 분구를 조성하면서 매장부를 분구 속에 안치하는 묘제가 분구묘로 분류될 수 있음을 알려주는 것이기도 하다. 이러한 개념규정에 따라 기왕의 백제 분묘로서 분구묘란 묘제로 간주될 수 있는 것을 찾는다면, 적석총 계통의 무덤을 비롯하여, 가락동 2호 토광묘, 그리고 영산강 유역의 옹관을 주체로 하는 무덤과 함께 최근에 주구묘나 분구묘로 구분된 자료 등이 포함될 수 있을 것이다.

이를 고려하면 분구묘는 다시 적석분구묘라던가, 성토분구묘로 구분될 수 있고, 나아가 성토분구묘의 경우도 매장시설에 따라 다시 세분될 수 있을 것이나 묘제구분의 혼란상은 여전히 잠재되어 있다. 즉 그러한 구분에 논리적 타당성은 충분히 감지할 수 있지만 야기되는 기왕의 분류시각 재정립 문제나 관행적으로 인지되어온 개념의 수정과 함께 분구와 봉토 그리고 매장시설 등의 형태에 따라 모두를 재검토할 수밖에 없는 어려움이 있어 이를 그대로 따르기에 주저되는 감이 없지 않다.

한편 분구묘와 관련, 기왕에 주구묘나 방형주구묘 등의 용어도 함께 사용하고, 분구묘를 주구토광묘의 범주에서 설명하기도 하였다. 그런데 우선 주목할 것은 주구묘나 방형주구묘는 분구 성토를 위해 굴착된 주구만 남겨진 유구에 근거하여 정의된 묘제 용어라는 점이다. 그런데 주구가 분구

---

6) 이성주, 2000, 앞의 주2)의 글.

를 성토한 결과로 남겨진 것에 불과하다는 점을 고려하면 오히려 분구토광묘라는 용어가 보다 합리적일 것으로 판단된다. 나아가 분구토광묘와 주구토광묘의 구분도 후술하겠지만 묘제적 차별성이 분명하기에 큰 문제는 없다고 판단한다. 다만 그 동안 분구토광묘 자료의 증가를 기회로 방형주구묘, 주구묘, 분구묘, 주구토광묘 등의 용어라던가 그 개념에 대한 논의도 있었는데 그 과정을 一讀하면[7], 대체로 묘제 분류라던가 용어정립의 초점이 기왕의 토광묘인 흙무덤의 범주에서 이루어졌음도 알 수 있다. 즉 분구묘는 광의적 개념에서 지상에 분구를 축조한 무덤이고, 거기에는 다양한 묘제가 포괄될 수 있을 것이다. 다만 협의적으로 분구토광묘는 흙무덤에 국한시켜 여타의 분구형 분묘와 구분코자 하는 것이다.

결국, 분구묘는 원삼국시대나 백제시대라는 시간 범위 속에 중서부지역 혹은 마한지역에 존재하던 묘제로, 광의적 토광묘 범주에서 봉토토광묘나 주구토광묘, 관·곽토광묘와 대비될 수 있는 묘제로 정리될 수 있다. 목재로 매장시설을 결구하여 흙에 묻는다는 점에서 토광묘적 속성을 갖추고 있지만 매장시설의 위치, 조성방식, 유물의 안치상황에서 나름의 고유의 독자성을 갖춘 묘제가 분구토광묘란 것이다.

3. 中西部地域의 墳丘土壙墓

중서부지역은 지리적으로 한반도 중부 이남의 서반에 포함된 지역이면서, 역사적으로 한국 고대사회에 한정할 경우 삼한중 마한의 북단지역이면서 백제의 잉태와 성장의 기반을 이룬 지역이기도 하다. 나아가 서북한

---

7) 분구묘 개념문제 및 연구사정리는 최성락, 2007, 앞의 주2)의 논문을 참고하였다.

지역에 유입된 선진문화의 파장이 가장 민감하게 부딪치는 지역으로서 어찌 보면 역사상으로 변화가 가장 역동적으로 전개될 수 있는 지역이기도 하다. 이러한 지정학적 입지로 말미암아 이 지역을 중심으로 많은 정치체가 흥망성쇠를 거듭한 지역이기도 하다.

중서부지역의 지정학적 역동성은 거기에 남겨진 고대사회 분묘자료의 기본 형상이 왜곡될 수밖에 없는 환경을 제공하였을 것이고, 따라서 여기에 남겨진 자료만으로 분묘 정황의 보편적 이해를 구현하기에 나름의 한계가 있음도 사실이다. 이점을 유의하면서 중서부지역의 분구토광묘 자료를 살피는데 우선 지금까지 조사되어 보고된 자료를 정리하면 다음의 표와 같다.

〈표 1〉 충청지역의 분구토광묘 현황표[8]

| 유적명 | 유구내용 | | | | | | 출토유물 | | | 참고문헌 | 비고 |
	토광묘	주구토광	분구토광	석곽묘	석실묘	기타	토기	철기	장신구·기타		
서산 예천동			103			옹관2	원저호, 소호, 양이부호, 유개호, 대부호, 뚜껑	환두도, 철검, 劍鞘, 철모, 철촉, 도자, 철겸, 철부, 철제집게, 철정	구슬	1	
서산 여미리 (Ⅱ)			14				원저호, 직구호, 평저호, 양이부호, 완	환두도, 철모, 철촉, 도자, 철겸, 철부, 철정	청동환	2	

8) 분구토광묘의 관련 〈참고문헌〉은 다음과 같다.
  1. 백제문화재연구원, 2010, 「서산 동서간선도로 개설공사부지 문화유적 발굴조사 현장설명회자료」.
  2. 허의행, 2003, 「瑞山 葛山里·余美里(Ⅱ), 唐津 大雲山里遺蹟 發掘調査」『웅진·사비기의 백제토기』제7회 호서고고학회 학술대회 발표집.
  3. 李南奭·李賢淑, 2009, 『海美 機池里 遺蹟』, 公州大學校博物館.

유적									
해미 기지리	3	46	2		원저호, 직구호, 평저직구호, 이중구연호, 흑색마연토기, 완, 파배, 뚜껑	환두도, 철모, 철촉, 도자, 철겸, 철부, 철정	청동환, 청동방울, 동경, 구슬, 옥	3	
서산 언암리 낫머리		56			평저호, 병형토기, 발			4	
서산 부장리		13	3		구형단경호, 동호, 광구장경호, 단경소호, 직구호, 흑색마연토기, 병형토기, 기대, 옹, 삼족기	환두대도, 목병도, 철모, 철촉, 도자, 철부, 철겸, 삽날, 삼칼	중국제청자, 초두, 금동관모, 금동식리, 이식,구슬, (관)옥	5	
당진 도성리		4						6	
보령 관창리		99				철촉, 도자		7	B.C.3세기~2세기대
홍성 봉신리		6			양이부호, 타날문토기편	철부		8	
서천 당정리		23						9	3세기후반~4세기전반경
서천 도삼리	9	2		옹관4				10	
서천 추동리	8	12		옹관3	원저호			11	3세기중엽~4세기중엽
서천 봉선리	55	11		옹관4	양이부호	환두도, 철겸, 철부	구슬	12	
서천 오석리	14	3		옹관8	원저호, 양이부호	도자	구슬	13	
서천 덕암리		1						14	
서천 옥남리	1	9						15	4세기대
부여 증산리		7						16	2세기 중엽~3세기
부여 대덕리		2						17	

* 출토유물은 유적단위로 정리된 것으로, 수습품은 공반 타묘제 출토품도 포함되어 있다.

<표 2> 경기지역의 분구토광묘 현황표[9)]

유적명	유구내용						출토유물				
	토광묘	주구토광	분구토광	석곽묘	석실묘	기타	토기	철기			장신구·기타
								무기, 농·공구	마구		
파주갈현리	4						평저호, 대옹, 대호	철촉, 철겸			
김포운양동			23				원저단경호, 소호, 평저토기, 대옹, 양이부호, 심발형토기	환두도, 철도, 철겸, 철모, 철착, 철부, 철촉, 철겸, 도자, 삽날	마구	수정옥, 이식, 구슬
김포양촌	7		26				단경호, 주구부단경호, 원저단경호, 양이부호, 심발형토기	환두도, 철도, 철겸, 철모, 철부, 철촉, 도자, 철정		구슬
김포 학운리	4		1				평저호편	환두도, 철모, 철부		
인천 동양동	4		1			주구	발			
인천 운서동			1				대옹(주구)	환두도		

* 출토유물은 유적단위로 정리된 것으로, 수습품은 공반 타묘제 출토품도 포함되어 있다.

4. 尹淨賢, 2010, 『瑞山 偃岩里 낫머리 遺蹟』, (財)忠淸文化財硏究院.
5. 忠南歷史文化硏究院, 2008, 『瑞山 富長里遺蹟』.
6. 유병규, 2009, 「당진 대중 GOLF CLUB 조성부지내 문화유적 발굴조사」『호서지역 문화유적 발굴성과』제20회 호서고고학회 학술대회.
7. 윤세영·이홍종, 1997, 『寬倉里 周溝墓』, 高麗大學校 埋藏文化財硏究所.
8. 조성윤, 2010, 「도청이전신도시 매장문화재 시발굴조사(1지역 1-1지점) 홍성 봉신리 유적」『호서지역 문화유적 발굴성과』제22회 호서고고학회 학술대회.
9. 國立扶餘文化財硏究所, 1998, 『堂丁里』.
10. 李弘鍾·孫晙鎬·趙은지, 2005, 『道三里 遺蹟』, 高麗大學校 考古環境硏究所.
11. 李販燮, 2006, 『舒川 楸洞里遺蹟(Ⅱ地域)』, (財)忠淸文化財硏究院; 柳昌善 外, 2008, 舒川 楸洞里遺蹟(Ⅲ地域)』(財)忠淸文化財硏究院.
12. 忠淸南道歷史文化院, 2005, 『舒川 鳳仙里遺蹟』.
13. 李南奭, 1996, 『烏石里遺蹟』, 公州大學校 博物館.
14. 忠淸南道歷史文化硏究院, 2009, 『舒川 德岩里遺蹟』.
15. 류창선 외, 2008, 『舒川 玉南里 遺蹟』, (財)忠淸文化財硏究院.
16. 忠淸南道歷史文化院, 2004, 『扶餘 甑山里 遺蹟』.
17. 李弘鍾 外, 2006, 『鴻山-九龍間 道路擴張 및 鋪裝工事 區間內 文化遺蹟 發掘調査 報告書』.
9) 분구토광묘 관련 <참고문헌>은 다음과 같다.

분구토광묘 자료는 충청지역에 17개의 사례, 경기지역에 6개의 사례를 포함하여 모두 23개의 유적으로 정리되었다. 물론 개별 유적도 분구토광묘로서 진정성 여부는 면밀한 검토가 전제되어야 하겠지만 지금까지 확인된 분묘수는 약 450기 정도로 집계된다.

경기지역의 6예는 최근 자료로서 인천지역 일원에 밀집된 형태지만, 충청지역은 17개의 유적 사례가 서해안에 비교적 넓게 산포된 형상으로 있다. 다만 제시되지 않은 것으로 충남 서산 대로리 유적[10]이 있는데, 기왕에 토광묘로 전하고 있지만 유구조영이나 유물 조합상으로 보아 분구토광묘로 판단되어도 문제가 없다.

<표 1>에 정리된 충청지역 분구토광묘는 대체로 단일묘제가 군집된 형태로 발견됨이 일반적이다. 서천의 당정리를 비롯하여 보령 관창리와 서산 기지리, 부장리, 언암리, 예천동 등의 유적을 대표 사례로 꼽을 수 있다. 반면에 서천 추동리나 봉선리 유적은 토광묘 외에 석실묘 등이 혼재된 유적이다. 그속에 포함된 분구토광묘는 다른 묘제와 시대적 차이를 분명하

---

1. 상명대학교 박물관, 2007, 『파주시 갈현리 산 22-11번지 공장신축부지 문화유적 발굴조사』.
2. 한강문화재연구원, 2009, 「김포 양촌 택지개발지구 내 문화재 발굴조사 제 10차 지도위원회의 자료」.
   한강문화재연구원, 2010, 「金浦 雲陽洞遺蹟 김포 택지개발사업지구 1단계 발굴조사 현장설명회 자료」.
3. (財)高麗文化財研究院, 2010, 「김포 양촌지구 2단계 문화재 발굴조사」.
   이종안·마원영, 2010, 「김포 양촌 백제유적」『백제학회 제6회 정기발표회』.
4. 韓國文化財保護財團, 2008, 「김포양촌지방산업단지 조성사업부지 문화유적발굴(시굴)조사지도위원회자료」.
5. 韓國文化財保護財團, 2007, 『인천 동양동유적-인천 동양택지개발지구내 시·발굴조사』.
6. 中央文化財研究院, 2008, 「인천경제자유구역 영종지구 영종하늘도시내(1구역) 유적 발굴조사 4차 자료」.
10) 金永培·韓炳三, 1969, 「大山面 百濟土壙墓 發掘報告」『考古學』2輯.

게 인지하는 것으로 그 존재에 의문은 없는 것으로 볼 수 있다. 나아가 서천 오석리 유적처럼 주구토광묘와 석실묘 등이 혼재한 경우도 있는데 이 유적은 선상부를 중심으로 분구토광묘가 주구의 형상만 있어 상호 비교가 어렵지만 이도 역시 분구토광묘 자체의 성격에 의문이 없는 것이다.

경기지역에서 확인된 분구토광묘는 토광묘와 혼재되어 상호 차별화가 어렵다는 한계가 있기에 그것이 모두 분구토광묘인가라는 의문이 없지 않다. 다만 분구토광묘로 보고되어 일단 자료로 정리한 것인데 부분적으로 매장부 조성방식이나 출토 유물에 기왕에 주구토광묘로 인식된 무덤과 비슷한 자료들도 적지 않다. 구체적 판단은 어렵지만 김포 양촌의 백제유적에서 5호 주구묘[11]로 명명된 무덤의 경우 매장부 조영이 동혈합장의 형태

---

11) 이종안·마원영, 2010, 「김포 양촌 백제유적」『백제학회 제6회 정기발표회』자료중에 93페이지의 사진 11로 게재된 자료를 토대로 추론한 것이다.

로 확인된 점에서 일단 주구토광묘의 범주에서 이해될 수밖에 없음이 그것이다. 이는 분구토광묘의 매장시설로 확인되지 않는 부장 칸이 조성되었다는 점에서 주구토광묘의 속성으로 이해되어야 하기 때문이다. 다만 이들에 나타나는 주구토광묘적 속성이 혹시 분구토광묘의 초기적 속성이 아닌가라는 의문을 남기면서, 운양동 유적에서 기본적으로 분구토광묘가 주류를 이루지만 그속에 주구토광묘도 포함된 것으로 보아야 할 것이다.

4. 墳丘土壙墓의 墓制特性

앞서 분구토광묘의 현황을 보았는데, 분구토광묘로서 구체성이 재검증되어야 하는 것도 있지만 대체로 무덤분포나 유물조합 등에서 분구토광묘로서 어느 정도 진정성을 갖추었다고 볼 수 있다.

우선 이들의 존재 특성을 살피기 위해서 분포정형을 정리하였는데 〈그림 4〉가 그것이다. 이에는 가락동, 두정동의 자료를 제외한 반면에 서산의 대로리 분구토광묘도 포함하여 정리한 것이다. 그림에서 알 수 있듯이 분포현황은 지형조건에서 대체로 서해안 지역에 편중된 현상을 보인다. 나아가 세부 정황은 충청지역의 경우 서해안을 따라 넓게 분포하지만 경기지역은 인천을 중심으로 밀집된 정황이면서 보다 남부지역을 포함한 충청내륙지역은 대부분이 공백지대로 남아 있는 특이한 현상도 발견된다.

한편 경기 남부지역도 최근의 고고학 조사로 관·곽 토광묘를 비롯하여 주구토광묘가 적지 않게 확인되어 있다. 다만 분구토광묘의 분포정황에서 알 수 있듯이 경기 남부지역과 내륙쪽은 여전히 공백지대로 남겨진다. 이에 대해 다양한 이유가 제기될 수 있겠지만 인천 지역의 분구토광묘를 충청 서해안 지역의 것과 동일 성격으로 볼 수 있는가의 문제와 함께, 앞서 언급된 것처럼 혹시 주구토광묘에서 분구토광묘가 분기되는 과정의 정황이기에

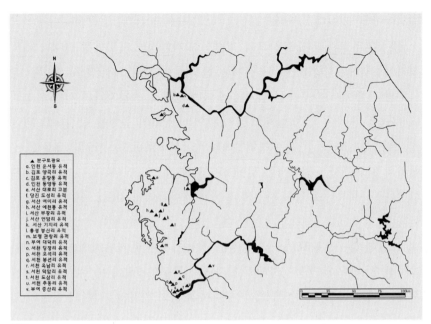

도 004 중서부 지역 분구토광묘의 분포현황

그러한 분포특성을 보이는 것이 아닌가 생각될 수도 있다. 때문에 경기지역 분구토광묘나 주구토광묘의 분포현황은 그러한 문제의 분명한 인지 후에 보다 구체적으로 검토되어야 할 것이다.

분구토광묘의 입지적 환경에 대해서 이미 다각적 분석과 해석이 이루어졌고, 그 결과 해안에 입지한다는 특징과 함께 親水的 환경과 관련된 것이라는 언급이 있었다. 분구토광묘 분포가 한반도 서해안에 편중된 현황은 비단 경기, 충청지역만이 아니라 전북 그리고 전남지역도 크게 다르지 않다. 다만 이러한 분포정황이 親水環境이란 생활조건과 관련된 것인지, 아니면 단순한 지역구분에 의한 것인지의 문제는 보다 깊은 검토가 필요하다고 여겨진다. 다만 현재까지의 자료 현황에서 아직은 사용주체가 해양활동이나 수변생활에 의지하였음을 방증할 증거가 구체적이지 않다는 점은 유념되어야 할 것이다.

親水空間 외에 분구토광묘의 개별적 입지환경이 저구릉성 산지나 거의 평지에 가까운 지형조건이란 점에는 큰 의문이 없다. 지금까지 발견된 분구토광묘 중에서 저구릉성 입지를 벗어난 것으로 충청지역의 서천 봉선리나 추동리 유적이 있지만 비고상으로 어느 정도의 높이를 유지하고 있을 뿐, 고지성으로 볼 수 있는 지역은 아니다. 분구토광묘는 比高上으로 10m 내외의 저구릉지에 입지하는 것이 하나의 특징으로 인식된다. 이러한 입지환경은 당시의 분묘 입지 선정의 전통에 기반하였던 것으로 볼 수 있을 것이다.

그런데 분구토광묘의 입지환경은 청동기시대 주거유적의 입지환경과 유사하다. 때문에 청동기시대의 집자리와 분구토광묘가 중복된 경우가 많은데, 서산의 부장리·기지리를 비롯하여 보령의 관창리, 서천의 당정리 및 부여 증산리 등지의 유적이 그러하다. 이러한 정황은 분구토광묘의 사용시기의 장지로서의 입지가 청동기시대와는 달랐음을 보여주는 것이기도 하다. 또한 입지 선정은 위계에 따른 지역구분이 이루어지고 나아가 동일지역에서도 계층이나 가계에 따라 구역설정이 이루어진 것이 아닌가 추정한다. 그리고 기지리 분구토광묘의 경우는 전체 유적내에서 일정한 구역 설정이 가능할 것으로 보는데, 그러한 지역 구분이 가계 단위구분과 관련된 것이 아닌가 추정되기도 한다.

분구토광묘 중에 피장자의 성격을 추정할 수 있는 것으로 서산의 부장리와 기지리 유적을 꼽을 수 있는데, 이들은 시기적으로 큰 차이를 보이지 않으면서 서로가 지근거리에 위치한다. 더불어 입지적 환경에 큰 차이가 보이지 않지만, 무덤의 규모나 부장품은 큰 차이를 보인다. 즉 부장리 분구토광묘는 지름 15m내외의 대형 분구를 갖추었을 뿐만 아니라 금동관모나 식리, 장식대도 등의 위세품이 다량 매장된 유적이며, 나아가 13기의 분구토광묘가 조사되었는데 부장품에서 부분적 차이가 있지만 무덤의 규모는 서로 비슷한 상황이다. 반면에 기지리 유적의 분구토광묘는 대체로 지름 7~8m 규모가 대부분이고 부장품도 부장리보다 한 단계 낮은 위계로 볼 수 있는 것들만 매납되어 상호간 위계차를 분명하게 인식할 수 있다.

한편 분구토광묘의 개별 구조속성과 관련하여 우선 주구의 존재는 분묘의 성격을 판단할 수 있는데 분구 성토를 위한 굴착결과라는 점 외에 또 다른 의미가 추구될 수 있는가에 대해서는 의문이 있다. 분구토광묘의 시설로서 주구는 일찍부터 주목되었고, 나아가 상당한 의미를 부여하기도 하였는데, 증가되는 자료에서 그러한 의미를 검증하기는 어렵다. 즉 분구토광묘가 지상에 흙을 쌓아 성토한 분구를 가진 묘제라는 사실의 인지와 함께 분구내에 지상식으로 매장시설을 조성한 다음에 성토과정에서 주구가 남겨진 것으로 파악되었을 뿐이다. 특히 매장주체가 잔존될 수 없는 묘제의 특성상 주구만이 남겨진 것이 대부분이고, 이를 기회로 이들 주구에 대한 다양한 의미가 추구되었지만, 오히려 성토된 분구와 더불어 주구를 살펴볼 경우 단지 분구를 성토하기 위하여 굴착한 결과로 남겨진 흔적으로 판단되었을 뿐이다.

분구토광묘의 잔존현황에서 개별 무덤의 매장주체는 물론이고 분구 외변인 주구 간에도 중복 현상은 거의 발견되지 않는다. 주구 평면을 중심으로 본 분구토광묘의 평면은 말각방형이나 원형상을 드러내지만 대체로 방형에 가까운 것이 대부분이다. 따라서 분구토광묘의 외형은 方臺形으로 조성되었다고 볼 수 있는데, 서로간에 중첩되어 겹치는 경우는 거의 없다. 다만 추가장으로 수평이나 수직적 확대가 있지만 수평 확장의 경우는 매장시설은 중복되지 않고 외변의 주구를 기점으로 규칙적으로 확대가 이루어지는 것도 알 수 있다.

한편 분구토광묘의 매장시설은 목관을 기본으로 안치하고 이를 흙으로 덮는다는 묘제적 공통성이 있다. 매장시설을 地上式으로 조성하기에 목관을 안치하기 위하여 묘광을 조성한 경우는 거의 없다. 다만 목관의 안치범

005 005 서산 부장리 분구토광묘의 분구와 주구 모습

위를 조성하기 위하여 지반토를 굴착하기 보다는 필요한 범위의 지표면을 대강 정지하는 정도에 머무는 경우가 대부분이다. 경우에 따라서는 지반을 약간 굴착하지만 부정형한 형상의 것이 많을 뿐이다. 따라서 묘광의 흔적은 가변적 형태로 남겨진 경우가 많고 그마저 확인되지 않는 경우도 많다.

매장시설은 목관만을 사용하는데, 부정형한 묘광내에 안치하나 그대로 흙을 덮어 목관과 묘광간의 공간은 발견되지 않는다. 더불어 목관이 안치된 매장부는 장축 등의 방향에 규칙성이 없는 것도 하나의 특징으로 지적될 수 있다. 매장시설이 확인된 서산 기지리 분구토광묘와 부장리 분구토광묘의 경우 매장부의 장축이 자연 등고선 방향과 평행하거나 직교하는 등 규칙성이 전혀 발견되지 않음에서 추정하는 것이다. 관·곽토광묘나 주구토광묘의 매장부 장축이 방향성을 분명하게 갖추고 있는 것과는 차이로 지적될 수 있다.

한편 분구토광묘의 매장시설로 목관이 기본일 뿐 목곽은 전혀 확인되지 않는다. 더불어 정형적으로 조성된 묘광도 발견되지 않는다. 물론 중서부지역은 매장시설로서 목관이 기본이었던 것으로 여겨지는데, 옹관은 배장으로 남겨진 것 외에 주매장시설로 사용한 경우가 드물다. 이러한 매장시설은 구조형상에서 목관 외에 유물을 안치하는 부곽 등의 시설도 전혀 갖추지 않는다. 여기에 목관의 결구에 사용되었을 것으로 추정되는 관못이나 꺾쇠도 발견되지 않은 것으로 미루어 지면상에 목관결구 후에 시신과 부장품을 안치하였음도 알 수 있다. 다만 목관의 규모는 위계에 따라 차이가 있는 것으로 추정된다.

이상의 내용을 토대로 분구토광묘의 조성방식과 매장시설의 구성은 다음과 같이 정리될 수 있다.[12] 즉 지반상의 표면을 대강 정지하여 목관을 안치할 수 있는 범위인 묘광을 조성하는데, 이 경우 지반토를 굴착하는 경우도 있지만 대체로 표면을 대강 정지하여 묘광을 구성하는 경우가 대부분이다. 묘광 바닥을 정지한 다음에 여기에 목관을 안치하는데 목재만을 결구한 다음에 외변을 보강토로 채워 목관을 고정시킨 것으로 판단된다. 안치된 목관내에 시신과 부장품을 매납한 다음에 목관과 묘광 상단을 1차적으로 흙을 덮는다. 다음에 분묘의 외변을 구획하는데 이 과정에서 분구의 규모가 결정되면서 주구를 남기면서 흙을 파서 고대한 봉분을 조성한다. 이것이 2차의 분구조성 순서로 외변에 주구를 굴착하면서 고대한 방형의 분구를 올린 방식인 것이다. 그 과정을 정리한 것이 〈그림 6〉의 현황이다.[13]

한편 도식화한 분구토광묘의 조성과정은 기본적으로 단장을 전제한 것이다. 그런데 분구토광묘란 묘제는 단장만이 아니라 복수의 매장 즉 다장

---

12) 분구토광묘 조성방식의 정리는 서산 기지리 분구토광묘의 조사결과를 기본 자료로 하면서 서산 부장리 분구토광묘의 잔존현황을 통해 보완한 것이다.

13) 참고로 <그림 5>에 나타난 현황은 기지리 분구토광묘의 조사과정에서 파악된 자료를 토대로 정리한 것으로 그 중에 크게 주목한 것은 분구 외변의 주구가 과연 어느 단계에서 굴착되었는가라는 점이었는데 주구에서 굴착된 흙이 분구의 상단에 덮여 있음에서 그림처럼 복원하여 본 것이다. 이러한 조성과정은 분구토광묘의 묘제 특징을 단편적으로 보여주는 속성을 갖추게 된다. 그중에서도 주목되는 것은 묘광이 불분명하다는 것, 목곽이나 묘광의 부재로 부장품은 모두 목관내 남겨진다는 것, 분구 외변의 굴착을 통한 성토로 주구가 남겨진다는 것, 매장시설을 지상에 조성하기에 침향이 일정하지 않다는 속성 등이 그것이다.

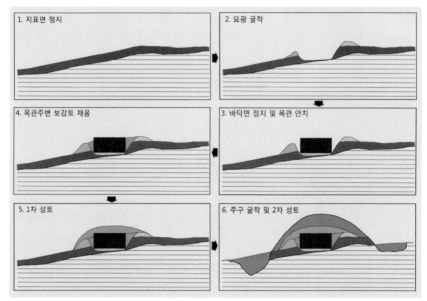

1. 지표면 정지	2. 묘광 굴착
4. 목관주변 보강토 채움	3. 바닥면 정지 및 목관 안치
5. 1차 성토	6. 주구 굴착 및 2차 성토

006 분구토광묘의 조성과정 추정도

적 환경도 가지고 있다. 이는 서산 기지리를 비롯하여 부장리 분구토광묘 유적에서 多葬的 환경이 확인됨에서 알 수 있다. 그런데 多葬의 순서에서 무덤 확장과정에 나름의 혼란도 없지 않다.

　기지리 분구토광묘의 경우 무덤 확장 과정에 대해 불분명한 몇 기를 제외한 나머지는 단장으로 존재하거나, 수평적으로 1차나 2차의 확장이 이루어진다. 즉 기존의 분구토광묘 외변 주구 내에 새로운 매장시설을 설치한 후에 다시 외변으로 1차나 2차로 분구를 확대하는 방식이 그것이다. 반면에 부장리는 하나의 대상부내에 여러 개의 매장부가 조성되면서, 조금씩 수평적으로 확장된 것으로 보고되고, 나아가 1차로 조성된 매장부의 상단에 수직적 형태의 새로운 분구토광묘가 조성된 것으로 알려져 있어 다장 자체가 수직적 중복상황이란 것을 알 수 있다.

　한편 분구토광묘는 매장시설을 지상에 조성하였기에 상대적 유실이 심할 수밖에 없고, 그 결과 무덤내에 남겨진 부장품의 발견이 한정적일 수밖에 없다. 특히 분구토광묘와 관련된 유물은 양적인 한계 외에 앞서 살핀 것처럼 분구토광묘 입지 환경의 특성으로 시대를 달리하는 유구간 중복이 심하게 이루어져 성격미상의 유물도 많이 포함되기도 한다. 따라서 분구토광묘 부장품의 검토는 매장시설 성격이 구체적인 것에 한정될 수밖에 없는데 이

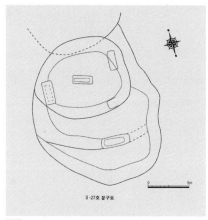

007 기지리 II-27호 분구토광묘

를 고려하면서 관련 자료를 정리하면 다음의 <표 3>과 같다.

<표 3> 분구토광묘 출토유물

		서산 예천동	서산 여미리(II)	해미 기지리	서산 언암리 낫머리	서산 부장리	서천 봉선리	서천 추동리
토 기	원저호	21	19	14	1	18		1
	평저호	1	1	43	1	38		
	소호	1				7		
	양이부호	6	3	1			1	
	이중구연호	1		2				
	발(심발)				1	1		
	완		1	2		1		
	뚜껑	2		3				
	삼족기					1		
철 기	환두도	7	10	7		7	1	
	목병도		1	1		3		
	검	1						
	철모	6	3	2		7		
	철촉	4	11			1		

	철부	9	14	18		33	1
	철겸	9	7	8		16	
	도자	6	1	9		32	
	철착	1				1	
	철정	16	7	28		3	
장신구·기타	관모					1	
	식리					2	
	이식					13	
	동경			1			
	옥			●		●	
	구슬	●		●		●	●
비고	대부호, 유개호, 고배형토기, 철제집게	청동환, 철모	청동방울, 청동환, 파배, 흑색마연토기, 흑색마연토기모방품	병형토기	병, 대부호, 배형토기, 삽날, 삼칼, 철제초두, 집게, 관정, 꺾쇠		

　부장품은 매납을 위해 별도의 부장곽이나 구역이 마련되지 않고 대부분이 목관 내에 산포된 형태로 남아 있던 것이다. 공헌용기로 볼 수 있는 토기 외에 장착품인 무기나 장식품이 주종을 이루는데 馬形帶鉤라던가 馬具의 부장이 거의 발견되지 않는 반면에 특이하게 鐵鋌의 부장이 자주 산견되는 특징도 있다.

　그럼에도 부장품으로서 가장 많은 양을 차지하는 것은 공헌용기로서의 토기인데, 기종은 圓底壺를 비롯하여 平底壺 및 兩耳付壺 등이 눈에 띈다. 다만 원저호와 평저호의 출토사례가 유적간에 차이가 있어 이를 시대차이로 치환할 수 있을 것으로 판단된다. 또한 광구호가 거의 부장되지 않으며, 鉢形土器의 결여, 그리고 개배나 삼족토기 등도 거의 확인되지 않은 특징도 지적할 수 있다. 반면에 흑색마연토기의 사례가 적지 않게 확인되는 특이 현상도 발견된다.

008 서산 기지리 분구토광묘 출토 토기들

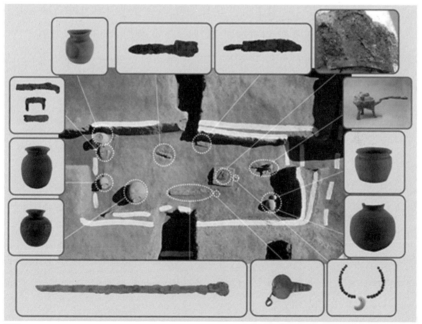

009 부장리 5호 분구토광묘 출토유물의 현황

장착품으로 무기는 環頭刀와 함께 木柄刀가 적지 않게 출토되고 부분적으로 鐵矛 등이 산견되나 다양성은 발견하기가 어렵다. 이외에 철부와 철겸 그리고 도자가 집중적으로 부장되어 있다. 분구토광묘의 부장품으로 주목되는 것은 철정인데 충청지역의 여타묘제와는 달리 폭넓게 수습되는 편이다. 이외에 玉類의 출토가 많으면서 부장리의 경우 금동관모 및 식리 등의 威勢品이 부장된 고품격 무덤도 존재하는 것을 알 수 있다.

5. 墳丘土壙墓의 展開

4세기 후반과 중서부지역이란 시·공간적 범위에서 본 묘제현황은 역사적으로 삼한 말에서 백제 한성기의 분묘문화 범주에서 이해될 수 있는 것이다. 이즈음의 묘제환경은 다양성이 크게 부각될 뿐만 아니라 묘제간 지역적 차별화도 크게 나타난다. 묘제는 석재로 구축된 석곽묘, 석실묘 등의 석축묘라던가 항아리를 사용한 옹관묘, 관·곽을 마련하여 흙 속에 매장부를 조성하는 흙무덤(토광묘)방식 등 크게 3가지 계통으로 구분할 수 있고, 흙무덤은 다시 관·곽토광묘, 주구토광묘, 분구토광묘(분구묘)의 유형으로 구분할 수 있다.

그리고 3세기말에서 5세기 후반 즈음에 중서부지역에는 여타의 묘제와 뚜렷한 속성 차이를 갖춘 분구토광묘라는 묘제가 존재함을 알 수 있는데, 이 묘제는 4~5세기대에 지역적 특성을 갖춘 묘제로 분명하게 존재하고 있음이 분명하다. 물론 이 묘제도 백제묘제가 새롭게 정립되는 6세기 초반대에 이르러 자취를 감추지만[14] 그러한 변화상은 백제사회의 묘제가 횡혈식

---

14) 자료적 한계는 있지만 지금까지 조사된 분구토광묘 중에 6세기대로 볼 수 있는 유적이 없다는 점을 우선적으로 고려한 결론이다.

석실묘로 통일되는 환경과[15] 관련된 것이기에 분구토광묘가 백제묘제로 분명한 위치를 차지하고 있다는 이해에 문제가 없다.

결국 분구토광묘는 원삼국 말기나 백제의 한성 도읍기라는 시간의 범주에서 이해될 수 있는 묘제라는 것은 분명하다. 그런데 이 묘제의 기원이나 변천 등의 전개과정이 무엇인가의 의문이 있는데, 이는 분구토광묘의 존재 환경과 시간 범주에서 검토될 수 있을 것이다. 물론 이를 위해서는 분구토광묘 자체의 정확한 편년적 위치의 점검이 우선되어야 할 것이다.

반복하지만 분구토광묘 자료의 대부분은 주구만 남겨져 있을 뿐이다. 때문에 편년문제를 살피는데 필요한 매장시설이나 부장품 같은 적극적 자료의 결여가 크게 나타난다. 물론 상당수의 자료는 아직 정식보고 되지 않았기에 그 조성시기를 구체화하는데 어려움이 있다. 따라서 중서부지역 분구토광묘의 편년문제는 개략적 현황을 토대로 점검될 수밖에 없다. 다만 지금까지 제시된 편년관은 3세기나 4세대로 보는 것이 압도적이고 이외에 5세기대의 것으로 추정되는 것도 확인된다. 충청지역에 국한될 수 있겠지만 서산 부장리, 기지리 유적 그리고 최근에 조사된 예천동 유적의 내용을 종합할 경우 이 지역 분구토광묘의 조성의 중심 시기는 대체로 4세기대로 보이며, 예천동 유적을 통해 상한은 3세기 후반경, 그리고 하한은 금동관모가 출토된 부장리 유적 등의 예로 보아 5세기 중반이나 후반으로 본다.

물론 분구토광묘에 대한 이러한 편년관은 기왕의 분구토광묘 축조시기 추정 결과와 상이한 부분도 없지 않다. 예컨대 보령 관창리 유적 분구토광묘의 상한 연대가 기원전 2세기까지 소급된 것이라든가, 이것을 기원후 3세기대를 중심 연대로 보기도 하였으며, 서천 당정리 등도 대체로 3세기나 4세기대의 어간에서 개략적 편년적 위치를 마련한 것이 그것이다. 그러나

---

15) 이남석, 2002, 『백제의 고분문화』, 서경.

관창리 유적의 연대 추정에 드러난 문제점은 이미 분명하게 지적된 바 있고[16] 당정리 등의 분구토광묘 편년관도 매장시설이 전혀 없는 상황에서 단순 추정한 것에 불과하기에 신빙성을 두기 어렵다. 사실 분구토광묘의 축조시기를 검토함에 해당유적에서 수습된 유물일지라도 분구토광묘와 직접 관련시킬 수 없다면 연대 검증자료로서 활용하는데 신중하여야 할 것이다. 이는 대부분의 분구토광묘가 청동기시대의 집자리나 다른 선행 유구와 중복된 것이 많다는 환경과 무관치 않을 것에서 그러하다.

한편 분구토광묘 조성시기를 3세기 후반에서 5세기 후반까지로 볼 경우 최근 조사된 예천동 유적의 18호 분구토광묘 자료는 또 다른 측면에서 검토할 필요가 있다. 예천동 유적은 분구토광묘 103기가 조사된 대단위 분구토광묘 유적인데, 이 가운데 18호로 구분된 유구는 빠르면 기원후 2세기경까지 소급될 수 있는 유물이 출토되어 있기에[17] 상황에 따라 충청지역 분구토광묘 출현 시기를 상당정도 상향시킬 수 있는 환경이 마련되었다고 볼 수 있기 때문이다. 그런데 예천동 분구토광묘 유적은 18호 분구토광묘를 제외한 나머지 무덤이 빨라야 3세기 후반을 상회할 수 있는 자료가 전혀 없다는[18] 사실에서 보다 심층적 검토가 요구된다. 이러한 관점에서 보면 예천동 유적의 18호 분구토광묘만을 오히려 특이존재로 취급되어야 하지 않은가 여겨진다.

결국 중서부 서해안 지역에 잔존된 분구토광묘는 대체로 3세기말경이나 4세기 초반경을 기점으로 출현하였고, 4세기대의 전성기를 거쳐 5세기 말경

---

16) 박순발, 2003, 앞의 주2)의 글.
17) 예천동 18호 분구토광묘 출토 청동제 칼 장식의 예로 보아 이 무덤의 축조시기는 빠르면 2세기대까지 소급될 수 있는 것으로 추정되나 나머지 출토된 유물을 통하여 대체로 3세기대 후반경의 유적으로 봄에는 문제가 없다고 판단된다.
18) 예천동 분구토광묘 출토유물은 인근의 기지리 유물과 대비할 경우 큰 시간차이를 두기는 어렵다는 점에서 그러하다.

까지 유행한 지역의 전통묘제로 볼 수 있을 것이다. 그러나 문제는 이 지역에 분구토광묘가 과연 어떠한 과정을 겪으면서 등장하였는가의 문제이다.

사실 분구토광묘와 같은 새로운 묘제의 출현은 그것이 외부에서 移植되었던가, 아니면 토착 묘제가 주체되어 외부문화의 모방, 아니면 토착 환경 자체에서 고유문화의 진화·발전 결과 등에서 이루어진 것으로 볼 수 있다. 더불어 그 원천은 분구토광묘란 묘제가 정립된 3세기말이나 4세기초반보다 선행시기에서 찾아야 할 것이다. 그런데 결론적이지만 중서부 지역의 분구토광묘가 외부에서 직접 이식된 묘제라는 것을 입증할 징표는 확인이 어렵다. 더불어 해당지역의 선행묘제, 아니면 묘·장제적 환경에서 분구토광묘가 자체적으로 변화·발전의 결과로 나타난 것이란 환경을 살필 수 있는 정황도 탐색되지 않는다.

따라서 분구토광묘는 토착의 전통묘제가 새로운 묘제 속성의 영향으로 나타난 것이 아닌가라는 추정을 가질 수밖에 없다[19]. 이와 관련하여 먼저 주목할 묘제가 주구토광묘이다. 주구토광묘는 앞서 언급된 것처럼 분구 성토를 위해 굴착한 주구가 외변에 남겨진 묘제로서 얼핏 보면 분구토광묘와 차별화하기가 어려운 점이 많은 묘제이다. 더불어 이 묘제도 4세기대를 기점으로한 잔존정황에서 분구토광묘와 분명한 차이를 드러내는 묘제라는 것을 앞서 간략하게 언급한 바 있다. 그런데 이 주구토광묘는 천안 청당동 등지의 유적 예로 미루어 중부지역에 출현한 시기가 적어도 3세기대 전반까지 소급된다는[20] 점을 주목할 필요가 있다.

결국 주구토광묘는 분구토광묘보다 선행묘제로 적어도 3세기대에는 유

---

19) 이 경우 삼한사회인 원삼국기의 묘제현황의 문제가 다시 제기될 수 있다.
20) 咸舜燮·金在弘, 1995, 「天安 淸堂洞遺蹟 I段階 調査報告」 『淸堂洞 II』, 國立中央博物館.

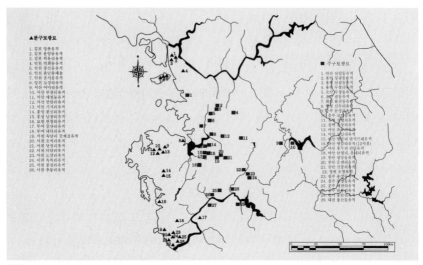

010 분구토광묘와 주구토광묘의 분포현황

입되었고, 아울러 분구토광묘처럼 5세기 후반대까지 존속되는 묘제이다[21].
더불어 이 묘제는 경기 충청지역을 넘어 영남지역까지 분포범위를 확대할
수 있는 묘제이기도 하다. 다만 분포범위에서 분구토광묘와 거의 중복되지
않은 현상은 이채롭다. 〈그림 10〉은 분구토광묘와 주구토광묘의 분포현황
을 정리한 것이다.

〈그림 10〉에 나타나듯이 분구토광묘는 서해안에 치우쳐 잔존한다. 반
면에 주구토광묘는 경기지역은 분구토광묘가 잔존된 인천지역을 북단으로
두면서 그 이남지역에 비교적 넓게 산포되어 있다. 나아가 충청지역은 분
구토광묘가 산포된 서해안을 철저하게 피하면서 충청내륙에 편재된 분포상

---

21) 최근에 조사된 연기 송원리 유적(한국고고환경연구소, 2008, 『행정중심복합도시 건설
사업 예정지구내 문화유적 발굴조사 제 8차 지도위원회자료』)에서 조사된 주구토광묘
의 경우 대체로 5세기대로 편년되고 있다(조은하, 2010, 『송원리 출토 백제토기 연구』
고려대학교 대학원 문화재협동과정 석사학위논문).

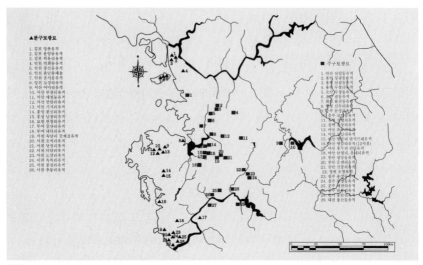

010 분구토광묘와 주구토광묘의 분포현황

입되었고, 아울러 분구토광묘처럼 5세기 후반대까지 존속되는 묘제이다[21].
더불어 이 묘제는 경기 충청지역을 넘어 영남지역까지 분포범위를 확대할
수 있는 묘제이기도 하다. 다만 분포범위에서 분구토광묘와 거의 중복되지
않은 현상은 이채롭다. 〈그림 10〉은 분구토광묘와 주구토광묘의 분포현황
을 정리한 것이다.

〈그림 10〉에 나타나듯이 분구토광묘는 서해안에 치우쳐 잔존한다. 반
면에 주구토광묘는 경기지역은 분구토광묘가 잔존된 인천지역을 북단으로
두면서 그 이남지역에 비교적 넓게 산포되어 있다. 나아가 충청지역은 분
구토광묘가 산포된 서해안을 철저하게 피하면서 충청내륙에 편재된 분포상

---

21) 최근에 조사된 연기 송원리 유적(한국고고환경연구소, 2008, 『행정중심복합도시 건설
사업 예정지구내 문화유적 발굴조사 제 8차 지도위원회자료』)에서 조사된 주구토광묘
의 경우 대체로 5세기대로 편년되고 있다(조은하, 2010, 『송원리 출토 백제토기 연구』
고려대학교 대학원 문화재협동과정 석사학위논문).

을 드러내고 있는데, 이러한 분포상은 주구토광묘와 분구토광묘라는 묘제가 엄격하게 차별화된 분포권역을 가졌다는 것을 보여주는 것이다.

앞서 언급된 것처럼 주구토광묘는 분구토광묘와 묘제속성에서 서로가 착란이 있을 만큼 유사한 요소가 많다. 특히 방형이나 말각 방형이나 원형으로 분구를 성토한다는 점, 그러한 과정에서 주구를 남긴다든가 개별 무덤들은 철저하게 무덤권역을 갖추면서 중복되지 않는다는 공통성. 여기에 목관이나 곽일 수도 있지만, 매장시설의 갖춤새 그리고 흙속에 묻는 것도 동일한 환경이다. 다만 매장시설을 지상에 안치하고 목관만 사용한다거나 부장품 조합에 있어 나름의 고유 속성을 갖추면서 차별화가 나타난다. 그런데 분구토광묘의 구조속성에서 가장 주목되는 것은 土築으로 방대형의 고총형 분구를 조성하는 것이다. 이 과정에서 남겨진 것이 주구인데, 이러한 특성은 주구토광묘에도 그대로 발견된다. 반면에 분구토광묘는 매장시설로 목관을 지상의 분구 내에 안치하지만 주구토광묘는 오히려 지반을 굴광하여 묘광을 조성하고 목관 외에 목곽을 설치하는가 하면, 부장품 매납을 위한 부곽이나 곽 형태를 시설하기도 한다.

이처럼 분구토광묘와 주구토광묘는 묘제라던가 분포양상 등에 나름의 유사성과 차별이 존재한다. 묘제적으로 대비할 경우 주구토광묘와 분구토광묘의 유사성은 무덤의 외형에 있음을 알 수 있다. 즉 고대한 분구를 조성함이 그것이고, 이과정에 모두가 주구를 남겼다는 점도 그러하다. 반면에 차이점은 매장시설 전체에서 감지될 수 있는 것이기도 하다. 그러면서 두 묘제는 시기적으로 주구토광묘가 분구토광묘보다 선행묘제라는 점도 분명하다. 반면에 분포권역은 상호간을 철저하게 구분된 것처럼 보이는데, 이를 고려하면 주구토광묘의 영향으로 분구토광묘가 발생된 것이 아닌가 추정케 한다.

문제는 어떤 묘제가 기반이 되었는가이다. 물론 기반이 된 전통묘제는 분구토광묘 분포권역에 그것도 3세기 어간에 잔존된 묘제로서 분구토광묘의 속성 중에 주구토광묘와 무관한 매장시설의 형상을 갖춘 것이 대상이 될 수 있을 것이다. 그리고 이와 관련하여 주목될 수 있는 것은 서울의 가락동 2호 봉토목관묘라든가 천안 두정동 봉토묘가 있고, 그리고 최근에 주목된 것이지만 군산의 미룡동에서 확인된 토광묘 즉 봉토·봉석묘들을 주목할 수 있을 것이다. 이들은 마한의 전통을 잇는다거나, 오히려 삼한시대 마한의 묘제로 볼 수 있는 것들이기도 하다. 군산 미룡동의 토광묘가 2~3세기로 편년된다거나 이전에 확인된 호남지역의 마산리 토광묘나 용강리 토광묘도[22] 그와 유사한 원삼국기 마한지역의 고유묘제였고 이들은 봉토·봉석묘로 묘제를 정리할 수 있는 것이다.

봉토·봉석묘는 목관을 사용하지만 외부의 표식시설을 강조하지 않는, 즉 목관에 흙이나 돌을 덮어 대강 마무리하는 묘제라는 점을 미룡동 고분군을 통해 알 수 있다. 지상식으로 목관을 안치하는데 군집된 형상으로 무질서하게 흙이나 돌을 덮어 마무리한 형태이고, 개별무덤은 집적이 아닌 산포된 형태로 지상에 특별한 標式없이 안치된 것이기도 하다. 매장시설도 목관이나 옹관을 사용하지만 지상에 두고 흙을 덮을 따름인데 별도의 부장시설을 마련하지 않는다거나 매장시설 장축의 부정형성, 매납유물의 빈약상도 나름의 묘제특성으로 지적될 수 있을 것이다.

분구토광묘는 개별무덤 구역의 설정과 함께 외변에 깊게 주구를 조성하였기에 지상식의 매장부가 유실되더라도 주구를 통해 분묘가 인지될 수 있고, 그 결과 기왕에 방형주구묘나 주구묘로 불렸던 매장부 없는 방형 주구만이 발견된 바 있기도 하다. 반면에 전통적 마한의 고유묘제, 즉 봉토·봉석묘는 외부의 표식시설이 전혀 마련되지 않는다. 한편 주구토광묘는 개별무덤구역의 설정 속에 고대한 봉분을 조성하는 묘제이다. 결국 주구토광묘

---

22) 임영진·서현주, 1996, 「화순용강리의 토광묘와 옹관묘」『호남고고학보』3, 호남고고학회.

란 묘제가 등장하면서 그것의 고총으로 분구를 조성하는 전통이 토착사회에 주목되었고, 이것이 수용되면서 분구토광묘라는 묘제로 결론된 것이 아닌가 여겨진다.

백제의 봉토목관묘로 구분될 수 있는 가락동이나 두정동의 토광묘는 多葬이라는 속성을 갖추고 있으면서 개별 분묘가 지상에 수평으로 배치되기보다는 오히려 수직적 중복을 보인다. 그리고 매장부는 오히려 마한의 전통적 구조속성을 간직하고 있다. 이들은 3세기말이나 4세기 초반경으로 편년되는데, 그것이 다장적 전통을 유지한 것이지만 무덤자체는 고총으로 조성하기 위한 분위기를 감지할 수 있기에, 결국 마한의 전통적 묘제환경에 高大한 분구를 조성하는 주구토광묘라는 새로운 묘제전통의 유입에 따른 변화상을 보여주는 또 다른 예가 아닌가 여겨진다.

이러한 입장이 견지될 수 있다면 경기지역에서 분구토광묘로 분류된 것들에 주구토광묘가 포함되어 있는 것, 그리고 서산 예천동의 18호 분구토광묘 등의 존재도 주구토광묘의 확대 속에 이해될 수 있지 않은가 여겨진다. 이들은 분구토광묘보다 오히려 주구토광묘로 보면서 그것이 분구토광묘의 초기적 속성을 간직한 것이 아닌가 생각할 수 있기 때문이다. 분포정형의 이질성만이 아니라 묘제 속성에서 장축 배치의 이질성, 묘광과 목관의 갖춤새, 그리고 동혈합장 사례는 분구토광묘보다는 오히려 주구토광묘적 속성으로 볼 수 있다는 점도 근거이다. 이러한 추정이 가능하다면 두 묘제의 분포정형에 대한 합리적 해석이 가능하면서 나아가 주구토광묘가 분구토광묘의 선행묘제로 경기지역, 그리고 충청지역에 등장여 기왕의 토착사회에 영향을 끼쳐 분구토광묘의 등장을 가져온 것이란 결론에 문제가 없을 것이다.

6. 結言

4세기대의 중서부지역 묘제는 분구토광묘로 정의될 수 있는 분묘들이
존재한다. 이 무덤은 주구토광묘나 관·곽토광묘와 구조속성에서 분명한 차
이를 보이는데, 대체로 3세기말경이나 4세기 초반경에 등장하여 5세기 후
반경에는 자취를 감추는 묘제이다.

분구토광묘는 親水空間의 입지환경이 지적되지만 묘제나 부장품에서
海洋이나 수변생활을 유추하기 어렵기에 친수공간은 오히려 지역적 특성으
로 보아야 할 것이고, 이외의 환경은 저구릉성 지역, 線上과 저구릉성 산지
의 경사지 선호 등이 유의될 수 있다. 묘역이 엄격하게 구분되면서 고총의
분구를 조성하는데 그 결과 주구가 남겨지는 묘제이기도 하다. 매장시설은
목관을 지상에 안치하는 방식으로 조성하면서 목관내에 유물을 안치한다.
부장품은 원저호 외에 평저호의 토기와 흑색마연토기의 존재, 부분적으로
무기 외에 鐵斧, 鐵鎌 등의 공통적 부장 속에 鐵鋌의 부장이 많다는 특징도
있다. 마구가 없다거나 개배나 삼족기 등의 특정 기종의 토기도 부재하는
특성도 있다.

분구토광묘는 位階에 따른 지역구분도 가능하고 동일 유적 내에서 무덤
구역이 어느 정도 구분되는 것으로 미루어 가계간의 구분도 있었다고 추정
된다. 더불어 묘제적으로 주구토광묘와 유사성이 많다. 기왕에 분구토광
묘로 판단된 자료에서 주구토광묘로 재인식될 것도 없지 않음에서 유사성
의 정도를 추정할 수 있는데 적어도 경기·충청지역에서 두 묘제간의 상관성
은 주구토광묘의 선행 출현과 그에 따른 분구토광묘의 발생으로 정리할 수
있다.

3세기나 4세기 초반부 이전의 한반도 서남부 지역은 원삼국기의 마한
묘제는 가락동 2호분이나 천안 두정동 봉토목관묘로 유추되는 소형의 목
관, 옹관 등의 지상식 매장시설을 갖춘 것의 묘제 원천인 군산 미룡동, 화

순 용강리, 광주 신창리 옹관묘 등의 분묘로 볼 수 있다. 더불어 이들은 분구토광묘의 매장시설과 동형의 구조를 갖추고 있으나 고대한 분구를 갖추지는 않는다. 반면에 서북지방에서 비롯된 주구토광묘는 토축의 고총형 분구를 조성하면서 고유의 매장시설을 갖추고 있기도 하다.

중서부지역 분구토광묘의 발생은 마한의 봉토묘가 새로이 유입된 주구토광묘의 고총형 분구조성 전통의 영향으로 이루어졌다고 볼 수 있다. 주구토광묘가 3세기전반 경에 유입된 후에 분구토광묘가 발생되었다는 시간적 정황 외에 두묘제 구조속성의 대비결과, 분포권의 차별화 등을 근거하여 그렇게 추정하는 것이다.

IV 백제 토광묘(주구, 관·곽)의 검토
百濟 土壙墓(周溝, 棺·槨)의 檢討

1. 序言

토광묘는 지반을 파서 묘광 혹은 묘곽을 조성하고 목관을 안치하는 묘
제이다. 이를 다시 묘광의 조성이나, 관·곽의 설치여하나 그 방법의 차이에
따라 묘제를 다시 구분할 수 있다. 즉 관·곽의 설치 여하에 따라 직장 토광
묘, 목관 토광묘, 목곽 토광묘라는 구분과[1], 외형이라든가 구축 방식에 따
라 封土墳, 土墩墓, 墳丘墓의 구분이 그러하고[2], 최근의 주구의 존재여하
에 따라 周溝土壙墓, 周溝墓, 方形周溝墓, 墳丘式 土壙墓 등으로[3] 구분됨
이 그것이다. 물론 용어도 한자나 한글 표현에 따라 차별적으로 사용되기
도 한다. 더불어 이 묘제는 한반도 고대사회의 묘제 전개상에서 가장 보편
성을 지닌 것이기도 하다.

---

1) 金基雄, 1984, 「墓制」『韓國의 考古學』II(下), 韓國史論 13.
2) 姜仁求, 1984, 『三國時代 墳丘墓研究』, 嶺南大學校出版部.
3) 최성락, 2007, 「영산강유역 고분연구의 검토-고분의 개념, 축조방법, 변천을 중심으로」
『湖南考古學報』33.

백제의 고분문화는 묘제적 다양성을 가장 큰 특징으로 꼽는데, 그 기저에 토광묘라는 묘제가 폭넓게 자리한다. 본디 토광묘제는 원삼국시대 전사회의 보편적 묘제로 인정된다. 여기에 백제는 삼한의 한 지역인 마한에 터전한 후 그 지역의 유산을 그대로 계승하면서 고대국가로 성장하였다. 따라서 그들의 분묘문화 저변에 삼한 고유의 토광묘제가 자리하였다고 봄은 당연할 것이다. 이를 대변하듯이 백제묘제로서 토광묘는 강인한 전통성을 갖추면서 유형적 다양성을 갖추었는데, 특히 새로운 묘제가 유입되어 토착적 전통묘제와 결합, 새로운 묘제를 창출하는 역동적 변화상도 나타난다.

　백제의 토광묘는 고대국가 백제의 범주에서 인식되어야 할 분묘 유형이다. 그러나 토광묘는 백제의 고대국가 정립기를 훨씬 상회한 시점부터 존속되었던 묘제였고, 그것이 백제사회까지 연속되었던 물질 자료일 뿐이다. 백제란 고대국가의 등장과 발전이라는 환경 변화에도 토광묘는 여전히 존재하면서 변화·변천된 묘제이다. 이에 백제 토광묘는 적어도 정치·사회적으로 백제 영향권에 잔존된 것들이 해당되겠지만, 검토 범위는 정치체 백제와 무관한 범위까지 망라되어야 할 것이다. 다만 논의를 백제에 초점하기 위하여 시간적으로 4세기대를 기점으로, 공간적으로는 백제의 터전이었던 마한지역까지 확대시킬 수 있을 것이다.

　사실, 백제 한성기에 해당되는 4~5세기대의 토광묘 현황은 나름의 유형적 다양성과 함께 유형·형식에 따라 연원이나 전개상에서 나름의 특징적 정황도 간취된다. 그러나 이러한 정황은 최근의 자료증가를 통해서 얻을 수 있는 결론일 뿐이고, 오히려 묘제적 인식은 미진한 부분이 적지 않다. 다시 말해 백제묘제로서 토광묘는 토착적 고유의 전통묘제로 인식되고, 나름의 유형적 다양성을 갖추고 있으면서 변화·변천이 거듭되어 시·공간적 차별성을 갖추었을 것인데, 그에 대한 정확한 실상의 이해는 미진하다는 것이다.

　백제 토광묘의 유형을 분구토광묘, 주구토광묘, 관·곽토광묘로 구분한 바가 있다[4]. 이러한 구분은 분구토광묘제를 검토하면서 언급된 것이나 기본 내용에는 문제가 없다고 여겨진다. 다만 당시의 검토가 분구토광묘(분구토광묘)가 선행의 마한지역 토광묘(봉토·봉석묘)가 서북한 지역에서 유입된 주구토광묘의 高塚古墳的 축조환경 영향으로 발생한 것을 입증함에 목적이 있었기에 주구토광묘나 관·곽토광묘 등의 내용은 거의 언급하지 않았다. 따라서 여기에서는 백제 토광묘의 인식문제를 점검하고, 이어 분구토광묘를 제외한 주구토광묘와 관·곽토광묘의 존재현황, 그리고 묘제 특성을 살피면서 백제묘제로서 존재 의미를 살펴보고자 한다.

2. 墓制로서 土壙墓의 認識

1) 土壙墓의 認識

사실, 한반도 묘제전개에서 가장 큰 비중을 차지하는 것이 토광묘로 불리는 묘제유형이라는 것은 널리 알려진 사실이다. 신석기시대에 동형의 매장유형을 엿볼 수 있으면서 고인돌과 석관묘란 청동기시대의 특화된 묘제환경을 제외하면 이후에 통시대적으로 사용된 묘제가 토광묘라는 점은 일반적 인식이다. 그리고 이처럼 널리 통용된 묘제임에도 그 구조속성이 매우 단순하다는 특징도 있다.

토광묘는 기본적으로 지반토를 굴착하여 묘광을 설치하거나 지반상을 정지한 후에 거기에 매장주체를 안치한다. 그리고 세부 조영방식 차이는 棺·槨의 설치정도에 국한되고, 이후는 흙을 덮어 마무리하는 공통성이 있다. 이는 백제의 여타 묘제와 대비할 경우 커다란 차이로 지적될 수 있기도

---

4) 李南奭, 2011, 「中·西部地域 墳丘墓의 檢討」『先史와 古代』35, 167~169쪽.

하다. 백제 묘제는 토광묘 외에 축조재료의 차이에 따라 석축묘, 옹관묘, 전축묘 등도 존재한다. 이들은 기본적으로 지반상에 묘광을 구축한 다음에 석재나 벽돌로 묘곽이나 묘실을 조성한 후에 목관 등을 사용하여 시신을 안치한다. 또한 옹관묘의 경우도 토광묘처럼 흙속에 시신을 안치하지만 목관이 아닌 옹관을 사용한다거나 곽으로 옹을 사용하여 양상이 복잡한 편이다.

물론 토광묘는 장제상으로 토장이 전제되면서 묘광을 조성하는 것에서 다른 묘제와 다르지 않다. 여기에 선택적으로 목곽을 설치한 후에 목관을 매납하는 묘제라는 점을 감안하면 묘제 특징으로 흙의 사용이 아닌 목곽이나 목관재의 사용을 주목하여야 할 것이다. 그럼에도 이를 토광묘로 구분하는 것은 흙속에 시신을 안치하는 가장 원초적 형상을 갖추고 있음과 무관치 않다. 아무튼 토광묘는 목곽이나 목관의 사용여부에 차이가 있지만 흙속에 시신을 묻는 묘제로 정의될 수 있다.

사실, 백제 묘제로서 토광묘의 인식은 일찍부터 있었지만 존재 특성상 자료의 집적은 오히려 최근에 이르러 비약적으로 증대되었음을 주목할 필요가 있다. 특히 중서부 지역에 국한할 경우 토광묘 자료의 탐색은 일제 강점기 석촌동 고분군내 토총의 인식에서[5] 시작하지만 구체적 자료 인식은 오히려 서산 명지리 고분군을[6] 시작으로 소사리 고분군[7], 신리 고분군의 확인과[8] 함께 가락동[9] 등지의 토광묘 유적 인지에서 비롯되고 있다. 다만 유적을 중심으로 묘제가 인식된다거나, 사례별 검토만 이루어졌기에 백제 묘제로서 토광묘의 총합적 이해는 한계를 가질 수밖에 없었다. 물론 중

---

5) 朝鮮總督府, 1935, 『昭和二年度古蹟調査報告』第二冊.
6) 金永培·韓炳三, 1969, 「大山面 百濟土壙墓 發掘報告」『考古學』2.
7) 安承周·朴秉國, 1971, 「百濟 古墳文化의 研究 : 扶餘·草村面 素沙里 百濟土壙墳을 中心으로」『百濟文化』5.
8) 姜仁求, 1975, 「扶餘 新里의 百濟土壙墓」『美術史學研究』126.
9) 尹世英, 1974, 「可樂洞百濟古墳群 第一, 二號墳 發掘調査略報」『考古學』3.

001 백제의 토광묘 유형들

서부지역의 토광묘, 토광적석묘, 즙석봉토분 등으로 알려진 토광묘 자료를 입지, 봉토, 묘광, 목관, 다른 묘제와의 연관성과 유물의 부장위치, 조합상을 검토하여 토광묘의 종합적 인식 속에 이들의 변화·발전상을 유추한다. 나아가 그것이 삼한의 대표적 묘제로 인식하는[10] 등의 진전된 검토도 있지만 자료적 한계에 따른 이해의 부진을 면치 못한 상황이라 여겨진다.

매장유적으로 토광묘는 대단위 면적을 전면제토하여 조사함으로써 구체적 면모를 파악할 수 있는 묘제이다. 때문에 토광묘의 구체적 현황 인지는 그러한 발굴, 즉 규모를 갖춘 발굴조사가 진행되면서 가능하였다고 볼 수 있다. 백제유적으로 토광묘가 종합적으로 인지된 것은 아마도 석촌동,

---

10) 권오영, 1991, 「중서부지방 백제 토광묘에 대한 시론적 검토」『百濟研究』22, 충남대학교 백제연구소.

가락동 고분군이[11) 시작일 것이고, 본격적인 것은 청주 신봉동 고분군의[12)
발굴조사일 것이다. 이후 천안 청당동 고분군의[13) 조사가 이루어지고, 각
지에서 상당한 자료의 집적을 이루면서 이를 토대로 토광묘에 대한 인식도
상당히 진전된 것으로 볼 수 있다.

그런데 백제 토광묘 자료 중에서 가장 주목되는 것은 아마도 청당동 고
분군일 것이다. 물론 청당동 고분군보다 이른 시기에 조사된 큰 규모의 청
주 신봉동 고분군이 있었다. 그런데 신봉동 고분군은 규모나 내용에서 결
코 소홀할 수 없음에도 존재 자체 이외는 크게 주목되지 않았는데 아마도
특이성을 크게 드러내지 않는 분묘의 현황과 무관치 않은 듯하다. 반면에
청당동 고분군은 집약적 형태로 전면 노출이 진행된 유적이면서 단위 유적
으로 분명한 성격을 드러낼 뿐만 아니라, 처음으로 주구토광묘라는 다소
이질적 묘제가 확인됨으로서 크게 주목될 수 있었던 것으로 여겨진다.

청당동 고분군의 등장을 계기로 '周溝土壙墓'라는 용어가 제안되었고,
대략 2~4세기라는 이른 조성시기 추정과 기왕에 한강유역에서 알려졌던
초기 백제고분과의 차이점이 지적되는가 하면 그 연원을 대동강 유역의 태
성리에서 구하는 등의 의견 개진도 있었다. 나아가 중국의 기원전 4~3세
기에 주구토광묘 실례와 더불어 마형대구 등으로 볼 때 주구토광묘의 기원
은 중국의 북부지방에 있었다가 대동강 유역으로 들어왔던 것으로 추론되
기도 하였다[14). 이후 청당동 고분군은 자체 분석을 통해 분묘의 구조적 특
징, 유물의 부장방식, 위계구조 등에 대한 분기별 변천 양상을 살피면서 이

---

11) 任孝宰, 1976,「石村洞 百濟 初期古墳의 性格」『美術史學研究』129·130.
12) 이융조·차용걸, 1983,『清州新鳳洞百濟古墳發掘調査報告書: 1982年度調査』, 百濟文
化開發研究院.
13) 徐五善·權五榮, 1990,『天安 清堂洞遺蹟 發掘調査報告』, 國立中央博物館.
14) 姜仁求, 1994,「周溝土壙墓에 대한 몇가지 問題」『정신문화연구』17.

를 통해 원삼국문화의 성격을 이해하는[15] 등의 다양한 검토가 이루어졌다. 그러나 조성시기가 기왕의 2세기후반에서 3세기 후반의 원삼국기가 아니라 3세기 후반이후 4세기대의 분묘라는 이해의 수정도 이루어졌다[16]. 이처럼 청당동 고분군은 백제 토광묘 유적으로 지속적 관심이 주어졌는데, 청당동 토광묘가 백제 토광묘 이해의 지표라는 점을 단적으로 보여주는 사례이기도 하다.

결국, 청당동 고분군이 백제 토광묘의 검토에서 주목되는 이유는 그것이 백제 토광묘 인식에 새로운 시각, 즉 주구토광묘라는 새로운 묘제가 확인됨으로써 토광묘도 묘제적으로 구분할 수 있게 되었다는 점일 것이다. 따라서 이후 백제 토광묘에 대한 관심도 크게 증대된 것으로 여겨진다. 사실 기왕의 토광묘에 대한 인식은 한반도에서 그 흔적이 일찍부터 나타나는 서북한 지역 자료를 중심으로 이해가 마련되면서[17] 이후에 토광묘, 목곽묘의 구분[18]이라던가 움무덤·귀틀무덤 식의 용어를 바꾸는 정도에 머물렀다. 그리고 토광목관묘의 구조를 다호리식–통나무형, 화성리형–조합식목관으로 분류하듯이[19] 시대와 지역을 구분하지 않고 종합하여 검토하는 경향도 없지 않았다. 그러다가 청당동 고분군의 주구토광묘 사례의 등장으로 기왕의 자료와 대비하여 묘제적 차이점을 주목하면서 시기·지역 간에 차별화된 묘제로서 인식하는 계기가 되었던 것이다.

물론 토광묘 이해의 진전에는 청당동 고분군의 발굴 이후 자료의 급격한 증가가 있었다는 것도 무시할 수 없다. 이전의 청주 신봉동 고분군 인지

---

15) 權鶴洙, 2000, 「청당동 유적의 편년과 변천양상에 대한 고찰」『中原文化論叢』4.

16) 李昶熀, 2011, 「천안 청당동 분묘군 편년 재검토」『韓國上古史學報』73.

17) 金基雄, 1986, 「墓制」『韓國史論』13(下), 國史編纂委員會.

18) 田村晃一, 1979, 「樂浪郡地域の木槨墓」『三上次南 博士 頌壽紀念論叢』

19) 金亨坤, 1992, 「土壙木棺墓 構造研究(I)」『韓國上古史學報』10.

를 비롯하여 이후에 천안 화성리[20], 청주 송절동[21], 공주 하봉리[22] 등의 토광묘 자료가 계속적으로 발굴되었기 때문이다. 특히 보령 관창리[23], 서천의 당정리 유적[24]에서 확인된 주구묘(분구토광묘)의 등장을 시작으로, 여기에 익산 영등동이나 율촌리의 자료가 더해지면서[25] 백제 토광묘의 다양성을 인지하게 되었고, 그에 따른 보다 진전된 검토가 진행되게 되었다.

현재 백제 토광묘의 인식은 비교적 다양한 상황이다. 지역적으로 도읍지역과 지방의 구분이라든가, 지방사회도 지역 간 차별적 현황이 제시된다. 묘제도 도읍지역의 경우 즙석봉토분, 토광묘 그리고 목관토광묘·토광적석묘 등의 존재가 지적되고, 지방사회의 토광묘 현황도 매우 복잡한 양상으로 나타난다. 특히 묘제는 지역을 중심으로 다양한 내용이 제시되어 있기도 하다. 예컨대 금강 유역권을 중심으로 주구묘 계통과 토광묘의 구분은[26] 미호천을 중심한 것이지만 주구토광묘·합장묘·대형토광목곽묘가 언급된다[27], 그리고 호남지역에 국한된 직장토광묘·목관토광묘·위석토광묘의 인지[28], 전북지방 토광묘를 순수토광묘·석개토광묘·목개토광묘·적석토

---

20) 國立公州博物館, 1991, 『天安 花城里百濟墓』.
21) 車勇杰·趙詳紀, 1994, 『清州 松節洞 古墳群 1次 '92年度 發掘調査報告書』, 文化財管理局 文化財研究所.
   車勇杰·趙詳紀 외, 1994, 『清州 松節洞 古墳群』, 忠北大學校博物館.
22) 國立公州博物館, 『下鳳里I』
23) 윤세영·이홍종, 1997, 『寬倉里 周溝墓』, 高麗大學校 埋葬文化研究所.
24) 國立扶餘文化財研究所, 1998, 『堂丁里』.
25) 崔完奎 외, 2000, 『益山 永登洞 遺蹟』, 圓光大學校 馬韓·百濟文化研究所.
   최완규·이영덕, 2002, 『益山 栗村里 墳丘墓』, 圓光大學校 馬韓·百濟文化研究所.
26) 성정용, 1998, 「3~5세기 금강유역 마한·백제 묘제의 양상」『3~5세기 금강유역의 고고학』, 韓國考古學會.
27) 박중균, 1999, 「清州地域의 原三國期 墓制의 基礎的 研究-土壙墓를 중심으로-」『湖西考古學報』2.
28) 朴仲煥, 1997, 「全南地域 土壙墓의 性格-內部構造를 中心으로-」『湖南考古學報』6.

광묘·주구토광묘로 구분하는가 하면[29], 백제 묘제로서 주구토광묘와 주구묘와 방형분구묘로 구분하는 분구토광묘, 그리고 토광묘의 확인[30] 등이 그것이다. 이외에 중서부지역 토광묘의 단계화나[31] 주구묘의 분석적 검토[32], 그리고 마한계 분묘로서의 속성 검토[33]는 물론이고 이외에 다수의 다양한 토광묘 검토 결과들도 있다.

이러한 검토결과를 통해 지금까지 알려진 토광묘 자료의 이해는 물론이고, 마한에서 백제로 이어지는 중서부 지역 토광묘에 대한 구체적 실상을 비교적 선명하게 이해할 수 있게 되었다. 특히 개별 분묘군의 편년과 성격을 비롯하여 단계 설정을 통한 나름의 변화상은 물론 위계문제까지 考究되어 토광묘에 대한 이해기반의 대강은 마련되었다고 여겨진다. 다만 고대국가 백제의 존재를 유념하면서 그 강역으로 추정되는 범위에 부침되었던 토광묘 자료를 망라할 경우 각각 묘제의 존재 정황을 분명하게 인식하기에는 여전한 어려움이 있다. 특히 토광묘계통 묘제의 유형구분 문제를 비롯하여 주구토광묘의 등장배경이나 이후의 전개상, 그리고 주구토광묘와 분구토광묘, 주구토광묘의 차별성, 등장이나 전개상 등에 대해서는 여전히 미진함을 드러내고 있다.

2) 土壙墓의 墓制 區分

토광묘는 우선적으로 묘제 분류가 필요하다. 다만 무엇을 기준할 것인가의 문제가 남는데 일반적으로 매장시설의 형상이 우선될 수 있으나, 토

---

29) 한수영, 2001, 「전북지역의 토광묘」 『연구논문집』1, 호남문화재연구원.
30) 崔完奎, 2002, 「百濟成立과 發展期의 錦江流域 墓制樣相」 『韓國上古史學報』37.
31) 김성남, 2001, 「中部地方 3~4世紀 古墳群 細部編年」 『百濟研究』33.
32) 朴淳發, 2003, 「周溝墓의 基源과 地域性 檢討」 『충청학과 충청문화』2.
33) 金承玉, 2011, 「중서부지역 마한계 분묘의 인식과 시공간적 전개과정」 『韓國上古史學報』71.

광에 목관이나 목곽이란 구조의 단순성으로 나름의 어려움이 있다. 때문에 외형을 기준한 분류도 많았는데 그것도 발굴결과 잔존된 모습에 불과하다는 한계를 고려하면 문제가 많다. 다만 묘제로서 축조방식은 충분히 고려할 만하다고 여겨져, 일단 축조방식·매장시설의 형태·매장방식 등을 기준으로 분류할 경우 어느정도 타당성을 얻을 수 있을 것이다.

토광묘의 묘제구분에는 경기·충청지역 즉 중서부지역에서 성행한 토광묘를 매장방식, 매장부의 위치·조성방식·유물 부장형태 등에 따라 대체로 棺·槨土壙墓, 周溝土壙墓, 墳丘土壙墓(墳丘墓)의 3가지 유형으로 구분한 바 있다[34]. 그 대강은 백제 토광묘 전체를 망라할 수 있다고 여겨져 이를 전제하여도 큰 문제는 없을 것으로 본다. 다만 이들 3가지 유형의 범주에 포함될 수 없는 것도 존재한다. 기왕에 특수형 분구묘로 분류하면서 마한 묘제적 전통이 있는 것으로 보았던 가락동 1·2호분이나 천안 두정동의 분구묘 유형의 묘제, 즉 封土木棺墓를[35] 그 사례로 꼽을 수 있을 것이다. 이들은 원삼국기 묘제의 흔적으로 볼 수 있는 것으로 별도 묘제로 간주하여야 할 것이다. 더불어 서로 다른 묘제 속성을 부분적으로 공유하는 것도 있는데 대체로 봉토목관묘와 주구토광묘제의 혼합 형태, 아니면 관·곽토광묘와의 구분이 애매한 것들이 그것이다. 물론 이 경우도 해당 분묘는 아류적 속성으로 판단할 수밖에 없기에 이들도 속성의 강약에 따라 앞의 묘제에 포함하여 구분코자 한다. 다만 분명한 기준 설정이 가능할 경우 별도 형식으로 구분도 가능할 것이다.

백제 토광묘의 유형 중에 우선 관·곽토광묘는 지하로 묘광을 조성하고 그 안에 목재로 관이나 곽을 결구한다. 관·곽의 사용은 무덤의 규모나 피장

---

34) 이남석, 2010, 「백제 고분문화의 개관」『송산리 고분군』, 공주대학교박물관.
35) 묘제 용어에 있어 원삼국기 마한의 묘제는 봉토·봉석묘로 구분하면서 토광묘는 봉토묘
    로 부르고, 백제시대의 것은 봉토목관묘로 차별화하여 명칭하고자 한다.

자의 위계에 따라 선택적이라는 특징이 있다. 아울러 매장부를 지하에 조성하지만 지상에 조성되었을 봉분이나 분구의 형상은 불분명하기도 하다. 천안 화성리, 용원리, 청주 신봉동 토광묘를 지표로 삼을 수 있는 것이다. 매장부는 지하로 깊게 묘광을 조성한다는 점, 목곽은 선택적이나 목관은 반드시 설치하는데 묘광의 한가운데 시설하며, 별도의 부장구역을 마련하지 않은 채 목관 내에 장착품을, 관외나 위에 부장품을 넣는 것이 특징이다.

두 번째로 주구토광묘는 주구가 눈썹형 또는 마제형으로 확인되는 경우가 일반적이지만 매장 주체부를 중심으로 외곽의 4면에 시설한 경우도 있다. 매장부는 물론이고 주구도 서로간 중복되는 현상은 거의 발견되지 않는다. 따라서 개별 분묘는 일정 구역을 점유하면서 지상에 표식적 분구를 조성하여 고총의 형상을 갖추게 되는 것을 그 특징으로 꼽는다. 천안의 청당동, 아산의 밖지므레 유적을[36] 사례로 꼽을 수 있다. 매장시설은 대체로 얕게 확인되지만 기본적으로 지하로 조성된 묘광 내에 목관을 시설하며, 일부 목관 외변에 목곽도 설치한다. 묘광이나 목관·곽이 세장된 형태로 조성되는데, 부장칸을 마련하든가 아니면 목관을 한쪽에 치우쳐 설치하면서 나머지 공간을 부장구역으로 사용하는 특징이 있다.

세 번째로 분구토광묘(분구묘)는 지상에 분구가 조성되고, 분구 내에 매장시설을 갖춘 묘제이다. 서산의 기지리와 부장리 유적을 대표적 사례로 꼽을 수 있고 이외에 전주의 상운리 유적이나 보령의 관창리 유적, 서천의 당정리 유적이 이에 속한다. 분구토광묘는 매장시설에 목관이 사용되었을 경우 분구토광묘, 옹관을 매장주체로 활용하였을 경우 분구옹관묘로 구분할 수도 있다. 주구토광묘와 마찬가지로 분구를 크게 조성하여 高塚 형상을 갖춘다는 점에서 서로 유의한 속성으로 이해될 수 있다. 다만 매장

---

36) 忠淸南道歷史文化硏究院, 2011, 『牙山 鳴岩里 밖지므레遺蹟 : 아산·탕정 LCD 조성부지(2구역)내』

시설을 분구 내인 지상
에 조성하기 때문에 묘
광의 잔존상이 불분명하
거나 분구 자체가 유실
될 경우에 매장부가 완
전히 사라지는 경우가
대부분이다. 따라서 묘
광은 불분명하고 오히려

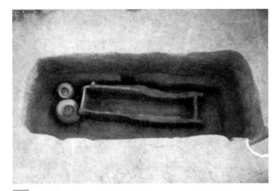

002 관·곽토광묘(천안 화성리)

목관만이 남겨지는데 부
장 칸을 두지 않아 부장
품이 신변 장착품과 함
께 모두 목관 내에 남겨
지는 것이 일반적이다.
이 묘제는 비록 분구토
광묘란 용어를 사용하였
지만 先墳丘 後埋葬이
아니라, 먼저 매장시설
을 안치한 후에 분구를
조성하는 즉 先埋葬 後
墳丘의 축조방식을 가진
묘제이다.

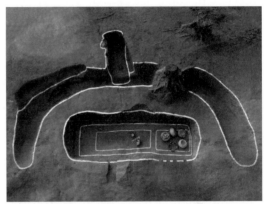

003 주구토광묘(연기 석삼리)

　각각의 묘제에 남겨
진 부장유물도 서로 간
에 차이가 있다. 우선
관·곽토광묘의 경우 토
기는 원저호와 심발형

004 분구토광묘(서산 부장리)

토기가 세트를 이루어 부장되는가 하면 후대에는 완이나 개배나 고배 등의 기종 증가도 보인다. 그러나 삼족토기나 개배 등의 부장은 크게 성행하지 않는다. 여기에 발달된 철제무기류를 비롯하여 위세품, 마구 등의 부장도 선택적으로 이루어진다.

주구토광묘의 부장품은 원저호와 심발형 토기가 기본적으로 매납되지만 관·곽토광묘보다 기종의 다양성이 덜하고 오히려 마형대구의 부장이 많으면서 구슬류의 출토가 크게 나타난다. 분구토광묘는 원저호 외에 평저호·이중구연호·양이부호의 부장이 크게 증가하나 심발형 토기가 거의 발견되지 않으며, 아직 마형대구도 발견되지 않는다. 반면에 철정이 다수 부장되는 점도 특징이다.

한편 주구토광묘나 분구토광묘는 모두 주구가 설치되어 양자의 분명한 구분이 필요하다. 이 경우 주구토광묘의 주구는 눈썹형으로 만곡의 형상이면서 매장시설의 한쪽에 시설된다. 그러나 분구토광묘의 주구는 대체로 방형으로 매장부의 네 면에 돌려져 있다. 다만 주구토광묘의 주구도 방형으로 분구토광묘처럼 매장시설의 네 면에 돌려진 것이 있다. 반면에 분구토광묘도 매장부의 네면이 아닌 3면 아니면 2면에 시설된 것이 있는가 하면, 만곡된 원형으로 조성된 것도 있어 주구만으로 두 묘제를 구분하는데 한계가 있다. 그러나 주구토광묘와 분구토광묘의 매장시설에 분명한 차이가 있기에 이를 통해 검토될 수 있다.

분구토광묘 매장시설의 특징은 지상식이 원칙이면서 별도의 묘광을 조성하지 않는다. 대체로 지반을 대강 정지하기에 부정형한 토광의 흔적이 남는데, 그 속에 목관이 안치되고 더불어 흙을 덮어 분구를 조성하기에 매장시설의 중심은 목관일 뿐이다. 반면에 주구토광묘는 얕지만 반드시 지반을 굴광하여 묘광을 만드는데 내부에 목곽을 설치하는 경우가 대부분이다. 목곽이 없더라도 묘광이 남겨지고 그 안에 목관이 설치되어 분구토광묘와의 차이가 철저하다. 특히 이러한 묘광구조의 경우 분구토광묘는 부장품이 목관내에 모두 남겨지는데, 주구토광묘는 목관과 목곽의 사이나 묘광과 목관의 사이, 아니면 거기에 별도의 부장 칸을 시설하기 때문에 분구토광묘와의 구분은 어렵지 않다.

나아가 주구토광묘와 분구토광묘의 묘제적 차이와 마찬가지로 관·곽토광묘도 나름의 묘제적 특징을 갖추고 있다. 즉 관·곽토광묘의 매장부는 지하에 묘광을 비교적 깊게 굴광하여 조성하는 것 외에 묘광의 세장정도가 떨어진다. 더불어 묘광내의 목곽이나 목관의 시설도 부장공간 등의 분할보다 목관의 안치에 중점을 두어 묘광 중앙에 목관을 안치하면서 별도의 부장공간은 마련하지 않는 것이 그것이다.

따라서 관·곽토광묘와 주구토광묘와의 구분은 일단 주구의 유무가 일차적 분류 기준이기에 큰 문제가 될 수는 없을 것이다. 다만 주구토광묘이면서 주구가 결여된 경우나 주구가 인멸된 경우 양자의 구분에 어떤 기준을 적용할지 문제가 남는다. 이 경우 부장품이 우선적으로 고려될 수 있겠는데 그중에서도 주구토광묘의 표지적 유물인 마형대구나 원저단경호, 그리고 발형토기 등을 근거할 수 있겠지만 나름의 한계도 있다. 부장품으로 마형대구는 보편성이 적다는 문제와 함께 시대성이 있고, 발형토기나 원저단경호가 주구토광묘만이 아니라 관·곽토광묘를 비롯하여 수혈식석곽까지 보편적으로 출토된다는 일반성이 있기 때문이다. 여기에 부장품은 시간의 진전에 따른 갖춤새에 변화가 있다는 점에서 그것을 분류기준으로 삼기에 적지 않은 한계가 있기도 하다.

다만 후술되듯이 주구토광묘와 관·곽토광묘간의 매장시설에 일정한 구조차이가 있기에 이를 근거하면서 거기에 시대상이 반영된 부장품의 갖춤새를 더하여 묘제 판단이 이루어질 수 있을 것이다.

마지막으로 봉토목관묘, 즉 가락동 2호분과 같은 묘제는 서울의 석촌동에 넓게 자리한 즙석분구묘와 동형의 묘제로 볼 수 있을 뿐만 아니라, 함께 발견된 토광묘, 토광 적석묘 등도 같은 범주에서 이해될 수 있는 것이다.

005 봉토목관묘(천안 두정동)

따라서 이들도 백제의 토광묘제 유형으로 간주되어야 할 것이다. 다만 그것이 목관 사용이 전제되고 나아가 목관을 매납함에 있어 흙을 덮거나 돌을 덮는 등의 차이, 나아가 부정형한 묘광내에 목관을 안치하고 돌을 돌린 다음에 흙을 덮는 등의 묘제적 공통성으로 이를 봉토·봉석목관묘로 구분하고자 한다.

봉토목관묘는 목관 안치를 위하여 지면을 정지하는데 깊게 파는 경우는 드물고, 단지 표면을 대강 정지하든가 아니면 지반상에 지상식으로 목관을 안치한 다음에 흙을 덮는 방식이다. 유적은 매장부로서 목관 흔적이 분명하나 목곽·묘광시설이 없거나 묘광의 윤곽이 부정형하고 얕게 남는다. 대체로 낮은 저구릉성 산지나 평지에 입지하는데, 무덤의 장축도 일정하지 않다. 목관만을 매장부로 사용하기에 부장품은 거의 목관내에서만 발견되는 특징도 있다. 이 묘제의 연원은 삼한시대 마한지역에 널리 사용되던 봉토묘로 보아야 한다.

백제 토광묘로서 봉토목관묘는 서울의 석촌동 고분군내에서 조사된 개별적인 토광묘를 포함하여 즙석 봉토분, 그리고 4호분 동쪽의 대형 토광묘를[37] 비롯하여 가락동 1·2호분이나 천안 두정동 분구묘를[38] 지표로 하여

---

37) 金元龍·林永珍, 1986, 『石村洞3號墳동쪽古墳群整理調査報告書』, 서울大學校博物館.
38) 李南奭 외, 2000, 『斗井洞遺蹟』, 公州大學校博物館.

그 존재를 인정할 수 있을 것이다. 봉석·봉토묘가 주구토광묘의 확대 사용으로 분구토광묘로 전환되는 등의 변화도 있지만 석촌동 등지의 백제 중심 지역에서는 오히려 강인한 생존력을 보여 4세기 후반, 즉 횡혈식 석실묘가 전개되기까지 존속하였던 것으로 확인된다.

한편 마한의 봉토묘는 주구토광묘 등의 새로운 묘제 영향으로 소멸이나 변화가 나타나는데 그 결과 분구토광묘처럼 묘제적 정형을 갖추어 나타나는 경우도 있지만, 부분적으로 양자의 속성을 비슷하게 공유하여 묘제구분이 애매한 결과물도 없지 않다. 예컨대 아산 용두리 진터 유적의[39] 토광묘는 매장부의 외곽에 주구가 갖추어져 있음에도 매장시설은 분구토광묘 즉 봉토묘의 전통을 그대로 간직하고 있는 것이 그것이다. 반면에 매장주체부의 속성은 주구토광묘의 전형을 갖추고 있지만 외변에 주구가 없는 청주 봉명동 유적의 경우는 오히려 외곽의 주구시설이 결여된 정황을 남기고 있다. 이들은 묘광의 세장정도나 목관의 설치형태, 합장묘의 존재 및 마형대구의 부장 등 전반적으로 주구토광묘의 속성을 그대로 보유하고 있다. 특히 매장부간의 일정한 간격은 개별 무덤구역의 추정과 함께 표식시설인 墳籠을 추정할 수 있음에도 주구가 없는 것이다. 이러한 토광묘의 묘제를 어떻게 구분할 것인가의 문제가 남는데, 비록 본래적 묘제 속성을 갖추고 있더라도 결국은 아류적 속성으로 판단할 수밖에 없기에, 별도 설명으로 인식할 수밖에 없을 것이다.

따라서 백제의 토광묘제는 유형상 일단 주구토광묘, 분구토광묘, 관·곽토광묘와 봉토목관묘 등과 기타로 구분할 수 있다. 이들 개별묘제에 대한 인식은 분구토광묘는 별도로 정리하였기에 나머지 주구토광묘와 관·곽토광묘 그리고 기타의 유형에 대해서만 보다 세부적으로 살펴보겠다.

---

39) 忠淸文化財硏究院, 2011, 『牙山 龍頭里 진터 遺蹟』.

3. 土壙墓의 內容

1) 周溝土壙墓

주구토광묘는 지하 묘광을 구축하고 거기에 목곽이나 목관을 안치한 다음에 고총의 봉토를 조성하면서 외변에 주구를 남긴 묘제이다. 주구토광묘 자료는 관·곽토광묘와 견줄 수 있을 정도로 조사사례가 점차 증가하고 있는데, 그 대표적 사례로 천안 청당동 유적 외에 상당수의 주구토광묘 자료가 집적되어 있다. 우선 기왕에 조사된 주구토광묘의 현황은 다음의 〈표 1〉과 같다.

〈표 1〉 주구토광묘 속성표

유적명	봉토목관묘	관·곽토광묘	주구토광묘	분구토광묘	수혈식석곽묘	횡혈식석실묘	직구소호	직구단경호	유견호	유광구장경호	난형저장경호	이중구연호	양이부호	장동호	개발발	유개심발	완	합	개배	고배	두병경	삼족기	병옹	컵파배	흑색마연	검	두병도	환두도	철모	철촉	철준부	철검	철도자	철정	철착	마신구	장신구	마형대슬구	기타
신두리		7						○							○											○		○										○ ○
수청동		7						○	○		○		○		○						○								○ ○ ○		○					○
	130	155					보고서 미발간																															
신갈동		2						○																				○									
두창리		22						○	○		○		○										○ ○		○ ○ ○									○
상갈동		26						○ ○															○ ○		○ ○ ○									○ ○
신갈동		10	○					○			○		○ ○										○ ○ ○		○ ○		○ ○						
신월리		2																					○											
오창		101						○ ○							○					○ ○		○	○ ○		○ ○ ○ ○ ○ ○ ○
문성리		70						○		○										○ ○		○	○ ○ ○ ○	○ ○		○ ○
운전리		22						○			○		○			○						○ ○ ○ ○ ○				○
청당동		25						○ ○			○		○									○ ○ ○ ○ ○ ○				○
신풍리		6						○	○														○ ○ ○ ○ ○ ○				
박지므레	8	17					보고서 미발간																					
		66	○ ○ ○	○			○			○ ○						○		○ ○	○ ○ ○	○ ○	○ ○ ○
		55	○ ○		○ ○		○ ○						○ ○	○ ○	○ ○ ○	○ ○
명암리		5						○ ○	○		○		○		○ ○				○	○ ○		○ ○
하봉리		13						○ ○							○		○	○ ○ ○ ○ ○ ○ ○		○ ○ ○
응암리		15						○					○		○		○	○ ○ ○ ○ ○		○ ○ ○
신남리		5						○					○ ○											
와우리		2						○												○				
남성리 읍내리		3						○					○					○						○
용산동		4						○ ○			○				○		○ ○				○ ○
화산동		4						○			○				○		○				○ ○
봉명동		242	○ ○ ○					○ ○					○		○ ○		○ ○ ○ ○ ○ ○ ○ ○ ○ ○
송절동		16						○		○ ○			○		○		○ ○ ○		○ ○

금릉동	149			○		○	○		○		○			○	○		○		○	○		○	○	○	○	○	○	○			○
제천리	3		○	○			○																	○	○	○				
이인리	1						○										○	○											

　제시된 주구토광묘는 유적으로 모두 26개의 예에 속한다. 정리된 〈표 1〉의 자료들은 매장부 형태의 차이에 관계없이 전형적 주구토광묘의 상징인 눈썹형 주구를 갖추고 있는 것을 망라한 것이다. 그러나 이중에는 매장시설이 관·곽토광묘의 형식으로 판단할 수 있는 것도 있는데 신남리, 와우리, 남성리, 용산동의 유적이 그것이다.

　입지는 낮은 구릉성 산지가 보통이고, 대부분 미고지로 분류될 수 있는 지형이라는 점도 주목된다. 청당동 고분군이 그러하고 공주 하봉리 고분군을 비롯하여 아산의 밖지므레 고분군도 그러하다. 전면에 넓은 평야지를 끼고 있음이 보통인데, 대체로 석실묘나 석곽묘와 같은 산지형 입지는 거의 발견되지 않는다. 오산의 수청동 고분군이나[40] 천안 운전리 유적처럼[41] 약간의 구릉성 산지도 없지 않으나, 전체적으로 낮은 구릉성 산지에서 벗어나지 않는다. 구릉의 남향사면이 선호되지만 선상부에 입지하는 경우도 많고, 유적에 따라서 북향면에 잔존하는 경우도 없지 않다. 더불어 분묘 숫자도 유적간 차이가 있기도 하다.

　주구토광묘로서 다른 유형의 묘제와의 혼재는 관·곽토광묘 외에는 거의 발견되지 않는다. 다만 인천지역에서 분구토광묘 속에 주구토광묘가 포함되어 있다거나 서산의 예천동 유적처럼 분구토광묘 속에 주구토광묘가 산발적으로 자리한 경우가 있을 뿐이다. 서천 봉선리의[42] 경우 석실묘, 석곽묘 및 분구토광묘와 함께 주구토광묘가 잔존된 것으로 보고되었지만 분구

---

40)　기전문화재연구원, 2006, 『烏山 水淸洞遺蹟 : 우미아파트 건설에 따른 발굴조사 보고서』.
41)　忠淸文化財硏究院, 2004, 『天安 云田里 遺蹟』.
42)　忠淸南道歷史文化硏究院, 2005, 『(舒川-公州間 高速道路 工事敷地內) 舒川 鳳仙里 遺蹟』.
　　충청문화재연구원, 2009, 『舒川 鳳仙里 遺蹟』.

토광묘를 주구토광묘로 판단한 결과임도 확인된다.

고분군내 개별 분묘의 분포정황은 일정한 간격을 두고 독립적으로 배치되었다는 특징이 있다. 알려진 주구토광묘는 매장부는 물론이고 주구도 서로간 중복되는 현상은 거의 발견되지 않는다. 이는 개별 무덤들이 일정 구역을 점유하면서 독립된 구역을 확보하였음을 보여주는 사례들이다. 여기에 주구가 남겨져 있고, 그것은 거대한 봉분을 올리면서 남겨진 흔적이기에 분묘 자체가 지상에 표지적 분구를 조성한 형상이다. 이는 무덤 자체가 고총의 형상을 갖추었다는 것을 보여주는 것이기도 하다.

주구토광묘의 매장시설은 먼저 지반에 묘광을 조성하는데, 묘광은 대체로 세장된 장방형이 보통이나 규모는 무덤에 따라 차이가 있다. 다만 지하로 조성하나 그리 깊지 않아 관·곽토광묘와는 차이를 보인다. 그러나 지상식인 분구토광묘에 비하면 오히려 지하 묘광이 돋보인다. 세장방형 묘광의 장축은 등고선 방향으로 배치하는 것이 원칙인데 이는 관·곽토광묘와 같은 속성이나 분구토광묘와는 차이로 지적할 수 있다. 다만 오산 수청동의 고분군은 경사방향으로 장축으로 두고 있어 특이성도 주목될 필요가 있음과 함께 그 배경에 대한 의문도 제기된다. 한편 주구토광묘의 묘광은 목곽이나 목관이 충분히 안치될 수 있는 규모로 굴광하는데 벽면은 수직이 기본이다.

묘광내 목곽이나 목관 설치는 무덤에 따라 차이가 있다. 그러나 묘광내 목관 설치에는 특징이 있다. 우선 묘광이 세장된 장방형이란 점과 함께 목곽이나 목관도 세장된 형상이 대부분이고, 묘광이나 목곽내에 목관을 한쪽에 치우쳐 시설하는 특징이 있다. 즉 묘광의 전체 중에 한쪽에 비교적 넓은 공간을 마련하는데, 이는 부장구역의 설정과 관련된 것으로 여겨진다. 이로서 목관의 상단 쪽에 별도로 부장 칸으로 남겨지는 경우가 많은데, 이것이 주구토광묘 묘광내 구역 분할의 특징이기도 하다.

목관·곽의 설치에서 목곽은 선택적으로 확인된다. 대체로 지하로 묘광을 굴광하였기에 토광 자체가 묘곽의 기능을 대신하는 경우는 목곽이 설치되지 않는다. 반면에 별도로 목곽을 시설하여 그 흔적이 남겨진 경우도 적지 않다. 다만 목곽의 잔존여부는 유적 내에서도 선택적인 것이지만, 시간이나 지역차를 확인하기는 아직 어렵다. 그러나 목곽은 묘광의 벽면에 연접된 형태로 목판을 세워 조성하며, 연기 응암리 고분군의[43] 주구토광묘처럼 목곽을 지탱하는 기둥이 설치된 경우도 적지 않다.

묘광내의 목곽이나 목관의 안치는 앞서 언급되었듯이 상하의 한쪽에 부장품을 넣기 위한 공간을 마련하기에 치우쳐 위치함이 일반적이다. 목관 자체도 세장된 것이 대부분인데 결구방식은 사례에 따라 차이가 있다. 'ㅁ'자형을 비롯하여 'ㅂ'자형 그리고 'ㅍ'자형으로 구분되듯이 다양한 형태로 나타난다. 다만 지역과 시기차를 구별하기 어려울 정도로 선택적 모습이다.

목관을 결구하기 위한 관못이나 꺾쇠 등은 거의 남아 있지 않다. 목관을 결구하기 위하여 나무못을 사용하였을 것이란 추정도 있지만[44] 결구재가 사용되지 않았을 가능성도 배제하기 어렵다. 이는 매장시설의 구성에서 목곽이나 목관의 안치가 사전에 이루어졌을 가능성도 전혀 배제할 수 없기 때문이다. 특히 목관의 덮개판이나 바닥판이 구체적이지 않은 경우도 적지 않기에 그러하다.

부장품은 크게 신체의 장착품과 의례품 등으로 구분할 수 있을 것이다. 장착품으로 크게 주목되는 것은 대구가 비교적 다양하게 잔존하면서 어쩌면 표지적 형태로 남아 있다는 점 외에 구슬류가 집중적으로 잔존한다는 점이다. 이외에 부장품으로 무기류가 많은데 대체로 대도로서 環頭刀도 있지만 無環頭가 주류를 이루고 이외에 鐵矛등도 적지 않은 것으로 확인된다. 반면에 부장칸에는 대체로 토기류가 집중적으로 매납된 경우가 많다. 원저단경호가 주류를 이루는데 그중에 발형토기가 포함되는 것이 일반적이다. 이외에 토기의

---

43) 李南奭 외, 2008, 『燕岐 應岩里 遺蹟』, 公州大學校博物館.
44) 권오영, 1991, 앞의 논문, 92~94쪽.

기종은 원저 단경호가 주류를 이루면서 부분적으로 특수한 기종이 포함된 경우도 많은데 전체적으로 기종의 다양성은 크게 주목되지 않는다.

요컨대 주구토광묘의 묘제적 특징은 개별 묘역의 설정과 더불어 외형의 표식이 분명한 墳籠을 갖추면서 외곽에 주구를 남겼다는 점을 꼽을 수 있다. 이는 무덤간 일정한 간격을 유지하면서 서로 겹치는 현상이 없다는 것과, 주구가 매장시설과 일정한 거리를 두고 경사의 위쪽에 시설되었음에서 추정할 수 있는 것이다. 다만 墳籠의 규모를 정확하게 추정할 수는 없다. 그러나 매장시설 외변 주구의 형상으로 미루어 적어도 분명하게 형상을 알 수 있을 정도의 높이는 유지하였을 것으로 여겨진다. 특히 주구토광묘는 합장의 사례가 나타나는 것도 주목된다. 합장의 방식은 異穴合葬 외에 同穴合葬으로 인정할 수 있는 사례가 있음에서 동시대 묘제로서는 특이성을 지적할 수 있기도 하다.

2) 棺·槨土壙墓

관·곽토광묘는 천안 화성리 고분군을 묘제적 지표로 삼을 수 있으며, 인근의 천안 용원리 고분군을[45] 비롯하여 청주의 신봉동 고분군의 대규모 군집분이 대표적 사례들인데 〈표 2〉에서 알 수 있듯이 약 3개의 유적이 알려져 있다.

〈표 2〉 관·곽토광묘의 현황

유적명	유구내용						출토유물																															
	봉토목관묘	관·곽토광묘	주구토광묘	분구토광묘	수혈식석곽묘	횡혈식석실묘	토기																				철기										장신구	마구	마형대구
마하리		16			49	1	O			O			O	O	O	O						O				O			O	O	O						O	O
가경동		13					O	O	O		O		O		O						O	O	O		O		O		O	O	O	O	O	O	O		O	O

45) 公州大博物館, 2000, 『龍院里 古墳群』, 公州大學校博物館.

유적	기수																										
산남동	3					○				○																	
신봉동	328		3	○	○	○	○	○	○		○		○	○		○	○		○	○	○	○	○	○	○	○
신효리	6				○			○		○							○		○	○		○				
송두리	2				○						○					○						○				
화성리	9			○		○			○				○	○	○		○					○				
용원리	137	14	1	○	○	○	○		○	○		○	○	○	○	○	○	○		○	○	○	○		○	
초사동	1	2					○																	○		
신법리	4									○					○				○					○		
취리산	4		1	○		○		○			○					○										
저석리	3	4	13					○					○	○	○	○	○									
새터산매	5				○		○								○		○	○								
상서리	2			○				○															○			
금학동	1			○					○																	
수존리	2	1	3	○	○	○		○			○	○		○		○	○		○	○		○	○	○	○	
송국리	3			○	○							○						○								
지선리	1													○												
가탑리	5			○			○	○				○						○	○							
두곡리	2																									
소사리	4			○		○																				
신리	1																									
신대동	1			○									○													
오정동	2			○		○	○		○		○					○			○							
구성동	11			○	○	○		○		○		○		○		○	○		○	○	○				○	
지족동	1								○										○	○						
창암리	1			○									○	○		○	○									
원북리	3			○				○	○			○					○							○		
정지리	14	6		○			○		○	○	○	○	○	○				○	○	○		○				
분향리	2	2		○	○											○	○	○								
장승리	2					○		○																			
채운리	17			○	○		○	○		○				○		○	○	○							○	○
소소리	1															○	○									

　　관·곽토광묘는 기본적으로 지하로 묘광을 파고 그 안에 관이나 곽을 목
재로 조성하는데, 목곽의 사용여부는 규모나 피장자의 위계에 따라 선택적
인 것으로 보인다. 매장부를 지하에 안치하는 특성은 분명하게 확인되나
지상의 표식시설로 봉분의 형상은 구체화할 수 없고 특히 개별 무덤의 권역
이 불분명하게 나타나는, 즉 발굴된 분묘가 상당히 밀집된 형태로 남아 있
어 외형 표식시설만이 아니라 개별 무덤권역이 불분명한 것이 특징이다.
시기적으로 4세기대에서 5세기대에 성행하는 특징과 함께 부장품으로 마
구 외에 철제 무기가 성행하고 토기의 경우 다량의 부장은 지양되고, 오히
려 공헌용기로 소수가 부장되나 기종이 상당히 다양화된다는 특징이 있다.
　　입지환경에서 전체적으로 해안보다는 내륙 쪽에 편재되었다는 점은 주

목되나, 개별 유적은 저평한 구릉지를 선정한다는 점에서 주구토광묘와 크게 다르지 않다. 다만 지금까지의 자료는 주구토광묘보다 높은 구릉지에 입지하지만 그것이 보편적인가에 대해서는 단언이 어렵다. 또한 구릉 남향 사면을 선호하지만 특정할 수 있는 것도 아닌데, 다만 평지에 입지한 사례가 많지 않은 점도 주목된다.

더불어 관·곽토광묘는 석곽묘와 혼재된 경우가 많은데 천안의 용원리 유적을 비롯하여 공주 수촌리 유적을[46] 그 대표 사례로 꼽을 수 있다. 석곽묘와는 별개의 무덤구역이 아닌 토광묘와 석곽묘가 혼재된 경우가 대부분이다. 다만 용원리의 경우 일정구역에 석곽묘만 밀집된 경우가 있기에 차이로 지적할 수 있는데, 그것이 위계나 시기에 따라 차별화되었던 것이 아닌가 여겨진다.

관·곽토광묘 개별 무덤의 존재 정황은 토광묘로서는 대단히 밀집된 분포정형을 갖추고 있음이 특징이다. 그 사례로 천안 용원리 고분군과 청주 신봉동 고분군을 꼽을 수 있겠는데, 이들은 오히려 군집분의 양상을 갖추고 있기도 하다. 때문에 관·곽토광묘의 무덤간 묘역 구분에 어려움이 있고, 때문에 외형으로 표식시설인 봉분도 미약하였던 것으로 판단된다. 다만 사례에 따라 일정한 권역을 갖춘 것도 없지 않다. 예컨대 공주 수촌리 고분군 내에 자리한 2기의 관·곽토광묘는 석곽묘 및 석실묘처럼 일정한 권역을 차지하고 있음에서 그러하다. 그러나 이러한 정황은 오히려 예외적인 것이 아닌가 여겨진다. 따라서 관·곽토광묘의 무덤간 배치형상은 주구토광묘와는 매우 큰 차이로 볼 수 있기도 하다.

매장부 설치는 구릉의 선상면이나 경사면을 선정하여 지하로 묘광을 파고 그 안에 목관을 안치하는데 묘광내의 목곽 설치는 선택적인 것으로 나타

---

46) 忠淸南道歷史文化院, 2007, 『公州 水村里 遺蹟』.

난다. 입지가 대부분 경사면이기에 묘광의 축조는 경사의 반대, 즉 등고선 방향을 장축을 둠이 보편적이다. 이는 관·곽토광묘의 장축이 방위와는 전혀 무관하였음을 보여주는 것인데, 오히려 경사면에 지하로 묘광을 구축하기 위한 편리성에서 비롯된 것으로 여겨진다. 묘광 깊이는 목관을 지하에 충분히 안치할 수 있도록 깊게 구축하며, 대체로 목관 형상에 맞게 장방형 평면을 갖추고, 벽면은 거의 수직으로 굴착한다.

묘광내 목곽이 설치된 경우는 규모있는 토광묘의 경우에서 자주 발견된다. 다만 규모가 작은 것도 목곽이 설치된 경우가 없지 않다. 전자의 경우로는 공주 수촌리 고분군의 1·2호 토광묘가 대표적 사례이고, 후자는 화성리 고분군의 토광묘가 그러하다. 규모가 큰 토광묘의 경우 목곽이 묘광인 토광 벽과 약간 간격을 두어 설치되기도 하나 대체로 벽체에 잇대어 구축됨이 일반적이다. 다만 목곽 결구에 사용되었을 관못이나 꺾쇠가 남아 있는 것은 규모가 큰 토광묘 이외에는 거의 없는 것이 대부분이다.

그런데 묘광이나 목곽내의 목관 설치는 묘실내의 한가운데에 목관을 안치함으로써 한쪽에 치우쳐 시설하는 주구토광묘와 차이를 보인다. 특히 목곽이 설치되지 않고 묘광만 존재하는 경우 대체로 한가운데에 목관이 안치되어 있다. 이 경우 관·곽 토광묘는 부장칸이나 부장구역을 별도로 마련하지 않았음을 알 수 있다. 다만 한쪽 좁은 벽면을 약간 넓게 공간을 둔 경우는 있다.

목관의 결구는 묘광내에서 진행한 것으로 여겨진다. 다만 대형인 수촌리 토광묘 등에서는 목관을 결구한 관못과 꺾쇠가 다량으로 수습되어 관납의 형태로 매장행위가 이루어진 것이 아닌가 추정되기도 한다. 그러나 대다수의 소형 분묘들은 목관의 결구재가 전혀 확인되지 않는다. 특히 용원리 고분군의 관·곽토광묘에서 목관 외변을 흙다짐으로 채운 흔적이 있어 묘광내에 먼저 목관을 안치한 후에 매장행위가 이루어졌다고 보인다.

목관의 결구방식은 다양하게 나타나 'ㅁ'자형, 'ㅂ'자형 그리고 'ㅍ'자형이 대부분 확인되는데, 일정한 규칙은 없었던 듯하다. 더불어 관·곽토광묘의 매장시설로 합장이 전제된 경우도 거의 확인되지 않는다. 개별 토광묘의 중복에 의해 합장형태로 남겨진 것도 없지 않으나 본래 합장을 의도한 묘제로 보기는 어렵다.

부장품의 매납 형태도 나름의 특징이 있다. 대체로 목관내에는 장착품인 무기나 장신구가 남겨져 있음에 반해서, 목관 외부에 토기 등의 공헌품과 여분의 무기 및 마구 등이 매납된다. 이들도 나름의 규칙성이 발견된다. 용원리 토광묘의 사례지만 목관내에 대도나 장신구가 남아 있고 목관 바깥, 그것도 머리 쪽에 여분의 무기와 함께 마구 등의 부장된다. 그리고 거기에 발형토기 1점과 원저단경호 1점이 함께 포함된다. 더불어 발치 쪽으로 여분의 토기가 추가로 매납되는데 숫자는 무덤에 따라 차이가 있을 뿐만 아니라 특히 여자와 남자의 부장품이 방추차와 무기로 차별화되는 것도 흥미롭다. 반면에 수촌리 고분군의 경우는 일정한 규칙없이 목관 주변에 토기 등의 유물이 매납되기도 한다.

결국 관·곽토광묘는 지상의 표식시설 구축에 적극적이지 않은 것으로 이해할 수 있다. 매장부는 지하에 묘광을 비교적 깊게 굴광하여 조성하는 것 외에 묘광의 세장정도가 떨어진다. 더불어 묘광내의 목곽이나 목관의 시설도 부장 공간 등의 분할보다 목관의 안치에 중점을 두어 묘광 중앙에 목관을 안치하면서 별도의 부장공간은 마련하지 않는 것이 일반적이다. 이러한 차이는 주구토광묘와 대비될 수 있을 것이고, 반면에 분구토광묘나 봉토목관묘와는 유물의 부장방식에서 관내에 두는가 아니면 관밖에 두는가의 차이로 대별되면서 나아가 목곽의 존재여부, 그리고 묘광의 조성정도에 따라 양자도 분명하게 구분될 수 있는 것이기도 하다.

이처럼 관·곽토광묘는 매장주체부의 조성에 나름의 고유 특성이 있으면서 부장유물은 목관 내에는 주로 환두대도 등의 장착품이 부장되는 것이 일반적이고, 관외 아니면 곽내에는 토기류를 주로 부장한다. 부장유물은 원저호와 심발형 토기가 세트를 이루어 부장되는가 하면 후대에는 완이나 개배, 그리고 고배 등의 기종 증가도 보이지만 삼족토기 등의 부장은 아직 발견되지 않는다. 여기에 발달된 철제무기류를 비롯하여 威勢品·馬具 등의 부장도 선택적으로 이루어진다는 것이 주목될 수 있을 것이다.

3) 其他(주구토광묘계통, 봉토목관묘와 그계통)

토광묘의 기본 특성은 분명하게 함유하였지만 묘제적으로 앞서 설명된 봉토목관묘라든가 관·곽토광묘, 주구토광묘와 분구토광묘로의 적극적 분류가 어려운 것들도 적지 않다. 이는 앞서 언급되었듯이 주구토광묘나 관·곽토광묘의 전개 속에[47] 양자의 묘제 특성을 함께 공유하거나 아니면 묘제 구분의 절대적 기준 근거가 결여된 자료들이 그것이다. 우선 주목될 수 있는 것은 매장주체부 형상이 주구토광묘와 공통하나 가장 큰 특징인 주구가 결여된 경우의 것들이다. 물론 이러한 자료는 주구토광묘 유적에 다수가 포함되었고 이를 토광묘로 구분하였음도 자주 산견된다.

대표적 사례로 천안 청당동 고분군의 경우 25기의 분묘 중에 9기가 그러한 사례에 속한다. 그런데 이들 토광묘는 주구가 훼손되거나 인멸될 가

---

47) 유적중에는 관·곽토광묘와 주구토광묘가 혼재된 경우도 있다. 다만 개별 무덤의 묘제는 분명하게 구분되는 것들인데 그 현황은 다음의 표와 같다.

유적명	유구내용 관·곽토광묘	주구토광묘	분구토광묘	수혈식석곽묘	횡혈식석실묘	토기 직구유단경호	직구단경호	유견평저호	광구장경호	이중구연호	양이부호	난형호	소동호	장동호	유개대부호	발	완	개배	고배	뚜껑	삼족기	병	옹	컵형토기	흑색마연	무기 검	환두도	철모	철촉	농공구 철겸	철부	철도자	철정	철착	마정구	마형대구	구슬	기타
마복리	2	1					○		○		○																			○		○	○	○				
산남동	5	1					○				○																											
미평동	5	2					○																					○		○	○							
장원리	9	20					○		○	○																		○		○	○						○	
궁동	6	13					○		○		○			○																							○	○
송담리	18	31	6	1		○	○	○		○	○			○		○													○								○
송원리	25	10		17	15	○	○		○	○	○	○	○																○							○	○
용호리	5	3					○																							○								

능성이 많은 환경에 입지하고 있다는 점을 고려하면, 그러한 자료는 일단 주구토광묘로 봄에 문제가 없을 것이다. 그런데 청주 봉명동의 토광묘는[48] 전혀 예외이다.

<표 3> 주구가 없는 주구토광묘 계통의 토광묘

유적명	유구내용						출토유물																			철기											마구	장신구	마형대구	기타
	봉토목관묘	관곽토광묘	주구토광묘	분구토광묘	수혈식석곽묘	횡혈식석실곽묘	토기																			무기			농공구											
							직구호	직구단경호	직구평저호	건구경호	유공단경호	광구장경호	이중구연호	양이부호	이소동호	장동호	개배	유심완발	발형호	삼족기	고배	두형병	흑색마연	컵피배	개	환두도	검	촉	철모	철준	철부	철겸	철도자	철정	철착				
화산동	4			○					○									○								○		○											○	○
봉명동	242		○	○	○				○	○							○					○			○	○	○	○	○	○	○	○	○	○					○
송절동	16			○			○	○			○			○	○									○	○															○
금릉동	149			○			○		○		○		○		○	○		○	○		○	○	○	○	○	○	○										○
제천리	3			○	○		○		○												○	○	○														
이인리	1				○											○	○																			

청주 봉명동 유적은 약 240여기의 토광묘로 구성된 것인데, 매장부의 형상은 주구토광묘의 전형이나 주구는 전혀 남아 있지 않았다. 물론 주구의 인멸 가능성도 추정할 수 있지만 전체 240여기 분묘 모두에 주구가 결여되었다는 것은 처음부터 굴착되지 않았다고 보아야 한다. 반면에 주구토광묘에서 발견되는 同穴合葬墓와 異穴合葬墓로 구분되는 9기의 합장묘가 포함되어 있을 뿐만 아니라, 묘광은 말각 장방형이나 세장하다는 특징이 있다. 목관의 결구는 전부 'ㅁ'자인데 상단에 부장구역을 두었다는 공통성과 함께 부장품으로 240기 중 16기에서 마형대구가 출토되었고, 토기는 원저단경호와 심발형 토기가 공반되는 주구토광묘의 일반적 특징을 고스란히 드러내고 있다. 여기에 개별 무덤들은 능선 정상과 사면에 등고선 방향으로 일정한 간격을 두고 조영되어 있어 주구토광묘의 또 다른 묘제 특징을

---

48) 忠北大學校博物館, 2002, 『淸州 鳳鳴洞遺蹟:I지구 조사보고』.
　　　　　　　　, 2005, 『淸州 鳳鳴洞遺蹟』.

공유하기도 한다[49].

이러한 유형의 자료는 주구가 갖추어져 있으면서 매장부는 오히려 관·곽토광묘의 형상을 갖추고 있는 것도 없지 않다. 대표적 사례로 청주 주성리 고분군의 토광묘 자료에[50] 포함된 것 중의 일부라던가, 연기 송원리 토광묘중의 일부 등이[51] 그러하다. 대체로 주구토광묘와 함께 잔존한 것이 대부분으로 그것이 묘제의 발전에서 비롯된 것인지, 아니면 이질적 축조환경에서 그러한 것인지의 판단은 어렵다.

한편 주구토광묘에 포함된 것이지만 주구가 없으면서 매장부도 주구토광묘나 관·곽토광묘가 아닌 오히려 마한의 봉토묘적 속성을 남긴 것도 적지 않다. 대표 예로 아산의 용두리 전터 유적과[52] 오산의 궐동 유적을[53] 들 수 있다. 아산 용두리 유적은 인근의 밖지므레 유적이 전형적 주구토광묘 유적임에 비추어 주구토광묘와 주구가 없는 토광묘가 함께 조사된 것으로 전체적으로 오히려 주구토광묘가 숫자상으로 적은 편이다. 대다수는 토광묘로 구분된 것이면서 주구가 갖추어지지 않은 것도 많다. 그런데 이들은 묘광의 형상이 불분명하면서 목관의 형상은 선명하게 남겨져 있음이 공통적이다. 여기에 유물이 대부분 목관내에 있으면서 관련 유물 중에 대체로 평저의 발형토기가 없는 경우가 많다. 토기 기종이 단순하다는 특성도 있는데 특수 기종으로 유개대부 토기의 존재는 주목된다. 그런데 용두리 유적 중에는 매장시설이 주구토광묘와 같은 것이 있음도 주목된다. 이러한 정황은 오산의 궐동 고분군도 마찬가지로, 특유의 유개대부 토기의 존재 외에

49) 차용걸, 1999, 「청주 봉명동, 성절동 Ⅳ지구 유적의 조사개요-원삼국시대 토광묘를 중심으로-」『湖西考古學』2.
50) 韓國文化財保護財團, 2000, 『淸原 主城里遺蹟』.
51) 韓國考古環境研究所, 2010, 『燕岐 松潭里·松院里 遺蹟』.
52) 忠淸文化財研究院, 2011, 앞의 보고서.
53) 中央文化財研究院, 2013, 『烏山 闕洞遺蹟』.

주구토광묘로서 매장부 구성에 나타나는 복합성이 보인다. 즉 매장시설에서 묘광의 형상은 불분명하면서 목관의 흔적이 선명한 즉 봉토목관묘의 매장시설과 매우 흡사한 것이 그것인데, 거기에 주구토광묘가 함께 분포한다는 특징이 그것이다.

〈표 4〉 봉토목관묘의 매장시설에 주구가 돌려진 것

유적명	봉토목관묘	관·곽토광묘	주구토광묘	분구토광묘	수혈식석실묘	횡혈식석실묘	직구단경호	직구호	단경호	광구장경호	난형호	이중구연호	양이부호	소호	장동호	개배	발	완	합	개배	고배	두형토기	삼족기	병	심발옹	컵(파배)	흑색마연	환두도	목병도	철모	철촉	철준	철부	철겸	철도자	철정	철착	마구	장신구	마형대구	기타
동창리	3		1						O				O																												O
궐동	24	12							O			O	O O				O						O			O		O O		O O		O O						O			O
진터	43	19							O			O	O O						O		O		O			O		O O		O O		O O			O		O O O O				

〈표 5〉 주구토광묘 매장형상을 가진 관·곽토광묘

유적명	봉토목관묘	관·곽토광묘	주구토광묘	분구토광묘	수혈식석실묘	횡혈식석실묘	직구단경호	직구호	단경호	광구장경호	난형호	이중구연호	양이부호	소호	장동호	개배	발	완	합	개배	고배	두형토기	삼족기	병	심발옹	컵(파배)	흑색마연	환두도	목병도	철모	철촉	철준	철부	철겸	철도자	철정	철착	마구	장신구	마형대구	기타
덕풍동 수히골	1	1						O					O							O			O			O		O O O													O
부곡동	13	6						O O		O O			O							O			O O O O	O O O O														O O		
도기동	29	9	1				O O		O O		O								O			O O O O	O O O			O O O												O O		
두정동	19	3		1	O		O O		O O				O O						O			O		O O	O O O											O O		
산남동 42-6	9	3					O O						O									O O	O O						O O O O				
주성리	13	2		2	2		O O O O		O						O		O						O	O		O O	O O				

결국 관·곽토광묘와 주구토광묘, 분구토광묘 외에 백제 토광묘로서 이전의 마한지역 봉토묘의 유제로 볼 수 있는 것들인 봉토목관묘도 존재함을 알 수 있다. 그런데 이들은 각각의 계통이나 연원이 분명한 것처럼 구조속성에도 나름의 차별화가 가능하다. 반면에 각각의 묘제는 전개과정에 다소 이질적 속성을 갖추기도 하는데, 예컨대 주구토광묘이면서 주구가 없는 것이라든가, 주구토광묘로서 매장시설은 오히려 봉토목관묘의 형상을 간직

하고 있는 것이 그것이다. 물론 전자의 경우 주구토광묘 계통으로 분류함에 문제가 없을 것이나 후자는 매장시설의 이질성으로 선뜻 주구토광묘로 분류하기가 어려운 것이기도 하다.

4. 百濟 土壙墓의 展開

백제 토광묘는 기본적으로 토착묘제로 분류될 수 있다는 점은 주목될 수 있다. 즉 토광묘는 고대국가 백제의 성립이전부터 거기에 있었고, 사회발전과 더불어 다양한 묘제 유입에 상응하여 변화·변천이 거듭된다. 따라서 이 묘제의 전개상은 백제만이 아니라 어쩌면 한반도 고대사회의 이해와 직결될 수 있다고 여겨진다. 백제의 터전인 경기·충청·전라지역이 본래 삼한의 마한지역임을 감안할 때 마한지역 고유묘제가 존재하는 위에 백제라는 고대국가의 등장과 병행하여 새로운 묘제의 유입도 이루어졌을 것이고, 그에 따른 묘제변화도 필연적이었을 것인데 그 중심에 토광묘제가 있다는 것이다.

앞서 살핀 바와 같이 마한이나 백제지역 토광묘는 원삼국기 이래로 존속하는 봉토목관묘 외에 주구토광묘, 분구토광묘, 관·곽토광묘로 구분될 수 있음을 보았다. 이중에서 가장 선행한 묘제는 봉토목관묘이고 그것은 마한의 묘제였던 것으로 볼 수 있다. 이는 군산 미룡동 유적으로[54] 미루어 그러하다. 여기에 호남지역의 마산리 토광묘나[55] 용강리 토광묘 자료도[56]

---

54) 군산대학교박물관, 2012, 「군산 미룡동유적 현장설명회 자료집」.
55) 崔夢龍, 1976, 『大草·潭陽댐 水沒地區遺蹟發掘調査報告』: 『榮山江水沒地區遺蹟發掘調査報告書』.
56) 林永珍·徐賢珠, 1995, 「和順 龍江里의 土壙墓와 甕棺墓」『湖南考古學報』3.

그에 견줄 수 있는 것인데, 이러한 정황은 봉토묘가 적어도 3세기대까지 마한지역에 널리 성행한 묘제로 판단함에 문제가 없을 것이다.

다만 봉토묘는 묘제 특성상 유실이 쉽게 이루어지기에 그 사례가 많지 않다는 한계는 있다. 그렇다고 그 존재에 의문할 필요는 없을 것이다. 오히려 그 묘제 유풍은 백제시대까지 지속되었음이 분명하다. 석촌동 고분군에 잔존된 분묘의 매장시설이 대부분 이에 속하기에 그러하다. 특히 가락동 토광묘나[57] 두정동 분구묘가[58] 그러한 유풍을 간직하였는데, 이로 보면 마한의 봉토묘적 모습을 간직한 백제묘제로서 봉토목관묘(봉석목관묘)를 지목할 수 있을 것이고 이 묘제는 4세기대까지도 여전히 존속하였음도 알 수 있다.

반면에 주구토광묘는 기왕의 이해대로 서북한 지역에서 남하한 묘제로 볼 수 있을 것이다[59]. 서북한 지역 관·곽묘와의 유사성 외에 합장묘의 존재, 그리고 분포상에서 북에서 남하하여 확대된 것으로 봄에 문제가 없기 때문이다. 더불어 이의 마한이나 백제지역에 출현 시기도 지금까지 자료로 미루어 3세기대로 봄에 문제가 없을 것이다. 이러한 편년관은 일찍이 천안 청당동 유적을 통해 개진되었으나 이견도 있기에 단언은 어렵다. 다만 아산의 용두리 진터유적[60], 서산의 예천동 유적[61] 등으로 미루어 3세기대 출현이란 시기판단에 문제가 없을 것이다. 그리고 이 묘제는 4세기대의 성행과 5세기대까지 유존된 것으로 볼 수 있는데, 연기 송원리 주구토광묘의

---

57) 尹世英, 1974, 앞의 글.
58) 李南奭 외, 2000, 앞의 보고서.
59) 姜仁求, 1994, 앞의 논문, 106~110쪽.
   崔完奎, 2002, 앞의 논문, 110~115쪽.
60) 忠淸文化財硏究院, 2011, 앞의 보고서.
61) 백제문화재연구원, 2012, 『서산 예천동 유적』.

존재는[62] 이들이 5세기대에도 여전히 성행하였음을 단적으로 보여주기 때문이다.

한편 분구토광묘는 묘제의 연원이 마한 고유의 봉토묘가 주구토광묘와 접촉하면서 발생한 묘제로 봄에 문제가 없을 것이다[63]. 이 묘제는 시기적으로 일단 빨라야 3세기말경이나 4세기 초반경에 등장한 것으로 볼 수 있다. 더불어 하한은 서산의 부장리[64] 등지 유적으로 미루어 5세기대까지 봄에도 문제가 없다. 다만 분구토광묘의 연원과 초현시기와 관련, 영암의 군동 유적을[65] 근거로 청동기시대 이래의 전통적 묘제로 보기도 한다. 그런데 군동 유적의 흑색토기 출토 주구묘는 청동기시대 외변에 주구를 갖춘 무덤과 대비될 수 있는 것으로 후대의 분구토광묘와 다르다는 것을 주목하여야 할 것이다. 군동 주구묘의 주구는 무덤구역을 설정하거나 외곽 배수시설 등으로 축조된 것으로 형태상 좁고 깊은 형상이다. 그러한 사례는 서천 오석리와[66] 춘천의 천전리의[67] 청동기시대 주구 달린 석관묘에서도 확인된다. 이는 분구토광묘의 주구, 즉 분구를 성토하기 위하여 굴토한 흔적으로 넓고 얕게 남겨진 주구와는 분명한 차이가 있다는 것을 주목할 필요가 있다.

그런데 관·곽토광묘는 등장시기를 비롯하여 연원의 판단에 문제가 없지 않다. 우선 관·곽토광묘 편년의 보편적 현황은 마하리 고분군의 경우 4세기 전반대 즈음[68], 그리고 화성리 고분군이 4세기 중후반이란 편년관이 마련되어 있다[69]. 이외에 용원리 고분군이나 신봉동 고분군을 중심으로 4세

---

62) 韓國考古環境研究所, 2009, 앞의 보고서.
63) 李南奭, 2011, 앞의 논문, 182~184쪽.
64) 忠淸南道歷史文化院, 2007, 『서산 부장리유적』.
65) 목포대학교박물관, 2001, 『영광 군동유적』.
66) 忠淸文化財研究院, 2008, 『舒川 鳥石里 遺蹟』.
67) 韓國文化財保護財團, 2008, 『蔚山 活川·西河·川前里遺蹟』.
68) 李鮮馥·金成南, 2004, 『馬霞里 古墳群』, 숭실대학교박물관·서울대학교박물관.
69) 國立公州博物館, 1991, 앞의 보고서.

기 후반에서 5세기대에 성행한 묘제라는 정도만이 파악될 뿐이다. 그리고 이 묘제도 5세기대 이후에는 자취를 감춘다. 이로 보면 관·곽토광묘는 적어도 4세기 중후반대 이후부터 크게 성행한 묘제였다가 6세기에는 더 이상 존속하지 않은 분묘라는 것은 알 수가 있다.

종합하면 백제의 토광묘라는 묘제 자체는 5세기 후반까지만 사용되고 6세기대에 이르면 자취를 감춘다는 점이 공통적이다. 물론 이러한 정황은 백제 묘제의 종합적 전개상에서 이해될 수 있는 것이기는 하다. 백제의 다양한 묘제는 4세기 후반에서 5세기 후반 무렵에 전성기를 이룬다. 경기·충청지역의 주구토광묘와 관·곽토광묘, 금강 중상류 일원의 석곽묘, 그리고 호남지역의 옹관묘와 토광묘, 서해안 일대의 분구토광묘가 성행한다. 그러다가 5세기말 즉 백제의 웅진천도를 즈음한 무렵부터 이들은 점차 자취를 감추기 시작하여 적어도 6세기 초반 무렵에 이르면 석실묘로 완전히 교체된다. 따라서 백제 토광묘 전개상의 종말기 정황도 그러한 범주에서 이해될 수 있다. 문제는 초기의 정황, 즉 백제의 토광묘제의 전개상이 어떤가라는 의문이다.

최근의 백제묘제로서 토광묘 자료는 가히 헤아릴 수 없을 만큼 많다. 지역적으로 백제 고유 영역을 망라하여 살필 경우 시간상으로 특정시기에 국한하여 존재하지만, 분포상에 나름의 특징적 모습도 산견된다. 백제묘제로서 토광묘제는 전국적으로 분포하나 나름의 지역적 구분도 이루어지는 것이 그것이다. 마한지역이나 백제권역인 한반도 중서부 지역에서[70] 3세기경을 기점으로 5세기후반 즈음에 조성된 것으로 확인된 토광묘 자료는 〈그림 6〉과 같다.

이들은 전남·북을 제외한 경기, 충청지역의 것들이다. 호남지역은 특유

---

70) 지역범위는 경기·충청지역에 국한하여 이를 중서부지역으로 구분한 것으로 이외의 범위 확대에 따른 차이는 별도로 검토될 수 있을 것이다.

의 분구옹관묘가 성행한 지역이나 그것은 특정지역에 한정된 것이고 오히
려 경기·충청지역처럼 토광묘가 널리 사용된다. 다만 그 전개상도 크게 다
르지 않은 것으로 판단되나 분구옹관묘와 분구토광묘로의 변천이란 특유의
면모도 갖추고 있다. 따라서 이 범위의 토광묘는 별도의 검토가 필요할 것
으로 여겨져 제외한 것이다.

그림에서 알 수 있듯이 제시된 토광묘는 묘제간에 나름의 분포상의 특
징이 있다. 크게 토광묘의 분포권은 한강 중류지역의 봉토·봉석묘의 분포
권, 경기 서남부와 충청내륙 쪽의 주구토광묘 분포권, 그리고 경기와 충청
서해안과 그 이남의 분구토광묘 분포권이 엄격하게 구분되면서 관·곽토광
묘가 경기 남부에서 충청내륙에 분포된 것이 그것이다. 이외에 봉토목관묘
는 사례가 적다. 그러나 주구토광묘는 크게 겹친 모습과 함께 분구토광묘
의 분포권역에 산재된 모습이 발견되고 산발적이지만 관·곽토광묘도 집중
분포권 이외에 여타의 묘제속에 산발적으로 잔존하는 모습이 발견된다. 그

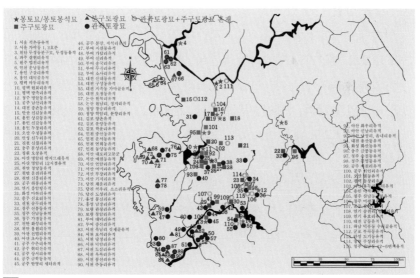

006 중서부지역 토광묘 분포현황

런데 이러한 정황은 토광묘 전개상 나름의 특성을 대변하는 것으로 볼 수 있다.

먼저 주구토광묘의 분포권은 전체적으로 경기도와 충청지역에 넓게 산포된 형상이지만 세부적 측면에서 집중분포지, 공백지대로 구분될 수 있는 규칙성이 발견된다. 이들은 서해안 지역 즉 경기도 해안지역과 충남의 서해안 지역에서는 거의 발견되지 않는다. 물론 이 범위는 주구토광묘가 아닌 분구토광묘의 분포권으로[71], 주구토광묘는 분구토광묘 분포권과 분명한 차이를 보인다는 것을 알 수 있다. 즉 주구토광묘의 분포권은 백제지역의 경우 한강 이남지역 특히 아산만 일대에 밀집되면서 그것이 금강의 중상류지역으로 확산되는 모습이다. 이러한 분포양상은 한강 중류지역에 넓게 산재되어 있는 봉토목관묘의 권역을 피하고, 또한 아산만 이남의 충청·전라지역의 서해안에 있는 분구토광묘 분포권과 겹치지 않는 정황이란 것도 알 수 있다. 주구토광묘의 분포권을 중서부지역에 국한할 경우 서해안에 산발적 분포현상을 시작으로 아산만에 집중되어 그것이 동남쪽으로 확대되는 정황을 살필 수가 있다.

반면에 분구토광묘는 경기도 서해안의 인천이나 김포 지역의 사례를 기회로 대체로 해안가에 입지하는 특징이 있다. 경기도의 경우 내륙 쪽에서는 거의 발견되지 않는다. 이들은 오히려 주구토광묘의 분포권이 아닌 아산만 이남의 충남의 서해안 지역에 밀집 분포하는 것이 특징이다. 충남지역의 분구토광묘도 내륙 쪽으로는 크게 확대되지 않고 오히려 서해안 지역에 밀집되는데, 그러한 정황은 호남지역도 마찬가지로 분구토광묘의 분포권이 중서부 지역의 해안지역이란 특징이 있다.

한편, 관·곽토광묘는 대체로 중서부지역의 중앙부 즉 곡교천 상류와 미

---

71) 李南奭, 2011, 앞의 논문, 182쪽.

호천 일원, 그리고 금강의 중류역에 밀집되는 현상이 발견된다. 나아가 금강 중류역의 경우도 수촌리 유적을 비롯하여 취리산 유적을 포함한 공주권과 마지막 도읍지인 부여 등지에도 적지 않게 산포되어 있는데 밀집도에서 대체로 금강유역의 일원에 집중된 현상으로 나타난다. 관·곽토광묘의 분포권에서 분구토광묘와는 크게 겹치지 않으나 주구토광묘와는 부분적으로 중복된 현상이 반복된다. 전체적으로 분구토광묘의 분포권은 서해안으로 편중된데 반해서 관·곽토광묘는 그 내륙 쪽으로 편재되어 분포하는데 충청의 내륙쪽에 집중되는 모습이다.

앞서 백제 토광묘로서 봉토목관묘의 존재를 언급한 바 있다. 이 묘제는 원삼국기 마한지역의 고유묘제였던 것이 백제시대까지 유존된 것으로 보았고, 그 대표적 사례로 서울의 석촌동 고분군의 매장시설을 주목하였다. 그런데 석촌동 고분군 매장시설의 유형인 봉토묘나 봉석묘의 흔적이 보이는

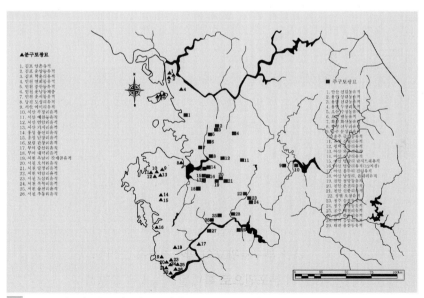

007 주구토광묘와 분구토광묘의 분포양상

한강중상류 일대에 주구토광묘의 흔적은 많지 않다. 주지되었듯이 주구토 광묘는 3세기대에 서북지방에서 남하한 묘제로 주구 설치가 가장 큰 특징 이고, 더불어 수반된 입지환경을 비롯하여 매장시설의 형태 및 부장품 내 용에서 마한의 봉토묘와 크게 차별화되는 묘제이다.

새롭게 남하한 주구토광묘가 백제의 중심지였던 도읍지 한성일대에 분 포상의 빈약성은 석촌동 고분군에서 보듯이 마한묘제의 전통이 강하게 존 속된 것과 무관치 않을 것이다. 반면에 그 외곽의 경기지역에는 주구토광 묘가 적지 않게 남았고 분포밀도가 높을 뿐만 아니라 주구토광묘 본래적 모 습을 간직한 유적이 많다. 물론 주구토광묘와 함께 마한의 봉토묘 속성을 간직한 토광묘도 상당수 발견된다. 이는 마한의 봉토묘 사회가 주구토광묘 를 수용하여 전개하였음을 보여주는 것인데, 대표 유적으로 오산의 궐동 유 적과 아산의 용두리 진터 유적을 꼽을 수 있을 것이다. 궐동유적의 경우 외 변에 주구를 갖추고 있음에도 매장시설인 토광의 정형이나 목관의 갖춤새 에서 오히려 마한 봉토묘와 유사성이 크게 나타난다. 이는 아산의 용두리 진터 유적도 마찬가지이다. 이러한 정황은 마한의 봉토묘적 전통에서 새롭 게 주구토광묘의 수용결과 남겨진 것으로 볼 수 있을 것이다.

한편 서해안 지역 즉 경기의 김포나 인천, 그리고 충남의 서해안지역 나 아가 전북의 서해안 지역까지 넓게 산포되어 있는 분구토광묘는 앞서 언급 된 대로 빨라야 3세기말 아니면 4세기 초반에 등장한 것으로 전통적 마한 봉토묘가 주구토광묘의 영향으로 새롭게 발생한 것으로 봄에 문제가 없을 것이다. 주구토광묘의 분포범위와 분구토광묘의 분포범위가 겹치지 않으 면서 분구토광묘의 분포권에 산발적으로 주구토광묘가 존재한다거나 분구 토광묘의 등장이 주구토광묘의 유입 이후에 나타나는 시간적 정황도 유념 될 수 있을 것이다. 다만 분구토광묘의 발생정황을 고려할 때 그 분포권역 은 마한묘제인 봉토묘의 분포권으로 확대될 가능성은 충분하다.

결국 마한의 봉토묘의 성행 속에 주구토광묘의 유입으로 봉토묘 사회

의 변화는 전통묘제의 고수, 주구토광묘와의 동화, 아니면 유입된 선진묘
제의 영향으로 새로운 묘제가 정립되는 묘제의 전개상은 적어도 3세기대에
비롯되어 4세기대까지 진행되었다고 봄에 문제가 없을 것이다. 더불어 이
즈음의 한반도의 정치상황은 서북지방에 자리하였던 군현사회의 동요, 중
국이 분열이 거듭되고, 나아가 남북조사회로 진입할 찰나라는 환경에서 한
반도를 중심한 대외환경의 변화가 나타나면서 비롯된 시기라는 점이 주목
된다. 물론 이를 토대로 마한 백제 지역의 토광묘 문화는 새로운 전기를 맞
게 되는데, 기왕의 봉토묘가 고수되지만 3세기대 이후에 점진적으로 확산
되던 주구토광묘가 중서부 지역에 폭넓게 자리하게 되었고, 특히 서해안
지역에는 분구토광묘로 특성화될 수 있는 토광묘 문화권도 형성하는 것이
다. 물론 이러한 정황은 동시기 동북아시아에 전개된 고총고분사회의 도래
와 무관치 않을 것이다.

  그런데 4세기대에 이르러 백제 토광묘 문화의 새로운 변화는 관·곽토광
묘의 등장과 전개일 것이다. 현재로서 관·곽토광묘의 연원이나 등장 배경
을 구체화할 수 있는 자료는 아직 발견되지 않는다. 다만 현재로서 이 묘제
는 기왕의 토착묘제의 발전적 변화에서 비롯된 것, 아니면 신래의 묘제로
보아야 할 것인데 뚜렷한 증거를 담보하기가 어렵다. 전자와 관련하여 관·
곽토광묘는 기왕의 선행묘제인 봉토목관묘 아니면 주구토광묘의 전개과정
에 새롭게 정립된 묘제로 볼 수도 있을 것인데 이 경우 봉토목관묘보다 주
구토광묘가 먼저 주목될 수 있을 것이다. 이는 목관이나 목곽을 지하 묘광
내에 시설한다는 점과 그것이 토광묘의 전형이라는 점에 일차적 원인으로
꼽을 수 있다. 그리고 부장품에서 발형토기와 원저 단경호를 표지적으로
발견되면서 서로 간에 일정한 시차 즉 주구토광묘가 선행적으로 출현하고
이후에 관·곽토광묘가 성행함에 근거하는 것이기도 하다. 다만 주구토광묘
와 관·곽토광묘의 차이 중에 전자가 개인 묘역을 중시하는데 반해서 후자는
지상의 표식이 빈약하면서 군집된 집단묘적 성격이 강한데 그 배경은 무엇

인가의 의문도 남는다.

한편 관·곽토광묘가 혹시 新來의 묘제가 아닌가라는 점도 충분히 고려될 필요가 있을 것이다. 우선은 관·곽토광묘의 등장시기가 대체로 4세기 중후반경에 집중되는데, 동시기에 나타나는 석곽묘와 혼재되는 경우가 많고, 나아가 부장품으로 마구를 비롯하여 무기류가 크게 증가하는 점에서 그러하다. 물론 현재의 자료에서 유입 루트나 연원지를 추정하기는 어렵다. 다만 4세기 중엽경의 동북아시아 정세는 중국의 분열과 북방 유목민의 남하, 그리고 한반도에서 군현사회의 해체 후에 나타난 정세변화 등을 고려할 때 그 가능성을 완전 배제하기는 어렵다. 오히려 관·곽토광묘의 정형은 주구토광묘와 크게 다르지 않은 관·곽묘의 형상을 갖추고, 특히 부장품으로 발형토기와 원저단경호를 표지적으로 매납함에 비추어 주구토광묘의 연원지인 서북한 지역에 동형의 묘제가 전개되었고, 그것이 남하한 것이 아닌가 추정하여 본다.

5. 結言

백제 토광묘의 자료를 집성하여 묘제를 분류하고 그 전개상을 살펴보았다. 본디 토광묘는 고유 토착적 성격을 지닌 묘제로 백제의 등장이전부터 한반도 서남부지역에 성행한 것이었고 백제의 국가정립이전부터 다양한 묘제전개상을 드러낸다. 때문에 백제 토광묘는 마한묘제의 범주에서 이해될 수도 있지만 묘제적 다양성을 갖추어 성행한 것은 아무래도 백제시대 즉 4~5세기인 백제가 한성에 도읍하던 시기로 보아야 할 것이다.

한성도읍기의 백제 토광묘제는 대체로 마한묘제의 유풍인 봉토목관묘와 주구토광묘 그리고 새롭게 정립된 분구토광묘와 가장 늦게 전개되는 관·곽토광묘로 구분할 수 있을 것이다. 물론 봉토목관묘는 마한의 마한전통이 잔존된 묘제로 한강 중류의 백제 도읍지역 일원에 넓게 산포되어 있다. 반면 주구토광묘는 3세기 어간에 서북한 지역에서 남하하여 경기도 남부와 아산만 일대에 넓게 산포된 묘제로 5세기대까지 백제 토광묘로 명맥을 유지한다. 더불어 분구토광묘는 주구토광묘의 등장에 전통적 봉토묘의 변화, 즉 주구토광묘의 개인묘역 구성과 봉분을 조성하는 高塚古墳的 특성의 영향으로 4세기 초반경까지 발생된 것으로 중서부지역 서해안을 그 분포권으로 가진다. 그리고 관·곽토광묘는 연원과 계통을 설정하기 어렵지만 4세기 중반 이후에는 중서부 지역의 중심부 특히 충청 내륙지역에 크게 성행한 묘제로 이도 5세기 후반까지 백제 토광묘로서 주류를 형성한다.

이들 각각의 묘제는 유형구분이 가능할 정도의 묘제 특성을 드러낸다. 봉토목관묘는 지상식의 매장부에 목관을 흙으로 덮는 특징, 주구토광묘는 무덤구역설정과 묘광에 관·곽설치와 더불어 묘실내에 부장구역의 마련, 분구토광묘의 경우 地上式으로 목관을 안치한 다음에 분구를 조성하는 것, 관·곽토광묘의 경우 밀집된 군집현상에 깊은 묘광을 조성하지만 부장품 수납공간이 불분명한 특징 등이 그것이다. 물론 이러한 묘제의 각각의 속성을 공유하거나 결여된 분묘자료도 존재하지만 기본적으로 위의 4가지 묘제의 범주에서 이해될 수 있는 것이기도 하다.

한편 이들 토광묘는 마한지역의 경우 3세기 초반경까지는 원삼국기 마한지역 전통묘제인 봉토·봉석묘의 범주에 있었으나 3세기대에 서북한 지역에서 주구토광묘가 유입된다. 그 결과 경기 해안 지역은 묘제전환으로 분구토광묘가 발생하지만 보다 내륙으로는 주구토광묘의 정착과 함께 기왕의 봉토묘가 동화되는 모습도 보인다. 다만 백제의 중심지인 한강 중류지역은 봉토목관묘의 성행 속에 주구토광묘는 진입하지 않는 현상도 발견된다. 이 주구토광묘는 아산만 지역을 중심으로 크게 확대되어 충청 내륙으로 전개된다. 아울러 충남 서해안은 경기 서해안처럼 분구토광묘의 발생과 전개가 보다 크게 이루어진다. 다만 4세기 중엽경에 관·곽토광묘가 등장하여 성행하나 그 과정을 구체화하기는 어렵다. 그런데 이들 백제 토광묘는 5세기 후반 즉 백제의 웅진도읍기를 즈음하여 전체가 자취를 감추어 백제 토광묘의 종언을 고하게 된다.

V │ 백제 적석총의 재인식

百濟 積石塚의 再認識

1. 序言

백제 적석총은 도읍지였던 한성지역을 비롯하여 한탄강, 그리고 남한
강과 북한강의 일원에 잔존하는 매장부를 돌을 쌓아 축조한 분묘를 일컫는
데, 석촌동의 기단식 적석총으로 구분된 것을 대표적 사례로 꼽는다. 그러
나 이 묘제는 한성기 이후의 백제 중심 강역인 충청, 전라지역에서는 거의
발견되지 않으며, 오히려 백제 한성기의 도읍지 일원인 한강유역에만 잔존
하는 특성이 있다. 이 묘제는 일제강점기부터 존재가 주목된 것으로 백제
전기의 대표적 묘제로 인식되었고, 나아가 고구려의 적석총과 대비하여 그
성격을 언급함이 일반적이었다. 또한 초기에는 석총으로 구분되었는데 이
후에 적석총, 적석묘, 기단식 적석총, 계단식 적석총, 백제식 적석총 등의
다양한 명칭으로 불리기도 한다.

석촌동 고분군은 한성 도읍기 백제의 도읍지역에 자리한 매장지역으로
봄에 문제가 없다. 잔존된 무덤은 적어도 한성 도읍기의 백제묘제 정형으
로 분류될 수 있는 것들이다. 여기에는 다양한 묘제가 존재하는데, 그 중에

서도 백제 특유의 적석총이 남아 있는 유일한 지역이기도 하다. 이들 적석총은 지금까지 확인된 유구의 규모나 내용으로 미루어 한성 도읍기 백제 지배층의 유산으로 인식함에 문제가 없을 것이다. 그런데 백제 묘제로서 적석총의 존재 의미가 적지 않음에도 적석총 자체의 구체성은 물론이고, 유적인 석촌동 고분군내의 묘제 인식에 나름의 한계가 있음이 발견된다. 적석총의 경우 외형적 인식의 깊이에도 불구하고 무덤으로서 매장부의 결여, 동시대 비교사례의 부재, 역사적 연원문제의 불명이라는 태생적 한계는 여전히 남아 있다. 나아가 석촌동 고분군도 적석총 외에 다종·다양한 분묘가 존재함에도 묘제의 실체 구명은 부진한 채 남겨졌고, 그러한 환경은 한성기 백제 고분문화의 일목요연한 이해에 상당한 걸림돌이기도 하다.

백제는 국가 정립이후 묘제 발전의 정형성을 담보한 것으로 확인된다. 적어도 4세기대에 이르면 백제인의 묘제는 중앙과 지방으로 구분되어 다양하게 전개되면서 독자적 발전을 거듭하고, 6세기 전반 경에는 다양하였던 묘제가 횡혈식 석실묘로 통일되었다는 것은 주지된 사실이다. 여기에 도읍지역의 적석묘는 석촌동 일대의 분묘, 즉 기단식 적석총, 백제식 적석이나 봉토 토광묘 등의 다양한 묘제가 위계에 따라 차별적으로 사용·전개된 것으로 보는 것이 거의 일반적이다.

그런데 도읍지역임에도 시·공간을 초월하여 그처럼 다양한 묘제가 상존하는 것으로 보아야 하는데 그 배경은 무엇인가, 특히 도읍지역에 적석총이란 묘제가 갑자기 등장한 배경과, 등장이전의 묘제와의 관련성 문제, 여기에 계단식 적석총으로 분류된 분묘의 적합성 문제 등도 미진한 채 남겨진 상황이다. 더불어 백제의 묘제 전개상에서 도읍지역은 이질적 정황을 드러내는데, 그 배경을 어떻게 이해하여야 하는가의 고민도 있다. 특히 최근에는 석촌동의 적석총과 유사한 적석유구가 지방사회에서도 발견되었는데, 서로 대비할 경우 과연 석촌동 고분군의 적석총을 무덤으로 볼 수 있는가의 의문도 없지 않다. 이러한 의문은 결국 석촌동 고분군의 개별 유구를 나름의 기준에 따라 분류하여 재검토할 필요성을 대두시킨다.

물론, 한성기의 도읍지역 백제 분묘에 대한 검토는 다양하게 이루어져 있다[1]. 묘제의 현황이라든가 존재 양상은 물론 개별 묘제의 속성에 대한 이해도 크게 진전되었다고 볼 수 있다. 특히 적석총은 도읍지역과 남, 북한강 유역에 잔존된 자료를 중심으로 다양한 검토가 이루어져 있기도 하다. 그런데 기왕의 연구, 특히 적석총과 관련할 경우 분묘로서 진정성의 담보, 묘제적 속성의 담보가 아닌 외형만을 근거하여 이를 적석묘나 적석총

---

1) 석촌동 고분군을 중심한 한성 도읍기 묘제에 대한 연구현황은 다음과 같다.
任孝宰, 1976, 「石村洞 百濟 初期古墳의 性格」『美術史學研究』129·130, 한국미술사학회.
西谷正, 1980, 「百濟前期 古墳의 形成過程」『百濟文化』13, 公州大學校 百濟研究所.
임영진, 1987, 「石村洞一帶 積石塚系와 土壙墓系 墓制의 性格」『삼불김원룡교수정년퇴임기념논총』.
_____, 1993, 「百濟初期 漢城時代 古墳에 관한 硏究」『한국고고학보』30, 한국고고학회.
_____, 1994, 「서울 百濟初期古墳에 보이는 墓制의 複合性」『百濟研究』24, 忠南大 百濟研究所.
_____, 2003, 「積石塚으로 본 百濟 建國集團의 南下過程」『先史와 古代』19, 한국고대학회.
_____, 2007, 「百濟式積石塚의 發生 背景과 意味」『韓國上古史學報』57, 한국상고사학회.
姜仁求, 1989, 「한강유역 백제 고분의 재검토」『韓國考古學報』22, 한국고고학회.
_____, 1991, 「初期 百濟古墳의 檢討 -建國과 관련하여-」『百濟研究』22, 忠南大學校 百濟研究所.
朴淳發, 1994, 「漢城百濟 成立期 諸墓制의 編年檢討」『先史와 古代』6, 한국고대학회.
_____, 2001, 「한강유역 고분의 변천과 백제 국가형성」『漢城百濟의 誕生』, 서경문화사.
李東熙, 1998, 「南韓地域 高句麗系 積石塚에 대한 再考」『韓國上古史學報』28, 한국상고사학회.
成正鏞, 2000, 「百濟 漢城期 低墳丘墳과 石室墓에 대한 一考察」『湖西考古學』3, 호서고고학회.
김성태, 2002, 「백제적석총의 역사고고학적 성격과 그 의미」『기전고고』2호.
강현숙, 2005, 「서울지역 적석총에 대하여」『향토서울』67, 서울특별시 시사편찬위원회.
유태용·박영재, 2006, 「百濟 積石塚의 分布와 性格에 대한 一考」『白山學報』75, 백산학회.
이동희, 2008, 「最近 研究成果로 본 漢江·臨津江流域 積石塚의 性格」『韓國史學報』32, 고려사학회.
심재연, 2010, 「한성백제기 한강 중·상류 지역의 적석총에 대한 연구」『서울학연구』39.

으로 판단하고, 고구려 적석총과 자연스럽게 연계하여 이해하는 경향이 많았다. 특히 석촌동 고분군도 발굴결과 남겨진 정황만으로 묘제 인식이 진행된 것이 아닌가라는 분위기도 감지된다. 결국 이러한 환경은 석촌동 고분군은 물론이고 백제묘제로서 적석총의 인식 즉 분묘로서 정합성의 확보, 묘제로서 인식의 진전, 백제 고분문화 구성요소로서의 역할 등에 대한 이해 증진을 가로막았던 것이 아닌가 여겨진다.

여기에서는 이러한 難題를 조금이나마 해소하기 위하여 최근 석촌동 고분군의 재인식이 진행된 것을[2] 기회로, 고구려 적석총과 대비될 수 있다는 선입관을 배제하고, 발굴결과 남겨진 외형적 모습이 아닌 매장시설의 본래적 모습에 주목하여 묘제현황을 검토하여 한성도읍기 백제의 도읍지역에서 성행된 백제 고유의 묘제정황이 무엇인가 추론하여 보고자 한다. 논의는 먼저 석촌동 고분군의 현황을 살핀 다음에 확인된 매장부를 묘제적으로 정리하고, 이를 바탕으로 계단식 적석총으로 분류된 적석유구의 재해석을 시도하고자 한다.

2. 石村洞 古墳群의 調査와 現況

백제의 한성기는 웅진으로 천도한 서기 475년 이전의 4~5세기대를 그

---

2) 李炳鎬, 2011, 「日帝强占期 百濟 故地에 대한 古蹟調査事業」『한국고대사연구』61, 한국고대사학회.
조가영, 2012, 「석촌동 고분군의 축조 양상 검토 -고분 분포를 중심으로-」『韓國上古史學報』75, 한국상고학회.
_____, 2012, 「백제 한성 도읍기 한강유역의 고분 구조 검토 -'즙석봉토분'을 중심으로-」『백제 고분의 새로운 인식』, 호남고고학회·호서고고학회.
_____, 2013, 「석촌동고분군의 새로운 인식과 해석」『한성지역 백제 고분의 새로운 인식과 해석』, 백제학회·한성백제박물관.

중심시기로 봄에 문제가 없고, 더불어 동시기 도읍지역은 지금의 서울 강남지역에 국한시킬 수 있을 것이다. 여기에는 백제시대 분묘군으로 가락동, 방이동 고분군을 비롯하여 석촌동 고분군이 있다. 이들 유적의 분포 정형은 석촌동과 가락동, 방이동의 3지역이 거의 인접하기에 모두 하나의 유적군으로 볼 수도 있지만 석촌동 고분군이 가장 밀집된 분포상을 갖추면서 가락동·방이동과는 어느 정도 차별화될 수 있기도 하다. 물론 분포 정형 외에 잔존된 분묘별 묘제차도 있는 것으로 여겨지는데 구체적 실상을 살피기는 어렵다.

석촌동은 적석총과 즙석 봉토묘, 그리고 가락동과 방이동은 석실묘가 잔존하는 것으로 알려져 있는데 조사의 미비문제와 함께, 후술되겠지만 조사 범위의 편중 문제 등으로 잔존 유적의 묘제를 일반화하기 어렵다. 다만 석촌동 유적의 경우 분묘 밀집도가 가장 크게 나타나고 아울러 한성기 백제 묘제로서 석실묘의 선행묘제로 볼 수 있는 다양한 유형의 분묘가 잔존하는 것으로 전한다. 따라서 석촌동 유적을 백제 한성기 도읍지역의 대표적 분묘군으로 인정하는 것이다.

석촌동 분묘 유적은 일제강점기에 백제 초기 분묘유적으로 인식되고, 초보적이지만 분포조사를 비롯하여 표본적 발굴조사 등이 진행되었다[3]. 이를 기회로 분묘의 분포도가 작성되었는데, 이러한 작업의 결과와 남겨진 분포도를 토대로 일제강점기에는 적어도 290여기의 분묘가 잔존하고 있었음을 확인할 수 있기도 하였다[4]. 더불어 석촌동 고분군을 중심으로 그 동남쪽으로 가락동과 방이동이 고분군이 연접된 상태로 있는데, 대형 분묘는 서쪽지역인 석촌동에 치우쳐 존재한다는 정황의 인지도 가능하다. 이외

---

3)　朝鮮總督府, 1914, 『朝鮮古蹟調査報告』.
　　　　　　·, 1916, 『朝鮮古蹟調査報告 : 大正五年度』.
4)　조가영, 2012, 앞의 글, 260~264쪽.

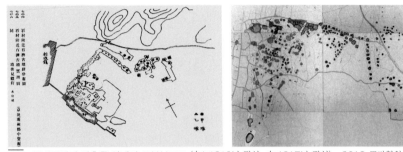

001 일제강점기 석촌동 일대의 고분분포도 (左1:1912년 작성, 右:1917년 작성) –2012 조가영의
도면 재인용–

에 분포조사 과정에 갑총 23기, 을총 66~67기가 집계된 것을 기회로 무
덤이 표면의 형상에 따라 석총과 토총으로 구분되었음도 알 수 있다. 여기
에 1-4호분과 6·7호분에 대해서는 보다 구체적 조사가 이루어졌고, 이를
통해서 백제의 적석총의 인식과 나아가 고구려 적석총과 대비하는 등의 이
해 확대도 나타나는데, 특히 토총의 경우는 조성방식에 따라 3종으로 구분
하기도 한다[5]. 그리고 석촌동 고분군과 인접한 가락동 고분군의 분묘들,
즉 가락리 1호분의 실측과 석실묘인 가락리 2호분의 실측조사가 병행되어
있기도 하다[6]. 그러나 일제강점기의 석촌동 일대 분묘조사는 대상뿐만 아
니라 내용 등에 적지 않은 한계도 있다. 가장 큰 문제는 조사 자체가 상당
히 피상적으로 진행되었을 뿐만 아니라 분묘로서 구체적 성격을 입증할 조
사내용이 전하지 않는다는 것이다. 그러면서 시간의 경과에 따라 상당수의
무덤이 훼손·인멸이 진행되었다는 점도 눈에 띈다.

한편 석촌동 백제분묘에 대한 보다 심층적 조사는 1970년대 서울의 강
남지역 개발과 병행하여 본격적으로 진행되었다. 다만 조사 대상이 일제강

---

5) 朝鮮總督府, 1916, 앞의 보고서.
6) 朝鮮總督府, 1935, 『昭和二年度古蹟調査報告』第二冊.

점기에 주목되었던 유구에 중첩되면서 한정된 범위만 발굴조사가 이루어지는 한계가 있었다. 사실 일제강점기에 이루어진 석촌동 유적에 대한 관심이 발굴조사로 이어졌으나, 피상적 결과만 남겼을 뿐이고 이를 토대로 유적의 기본적 성격을 이해하기는 어려운 상황이었다. 여기에 시간이 경과되면서 경작 등의 인위적 훼손과 인멸도 적지 않게 진행되었는데, 그러한 정황은 70년대까지 여전하였던 것으로 관찰된다. 따라서 70년대에 유적발굴이 진행될 즈음의 고분군 정형은 본래의 모습이 유지되지 않았기에 70년대 이후의 발굴조사도 일제강점기에 주목된 범위에 대해 포괄적으로 진행될 수밖에 없었던 것으로 여겨진다.

　　석촌동 고분군의 유적발굴 과정은 가락동 1, 2호분을 비롯하여[7] 석촌동 1-5호분[8], 그리고 76-파괴분[9], 3호분 동쪽 고분군[10], A호 적석총 그리고 주변 유적[11] 등이 순차적으로 이루어진다. 보다 세부적으로 보면 70년대에 이르면서 고분군에 대한 전반적 지표조사를 포함하여 가락동 1·2호분의 발굴조사를 필두로 석촌동 소재 3기의 분묘에 대한 발굴조사가 1969년에 진행되었다. 그리고 1974년부터 1987년까지 석촌동 1·2·3·4·5호분·76-파괴분·3호분 동쪽 고분군·A호 적석총과 주변 유적 등의 발굴조사가 이루어진다. 그중에서 석촌동 3호분으로 분류된 유적은 1974년, 1983년, 1984년에 걸쳐 유적조사, 복원을 위한 목적에 따라 반복조사가 이루

7)　尹世英, 1975, 「可樂洞 百濟古墳 第1號, 第2號墳 發掘調査略報」 『考古學』3, 131~146쪽.
8)　서울大學校博物館, 考古學科, 1975, 『石村洞 積石塚 發掘調査報告書』.
　　任孝宰, 1976, 앞의 글.
　　金元龍·裵其同, 1983, 『石村洞3號墳(積石塚)發掘調査報告書』, 서울大學校博物館.
　　서울大學校博物館, 1984, 『石村洞3號墳(積石塚) 復原을 위한 發掘 報告書』.
　　서울特別市·石村洞發掘調査團, 1987, 『石村洞古墳 發掘調査報告書』.
　　金元龍·任孝宰·林永珍, 1989, 『石村洞 1·2號墳』, 서울大學校博物館.
9)　任孝宰, 1976, 앞의 글.
10)　金元龍·林永珍, 1986, 『石村洞3號墳東쪽古墳群整理調査報告書』, 서울大學校博物館.
11)　서울特別市·石村洞發掘調査團, 1987, 『石村洞古墳發掘調査報告書』.

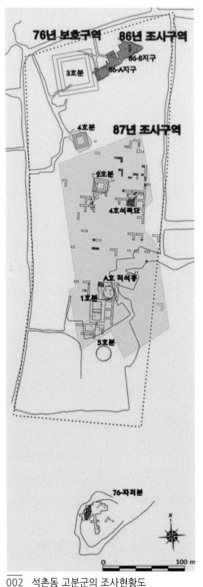

002　석촌동 고분군의 조사현황도
　　-2012 조가영의 도면 재인용-

어지는데, 일제강점기 때에도 조사되었었음을 고려하면 하나의 유구에 지나치게 반복 조사가 이루어졌다는 것도 알 수 있다.

　이로써 석촌동 분묘 중에 유구의 구체적 실상을 살필 수 있는 것은 1~5호분과 파괴분, 86년도에 조사된 3호분 동쪽의 A·B 지역의 유구, 그리고 87년도에 발굴조사 된 토광묘, 석곽묘 및 적석총 등이 있다. 사실, 일제강점기에 석촌동 분묘군이 인지된 이후 분포조사·지표조사·표본 발굴이나 전면 발굴 등을 통해 유적의 개괄적 현황은 파악되어 있었다고 볼 수 있다. 이로써 앞서 언급한 것처럼 기왕에 마련되었던 분포도를 종합하여 실제적 분포도의 작성과 함께 약 290여기의 분묘가 존재하였음도[12] 알게 된 것이다. 나아가 각각의 분묘는 외형상 토총과 석총으로 구분되면서 대형 분묘는 서쪽에 치우쳐 있다는 사실이라던가, 석촌동 고분군이 탄천을 포함한 자

---

12)　조가영, 2012, 앞의 글, 260~264쪽.

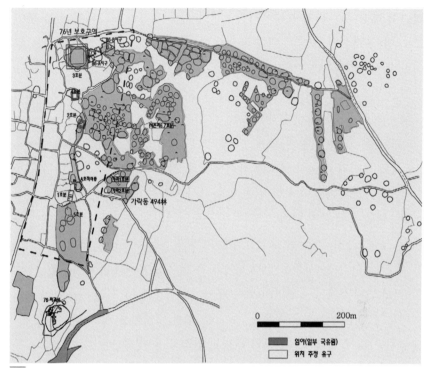

003 석촌동 고분군의 분포도와 조사 위치-2012 조가영의 도면 재인용-

연 지형을 이용하여 마련된 한성기 도읍지역의 매장구역으로 봄에 문제가
없다는 결론도 그에 기초한 것이었다. 더불어 일제강점기의 표본 발굴조
사를 기회로 1970년대 이후부터 발굴조사가 본격적으로 거듭될 수 있었는
데, 아무튼 결과를 종합하면 석촌동 고분군의 묘제현황에 대한 이해의 대
강은 마련될 수 있게 된 것이다.

　발굴조사 된 석촌동 분묘의 잔존된 형상은 서로 간에 차이가 크게 나타
난다. 먼저 1호분은 한 변 10m정도의 각각의 규모를 갖춘 남분과 북분이
연접한 것이다. 그중에서 북분은 순수 적석으로 조성한 것인데 반해서 남
분은 외변만 석축하고 내부는 흙을 채운 방식으로 조성한 차이가 있다. 그

러면서 매장부는 단지 북분에서만 4개의 석곽 흔적이 보고되어 있을 뿐이고 그마저 적석된 돌더미 위에 흔적으로 남겨진 모습이다. 남분에서는 그러한 형상이 전혀 확인되지 않았다. 1호분은 토층에 의해 남분이 선행 유구였던 것으로 판단하며, 유물은 북분의 중앙부에 있는 매장부의 범위에서 소형 은제품이 1점이 수습되어 있을 뿐이다[13].

2호분은 1호분과는 다르게 한 변 약 17m의 방단 시설을 갖춘 유구로 1m정도 높이의 계단식 구조를 갖춘 것으로 복원하는데, 특징은 바닥을 부석한 다음에 외변을 축석하여 올리고 다시 내부는 흙을 채운 형태로 판단한다. 다만 발굴결과 남겨진 잔존 유구는 외변의 석축한 흔적과 바닥에 부석된 정황, 그리고 그 위에 약간의 돌이 쌓여 있을 뿐이고, 오히려 매장부를 추정할 수 있는 시설은 전혀 발견되지 않은 것으로 전한다. 다만 이 적석 유구의 바닥에서 목관만이 남은 분묘 1기가 있으나 위에 이루어진 적석 시설보다 선행하는 것으로 본다. 유물은 적석 내에서 무개고배와 방추차가 수습된 이외에 하단의 목관묘와 관련된 단경호 등이 전한다[14].

3호와 4호분은 계단식 적석총으로 추정하는 유구이다. 이들은 석촌동 유적 분묘 중에 가장 규모 있는 것들로 이미 일제강점기부터 주목된 것이며, 언급되었듯이 반복 발굴조사가 진행되고 아울러 현재는 복원된 상태로 남겨진 것이다. 그중에서 3호분은 석촌동 고분군의 서북쪽 모서리에 자리한 것이며, 한 변이 50m내외의 방형 석단을 3단으로 쌓은 것으로 복원한다. 특히 기단 외곽에 장대형 판석을 사용하여 벽체를 고정한 흔적도 남았다. 그러나 축조에 사용된 석재는 괴석형 할석이 대부분이고 유구 자체는 외변에 석열이 남아 있었지만 대체로 돌무더기 형태로 있었으며, 매장부를 추정할 수 있는 흔적은 전혀 확인되지 않은 것으로 전한다. 그리고 이 3호

---

13) 金元龍·任孝宰·林永珍, 1989, 앞의 보고서.
14) 金元龍·任孝宰·林永珍, 1989, 앞의 보고서.

분의 조사과정에 수습된 유물은 금제 이식 3점 외에 각종 토기편을 비롯하여 석제품 중국제 자기편 등이 있는데, 그 위치를 특정할 수 있는 것은 전혀 없는 상황이다[15].

4호분은 한변 24m규모의 방단을 갖춘 계단식 적석총으로 복원되는 것이다. 특히 4호분은 드물게 계단 형상의 축석이 남겨져 있고, 더불어 유구의 중앙에 횡혈식 석실묘의 평면을 연상케 하는 부석형태의 시설이 상단에 남겨져 있기도 하다. 그러나 이 시설은 내부가 흙으로 채워져 있음과 함께 토층에서 횡혈 구조의 매장부 내부를 연상할 수 있는 매몰 흔적이나 매장 흔적은 전혀 발견되지 않는다. 나아가 매납시설을 추정케 하는 유물도 전혀 남아 있지 않은 상황이다. 유구의 조사과정에서 수습된 토기 등의 유물은 적석 내에 포함되어 있던 것이다[16].

5호분과 6, 7호분은 2개 이상의 소분구가 결합되어 대형의 봉토를 조성하고 그 위에 즙석한 소위 즙석 봉토분으로 볼 수 있는 것이다. 5호분은 분구를 약 20m정도의 규모로 추정하는데 더 이상의 유구내용은 전하지 않는다. 다만 6호분과 7호분은 일제강점기에 목곽이나 목관이 잔존된 매장부가 제시되어 있지만 구체적 현황은 전하지 않는다. 이외에 파괴분으로 분류된 유구도 즙석봉토분의 유형으로 판단한다[17].

이외에 1986년도에 조사된 분묘는 3호분 동쪽 고분군으로 A·B 지역으로 구분되나 도로를 경계삼아 편의상 이루어진 지역구분한 것으로 전체는 하나의 범위에 포함된다. 모두 23기의 유구로 A 지역에서 토광묘 6기, 토광 적석묘 1기, 옹관묘 5기, 석곽 옹관묘 1기가, 그리고 B 지역에서는 즙

---

15) 金元龍·裵其同, 1983, 앞의 보고서.
    서울大學校博物館, 1984, 앞의 보고서.
16) 서울大學校博物館, 考古學科, 1975, 앞의 보고서.
17) 任孝宰, 1976, 앞의 논문.

석봉토분 1기, 대형 토광묘 1기, 토광묘 5기, 옹관묘 1기, 파괴된 적석총 1기와 석곽묘 1기가 있다. 그리고 화장유구로 분류된 유구도 있는데, 화장 유구의 경우 대형토광묘와 즙석 봉토묘 사이에 있는 것으로 사다리꼴의 25 ㎡의 범위에 불탄 흔적과 함께 인골과 토기편, 꺽쇠, 관못 등이 포함되어 동시기에 이루어진 상장례와 관련한 의식의 결과로 볼 수 있는 것이다[18]. 86년도 발굴된 유구 중에 토광묘는 조사구역내에 산포된 형상으로 있으 며 묘광의 깊이나 평면의 구조에 차이가 있지만, 기본적으로 묘광을 완전 한 지하식으로 굴착하지 않으면서 부정형한 평면이라는 점에서는 공통적이 다. 여기에 목관이 사용되었다는 공통점과 함께 목곽은 전혀 마련되지 않 았다는 점에서도 동일하다. 부장품은 토기나 철기 등이 있는데 대부분 관 납의 형태, 즉 목관의 안에만 안치되었다는 특징도 있다.

대형 토광묘로 구분된 유구는 하나의 대형 묘광 내에 여러 개의 목관을 안치한 것이다. 지반상에 8개의 목관을 동시에 안치하고 주변에 점토성 흙 을 채운 다음에 상면을 즙석하여 마무리한 것으로 본다. 더불어 각각의 목 관에서 인골을 비롯한 다양한 부장품이 있지만 토기나 철제 무기 등의 소 량이 매납되었는데 이들도 목관 안에 안치되었다는 공통점이 있다. 그리고 즙석 봉토묘는 상당정도가 유실된 파괴분이나 성토된 분구내에서 3기의 목 관과 1기의 옹관이 확인된 것이다. 이외에 적석총으로 분류된 유구는 앞서 본 대형 토광묘나 토광묘 그리고 즙석 봉토분이 잔존된 구역의 한쪽의 상면 에 부석된 시설로 남겨진 것을 적석총을 추정하는 것이다. 반면에 여기에 서 매장부로 추정할 수 있는 것은 전혀 발견되지 않았다는 점도 주목된다.

87년도에는 앞서 제시된 1·2호분과 함께 A호 적석총으로 구분된 3기 의 유구를 조사하면서 각각의 유구내에 잔존된 석곽, 토광 적석묘를 별개

---

18) 金元龍·林永珍, 1986, 앞의 보고서.

의 매장부로 조사하여 보고한 것이다[19]. A호로 구분된 적석총의 경우 외변 기단만 잔존하고 매장부로는 앞서 본 석곽묘 3기와 토광도 하단의 기단 형태의 시설만 잔존한 것이다. 여기에는 3기의 매장주체 외에 매장부로 토광묘 3기, 석곽묘 8기, 토광 적석묘 3기, 옹관묘 1기가 보고되어 있다. 그 중에서 토광묘 3기는 3호로 구분된 유구를 제외한 나머지의 경우 부정형한 토광내에 유물만 남겨진 것으로 단지 3호만이 토광의 형상이 분명하고 목관 흔적도 있으며, 목관내에 토기가 부장된 형태로 있다.

그리고 석곽묘 8기는 1호분에 중복된 채 남겨진 것과 A호 적석총 내에 남겨진 것들이 포함된 것인데, 매장부로 추정한 것이나 일반적인 석곽묘, 즉 묘곽의 벽체를 정연하게 축석한 형상을 갖춘 것은 아니다. 오히려 적석 내에 매장 흔적이나 관련 유물의 잔존 정형을 토대로 석곽으로 분류한 것이다. 따라서 이들은 시신 안치한 목관을 안치한 후에 그 위에 돌을 덮은 형상의 것으로 복원될 수 있다. 더불어 토광 적석묘도 잔존 정형은 부정형한 토광 안에 석재가 채워져 있는 상황인데, 이의 복원한 본래의 모습은 부정형한 토광내에 시신이나 목관을 안치한 후에 그 위에 돌을 덮었던 것으로 추정된다.

이상의 석촌동 고분군의 발굴조사 결과를 종합할 경우, 조사 유적의 편중 문제와 함께 분묘로서 매장부를 갖춘 것과 그렇지 않은 것의 형상 차이, 매장부 자체의 존재 특성이 우선적으로 주목할 수 있다. 우선 석촌동 고분군의 전체 분포정형에 비추어 조사범위가 지나치게 한쪽으로 편중되어 있는 점은 과연 조사된 유적만으로 석촌동 고분군의 일반적 정황을 대변할 수 있을까의 문제가 남는다. 석촌동 고분군은 천변 구릉성 지대에 군집된 형상으로 있다. 그러면서 서북구역을 중심으로 대형 분묘가 위치하고, 보다

---

19) 서울特別市·石村洞發掘調査團, 1987, 앞의 보고서.

작은 규모의 분묘는 점차 동북 구역으로 확대되면서 산포된 형상인데 조사 범위는 가장 서쪽 범위의 대형 유규에 치우쳐 있을 뿐이다. 이러한 정황은 가장 서쪽 귀퉁이에 편재된 대형 유구 자체 성격은 물론이고 전체 고분군의 시·공간적 위상을 구체적으로 이해하는데 어려움을 갖게 한다.

그리고 석촌동 고분군의 발굴 유적에서 주목하여야 하는 것은 아마도 1986년과 1987년에 발굴조사 된 3호분 동쪽 구역의 유구와 A호 적석총 주변의 유구일 것이다. 3호분 동쪽의 유구는 대형 토광묘 외에 토광묘, 토광 적석묘, 석곽묘 등으로 분류된 매장부가 산발적인 형태로 잔존된 것인데 대형 토광묘 이외에 상부시설의 존재여부나 무덤간의 관계를 구체적으로 파악할 수 없는 상태이다. 그러한 정황은 1987년도 발굴조사된 A호 적석총 주변의 유구도 마찬가지이다. 다만 전자는 대부분 토광묘로 구분되듯이 지반 상에 목관을 안치한 형상으로 남겨진 것들인데 반해서 후자는 토광 적석묘나 적석묘로 구분된 것이 많은 것처럼 축조재료에 석재라는 점이 자주 언급된다. 물론 이러한 차이가 각각의 조사구역의 환경, 즉 3호분 동쪽은 공지상태로 남겨진 지역이나 A호 적석총 주변은 석재가 넓게 산포된 것과 무관치 않은데, 다만 1987년 조사범위의 환경이 A호 적석총의 존재처럼 본래 적석총이 조성되었던 것이 파괴된 결과인지 아니면 본래부터 석재가 부석된 범위였는지의 판단은 필요하다.

마지막으로 석촌동 고분군의 발굴된 유구는 분묘로서 구체성을 담보하는 실질적 증거가 상당히 빈약하다는 문제는 있지만 매장부를 갖춘 것과 그렇지 않은 것에 분명한 차이를 발견할 수 있으며, 매장부 자체도 나름의 존재 특성이 확인된다. 매장부의 경우 묘제적으로 다양하게 표현되었지만 대체로 적석유구나 봉토분 등으로 외형이 판단되는 유구에 잔존한다. 반면에 계단식 적석총으로 판단된 유구, 즉 규모있는 기단시설을 갖춘 대형 적석유구는 매장부가 전혀 없다. 그리고 매장부를 포함한 유구가 외형상 분묘로 인지되는 유구, 즉 적석총이나 즙석 봉토분 등의 것인지의 여부가 불분명한 것도 많은데 그것이 유실에 의한 것인지 본래적 형상인지의 판단이 어려운 것도 많다. 반면에 확인된 매장부는 나름의 존재 특성이 있다. 매장부는 묘제로 토광묘나 석곽묘 등으로 분류되지만 토광이든 석곽이든 간에 분명하게 토광이나 석곽을 갖춘 것은 거의 없다는 점이다. 모두가 지반상에 지상식으로 시설한 것으로 판단되고 흙이나 돌을 덮은 정황이 추정된다. 때문에 적석유구에는 석곽묘로 분류된 것이, 토광계열의 유구에서는 토광이나 토광 적석으로 분류된 것으로 여겨진다. 때문에 경우에 따라서는 잔존 유물이 부장품 외에 또 다른 상장례의 결과물일 가능성도 배제하기 어렵다.

요컨대 석촌동 고분군의 고고학적 중요성에 입각, 이미 일제강점기부터 깊은 관심 속에 분포조사나 유구조사가 진행되었고, 특히 1970년대 이후 개발과 병행한 발굴조사가 진행되어 유적개요의 이해 기반은 마련되었다고 볼 수 있다. 그 결과 한성 도읍기 백제묘제의 중요 요소로 계단식 적석총이 언급될 뿐만 아니라 여타의 다양한 묘제도 논급될 수 있게 되었다고 볼 수 있다. 그런데 조사된 결과로만 볼 경우 발굴범위가 지나치게 편중되어 있으면서, 외형상으로 기념비적인 대형 구조물을 집중적으로 발굴조사 하였고, 나아가 노출된 유구의 정황만을 근거로 묘제를 판단하면서 상당범위에 드러나 있는 개별 매장유구간의 상호 관련 문제는 구체적이지 않다는 한계도 보인다. 그리고 분묘로서 매장부가 없는 계단식 적석총의 존재와는 달리, 적석유구나 토광묘 계통의 분묘에는 매장부가 풍부하게 남아 있으며, 이들 매장부는 형태적 불완전성에도 불구하고 복원된 묘제로는 어느 정도 공통성도 엿보이는데 그것이 석촌동 고분군의 묘제환경, 나아가 한성도읍기 백제 도읍지역의 묘제환경을 대변하는 것이 아닌가 여겨진다.

3. 石村洞 墳墓의 墓制 檢討-封土·封石木棺墓

석촌동 고분군의 개별 분묘의 묘제는 외형에 따라 석총을 갑총, 토총을 을총으로 구분함에 일찍부터 적석총 계통의 분묘와 토광묘 계통의 분묘로 인식되었음을 알 수 있다. 그리고 갑총이 숫적으로 절대적 우위를 차지하는 것으로 보지만, 토총에 즙석한 것을 석총으로 판단한 것이 많다는 사실, 고분군 내의 발굴 조사된 분묘자료를 종합하여도 적석총보다 오히려 토광묘 계통이 다수인 점을 근거할 경우 석촌동 고분군은 오히려 토총계열의 분묘가 지배적인 것으로 보아야 할 것이다. 다만 토총과 석총의 정확한 분류 기준이 무엇인가, 적석총의 묘제 범주를 어떻게 설정할 것인가의 문제에 따라 차이가 있겠지만, 일단 석촌동 고분군의 묘제는 외형에 국한할 경우는 적석총 계통과 토광묘 계통으로 구분하였던 점에 문제는 없을 것으로 여겨진다.

석촌동 고분군의 묘제 정형이 다양한 것으로 인지되면서, 이를 기회로 한성 도읍기 도읍 지역의 고분문화를 묘제적 다양성으로 설명하고 그 중심에 적석총이 있는 것으로 보는 것이 일반적 인식이다. 더불어 한성 도읍기에 해당되는 시기의 묘제현황, 그것도 도읍지역에 국한된 묘제 전개상은 석촌동 고분군의 묘제인식을 바탕으로 마련되었음은 물론이다. 즉 석촌동 고분군의 개별 분묘의 묘제를 적석총계와 토광묘계로 구분하고, 적석총의 경우 고구려식 적석총, 백제식 적석총으로 세분하면서, 나아가 토광묘의 경우도 즙석봉토분, 위석봉토묘, 토광적석묘 및 옹관묘 등으로 분류하여 이해하는 것이 그것이다[20].

그런데 석촌동 고분군의 발굴조사 자료를 종합하여 그 묘제를 구분할

---

20) 林永珍, 1993,「百濟初期 漢城時代 古墳에 관한 硏究」『韓國考古學報』30, 122~125쪽.

경우 외형의 구축방식에 따르면 일단 표면을 돌로 쌓은 적석총과 흙으로 쌓은 토광묘 계통으로 구분함에 문제가 없다[21]. 더불어 확인된 매장부의 잔존형상에 따른 다양한 묘제구분도 현황만으로 보면 큰 문제는 없는 것으로 여겨진다. 다만 분류기준을 보다 엄격하게 적용하면서 무덤 속성을 가장 적나라하게 드러내는 매장시설을 기준으로, 특히 발굴된 매장시설 정황을 기초로 본래의 묘제를 복원할 경우 기왕의 묘제 구분이나 인식에 나름의 문제가 없지 않다.

석촌동 고분군의 인식에서 적석총은 매장주체부가 분명하지 않다는 이유로 외형만을 근거로 묘제구분이나 이해가 진행되지만 매장부도 주목하였음은 물론이다. 그런데 발굴된 상당수의 매장부가 적석총과 관련된 것으로 인식하고 있음에 비추어 석촌동의 적석총을 고구려적 적석총과 같은 외형으로 볼 경우, 이처럼 빈약한 매장시설을 어떻게 이해할 수 있을까라는 의문과 함께 매장부가 확인되지 않는 계단식 적석총의 매장부는 어떤 방식으로 이해할 수 있을까라는 의문 해소는 거의 이루어지지 않은 상황이다. 나아가 토광묘도 외형과 더불어 매장부에 많은 관심을 두었는데, 복잡성으로 그 계통이나 속성 인식은 매우 다양하게 진행되어 있다. 일제강점기에 을총인 토총을 매장부에 따라 토광내 곽이 없이 목관만 설치한다거나 즙석을 한 것, 그리고 돌을 덮은 다음에 봉토 한 것 등의 3가지로 구분한 것이 그 대표적 사례이다. 그리고 해방 이후 가락동 2호분의 발굴을 계기로 묘제 특이성이 주목되고, 파괴분과 5호분의 발굴조사를 계기로 토광묘식, 적석봉토분식, 석실봉토분식의 구분과 함께 묘제 특징을 일거봉토 다광식의 목관토광묘로[22] 이해하는 것도 그러한 분위기를 반영한다. 나아가 발굴조

---

21) 흙을 쌓은 다음에 표면에 돌을 덮은 즉 즙석 봉토분도 기본은 토광묘 즉 봉토분으로 구분함에 문제가 없을 것이다.
22) 任孝宰, 1976, 앞의 논문.

사가 본격적으로 진행된 1970년대 이후에는 자료 집적이 크게 이루어지면서 전체 무덤을 적석총계와 토광묘계로 구분하고, 토광묘 계통은 토광묘, 옹관묘, 즙석봉토분, 토광적석묘의 구분하기도 하였다[23]. 물론 이후 석촌동 고분군 내의 분묘를 적석총을 고구려식과 백제식으로 구분하면서 토광묘 계통은 즙석봉토분, 위석봉토묘, 토광목관묘, 토광적석묘로 구분하여 이를 복합묘제로 인식하는 것에서[24] 정점에 이른 것으로 볼 수 있다. 이외에도 적석총과 함께 토광묘 계통은 부여와 관련될 토광묘, 토돈묘에서 전승된 토축묘로 본다거나[25], 기단식 적석총 외에 토광목관묘, 봉토토광묘로의 구분[26], 그리고 다장 저분구묘로[27] 이해하는 등의 또 다른 환경도 확인된다.

석촌동 고분군의 다양한 묘제 인식은 사용된 용어의 차이, 분류기준의 차이에서 상당한 복잡성이 나타난 것으로 볼 수 있으나 고분군의 묘제적 속성을 구체화하고 이를 토대로 석촌동 고분군만이 아니라 백제의 한성도읍기의 고분문화의 대강에 대한 이해의 체계를 갖춘 것으로 볼 수 있기도 하다. 다만 기왕의 석촌동 고분군에 대한 검토결과를 종합하여도 앞에서 의문으로 제기한 적석총의 이해는 여전히 한계로 남는다. 여기에 보다 주목되어야 하는 것은 석촌동 고분군처럼 특정시기와 지역에 잔존된 분묘의 묘제가 그처럼 다양할 수 있을까라는 점이다. 물론 이는 분류기준의 적용에 일관성이 결여되었다거나 외형과 매장부를 따로 적용하여 분류하는 접근방식 등에서 비롯된 것이기도 하다. 그런데 보다 근본적 문제는 발굴조사 된 분묘의 묘제 판단이 발굴로 노출된 잔존 정형에 근거하였을 뿐이라는 점이

---

23) 林永珍, 1987, 앞의 책.
24) 林永珍, 1994,「서울 百濟初期古墳에 보이는 墓制의 複合性」『百濟研究』24, 百濟研究所.
25) 姜仁求, 1991, 앞의 논문, 58~59쪽.
26) 朴淳發, 1994, 앞의 논문, 11쪽.
27) 成正鏞, 2000, 앞의 논문.

다. 따라서 석촌동 고분군의 묘제인식은 새로운 기준의 마련과 검토가 필요하다고 여겨지는데, 잔존된 외형적 모습 외에 오히려 매장부의 존재여부의 판단, 그리고 묘제의 복원에서 구체화될 수 있을 것으로 여겨진다.

석촌동 고분군의 묘제 검토는 무엇보다 매장시설 형상에 주목하여야 할 것이다. 매장부가 분묘의 핵심구조로 묘제 인식의 기본이라는 사실을 구태여 언급치 않더라도 석촌동 고분군의 개별 분묘에 남겨진 매장부가 나름의 존재 특성을 갖추고 있기 때문이다. 즉 계단식 적석총으로 구분된 적석유구는 매장부가 결여되어 있지만 여타의 적석유구는 석곽묘 등으로 인식된 매장부가 존재한다. 그리고 토광묘 계통의 분묘도 토광목관이나 토광 적석 등으로 구분된 매장부가 반드시 존재하는데, 이들은 매장부는 나름의 공통성과 차별성이 분명하게 확인된다.

우선 석촌동 고분군의 매장부 현황부터 살펴보면 다음과 같다. 즉 1호의 북분에 4기의 석곽묘, 2호분 바닥의 토광묘 1기가 있는데 1호 북분의 석곽은 부석의 지반 상에서 확인된 것이고, 2호분 토광은 부석층 아래에 목관을 갖춘 토광으로 있는 것이다. 그리고 3호분 동쪽의 1986년도 조사구역에 8기의 목관을 가진 대형 토광묘가 하나의 봉분 아래에 목관이 집합된 상황으로 있다. 여기에 3기의 토광과 1기의 옹관이 포함된 즙석 봉토분이 있는 외에 별도로 11기의 토광, 토광 적석묘 1기, 옹관 1기가 주변에 산포된 형상이다. 나아가 1987년도 조사된 3기의 토광묘와 3기의 토광 적석묘 그리고 8기의 석곽묘가 있는데 석곽묘는 대체로 조사구역에 널리 흩어져 있는 적석유구와 함께 있는 것이다. 그리고 목관을 갖춘 5기의 토광이 있는 76년도 발굴 파괴분을 더하면, 석촌동 고분군내에서 확인된 매장부는 석곽 9기, 토광 23기, 토광 적석 4기 및 소수의 옹관으로 집계할 수 있다. 이들은 묘제적으로 석곽, 토광, 토광적석, 옹관으로 구분하였던 것이다.

매장부의 묘제 검토에 앞서 그 존재현황을 주목할 필요가 있다. 앞서 언

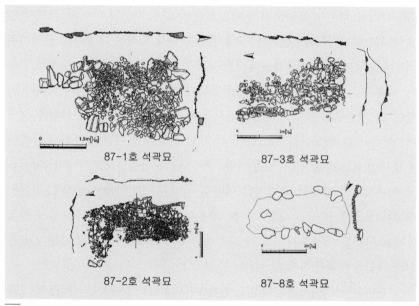

004 석곽묘로 분류된 매장부들

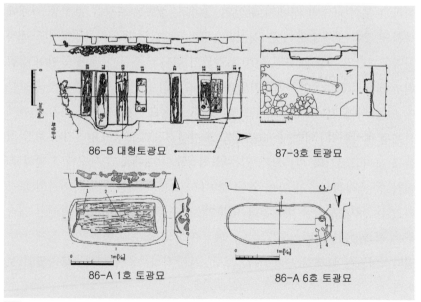

005 토광묘 계통의 매장부

급된 바이지만 적석총으로 분류된 적석유구, 특히 계단식 적석총으로 인지되는 3호 적석총이나 4호 적석총에는 매장부가 전혀 확인되지 않는다. 이는 1호분의 남분도 마찬가지인데, 정연한 방형의 기단시설을 갖추고 있다는 점에서 앞의 3호분이나 4호분과 유사성이 크다. 반면에 나머지 유구, 즉 적석총으로 분류된 적석유구든, 토광묘 계통의 즙석봉토분이나 대형토광묘의 어떤 유형의 묘제이든 거의 대부분 매장부가 확인된다. 그것도 다수의 매장부가 나름의 존재 특성을 갖추고 있다는 점이다.

매장시설의 존재현황에서 적석총으로 분류될 수 있는 적석유구에 남겨진 매장부의 특이성이 가장 돋보인다. 적석유구는 순수 석축의 3호분과 1호분의 북분, A호 적석총 등이 있고, 4호분을 비롯하여 1호분의 남분과 2호분처럼 방단의 외변석축에 내부를 흙으로 채운 소위 백제식 적석총도 있다. 이외에 적석유구로 구분된 범위도 적지 않은데, 앞서 언급된 것처럼 계단식 적석총으로 복원되는 3호분이나 4호분, 그리고 1호분의 남분은 매장부가 없다. 반면에 A호 적석총이나 1호분의 북분과 적석유구 등에는 석곽묘로 분류된 매장부가 있다. 그러면서 매장부가 잔존된 적석유구는 나름의 공통적인 잔존 현상도 보인다. 모두 지반상에 거의 비슷한 높이로 낮은 1단 형태의 단이 잡석을 부석한 형상으로 있는 것인데, 이는 매장부가 없는 계단식 적석총으로 구분된 적석유구와는 대조되는 현상이기도 하다.

석촌동 고분군 적석유구상의 매장시설은 대체로 석곽묘나 토광 적석묘로 분류된 것이 대부분이다. 매장부도 기본적으로 낮은 부석 대지상에 조성된 것으로, 구체적 형상을 갖추고 있는 것은 거의 없다. 오히려 부정형한 돌무지 형상으로 있을 뿐인데, 일부는 토기 등의 부장품과 함께 목관 결구재 등을 근거로 매장부로 인정된 것도 없지 않다. 전반적으로 매장부가 규격화나 형식화될 수 있는 정연한 구조는 전혀 없고, 다수가 무질서하게 산포된 형상으로 있다는 점에서 공통적이다.

적석총 계통의 분묘 중에서 매장 흔적을 구체적으로 남긴 적석유구만

을 볼 경우, 부석된 지반상에 부정형한 형상으로 매장부가 남겨진 것을 근
거로 지반의 일정한 범위를 부석하거나 아니면 부석된 지반상을 대강 정리
한 다음에 그 위에서 매장행위가 이루어진 것이란 묘제의 전제를 마련할 수
있을 것이다. 그리고 매장부의 잔존정형에 뚜렷한 석곽의 흔적이 없음에서
시신이나 목관을 안치하기 전에 정형의 석곽을 구축하지 않았다는 결론도
가능할 것이다. 반면에 토기 등의 부장품, 관못 등의 목관 결구재의 존재는
그 위치에서 매장행위가 진행되었음을 암시한다. 여기에 부장품이나 목관
의 결구재가 석재더미에 매몰된 잔존형상에서 목관 안치 후에 돌을 무질서
하게 덮었다는 정황의 재현도 가능할 것이다.

　이를 토대로 석촌동 고분군의 매장부로 석곽묘를 갖추고 있는 적석유구
의 분묘는 부석된 축대 상에 시신이나 관을 지상식으로 안치하고 그 위에
돌을 덮은 묘제였다고 정리될 수 있을 것이다. 이는 지상에 목관을 두고 그
위에 돌을 덮는 형상인 것을 근거로 봉석목관묘로 불릴 수 있을 것이다. 다
만 석재를 쌓았다는 점에서 기왕의 적석묘란 용어도 가능할 것이고, 적석
위에 목관 시신을 안치하고 돌을 덮었다는 점에서 분구적석묘 등의 용어도
가능할 것이다. 다만 적석묘는 고구려 적석묘의 존재, 분구적석묘는 서해
안의 분구토광묘의 존재와의 혼동을 피할 필요가 있어 봉석목관묘가 합리
적이지 않은가 여겨진다.

　다만, 석촌동 고분군의 적석유구는 대체로 적석총의 잔해로 보는 것이
일반적이다. 따라서 적석유구 상에 남겨진 매장부가 적석총의 매장부라면
계단식 적석총으로 구분된 유구의 매장부도 같은 형상의 것으로 보아야 할
것이다. 그런데 매장부가 인정되는 적석유구는 앞서 살핀 것처럼 부석상
에 무질서하게 잔존되었다는 공통성이 있었다. 이들은 기본적으로 1단 이
상의 기단시설은 확인되지 않고, 얕게 부석된 지반 상에서 매장행위가 있
었던 것으로, 상부에서 파괴된 매장부가 흘러내렸다거나 본래의 형상이 크
게 교란된 것으로 보기 어려우리만큼 매장부의 잔존정형에 공통성이 있다.

반면에 매장부가 없는 계단식 적석총의 경우는 그것이 백제의 전형적 적석 총으로 인정하면서, 계단식 적석총으로 여러 개의 단시설이 있었고 그 상 단에 매장부가 있었는데 유실된 것으로 보는 것이다. 따라서 매장부가 남 아 있는 적석유구에 잔존된 매장시설을 본래의 매장시설로 보면서 잔존된 위치가 매장 부위가 분명하다면 적석총으로서 매장시설이 기단의 가장 아 래쪽에 위치하게 된다. 그런데 계단식 적석총 즉 매장시설이 전혀 확인되 지 않는 적석유구는 이와는 달리 방단계단의 외형을 갖추면서 앞의 매장시 설이 확인된 적석총과는 달리 매장부를 가장 상단에 시설한 것으로 보아야 하는 어색함이 발견된다. 이러한 추정이 타당하다면 적석유구 중에 외형상 계단식 적석총으로 판단된 적석유구는 매장부가 남겨진 적석유구와는 별개 의 묘제로 보아야 할 것이며, 그 묘제 검토는 매장부의 결여로 여전히 유보 될 수밖에 없다.

한편 토광묘 계통의 분묘에 남겨진 매장부 즉 토광목관묘나 토광적석묘 로 구분된 것들의 묘제 현황도 적석유구상의 매장부인 석곽묘의 묘제와 대 비할 경우 축조재료가 흙과 석재라는 차이 외에는 별반 다르지 않다. 기본 적으로 매장방식은 목관의 사용이 원칙인 것으로 여겨진다. 매장부를 지상 식으로 조성하는데, 정형으로 지하에 묘광을 조성하는 경우는 거의 발견되 지 않는다. 다만 목관이나 시신을 안치하기 위하여 지반을 대강 정지하거 나 파지만 반듯한 묘광이나 토광을 갖춘 것은 발견되지 않는다. 더불어 목 관이나 시신을 안치한 다음에 흙을 덮은 것으로 판단되는데, 흙만을 덮을 경우 토광묘로 구분되고, 반면에 목관 위에 돌을 덮거나 깔면 토광적석묘 나 위석묘의 형태로 남게 되는 것이다. 석촌동 고분군의 토광목관묘, 토광 적석묘로 구분된 것들은 대체로 이 범주의 묘제로 볼 수 있는 것인데, 특히 즙석 봉토분 즉 분구내에 매장시설을 조성하는 경우, 그 매장부의 묘제도 이 유형으로 복원될 수 있다.

토광묘 계통 분묘의 매장부의 현황을 종합하면, 가장 큰 특징은 목관의 사용이 전제되면서 별도의 광이나 곽을 마련하지 않은 지반상에 목관을 안치한 다음에 흙이나 돌을 덮어 매납한다는 공통점이 발견된다. 이는 앞서 본 적석유구의 매장부가 부석상에 목관을 두고 돌을 덮는데 반해서 토광묘 계통의 분묘는 지반상에 목관을 안치하고 흙을 덮는다는 차이가 있을 뿐이다. 즉 기본 속성은 목관을 봉토, 봉석한다는 점에서 매장부의 묘제적 공통점을 찾을 수 있다. 다만 토광묘나 석곽묘로 분류된 것에서 목관 흔적이 불분명한 것이 있기에 목관 사용여부에 문제가 있을 수 있다. 그러나 이들도 유구의 형상을 구체적으로 남긴 것의 대부분에서 목관을 추정할 수 있기에 기본적으로 목관을 사용한 것으로 볼 수 있지 않을까 여겨진다.

목관 사용의 대표적 사례는 3호분 동쪽의 대형토광묘를 꼽을 수 있다. 이 대형 토광묘는 지반상에 8기의 목관을 안치하고 위를 봉토한 것으로, 이 지역 토광 목관묘의 매장유구의 전형적 모습으로 간주될 수 있는 것이다. 그리고 토광 목관묘로 분류된 것들도 굴광하여 지하로 반듯한 묘광을 조성하지 않고 지반을 대강 정지하는 방식으로 토광을 내어 그 안에 목관을 안치하고 흙을 덮어 매납하기에 부정형한 토광내에 목관의 흔적이 남겨진 것으로, 기본적 정형에서 크게 벗어나지 않는다. 이러한 정황은 토광 적석묘로 구분된 것도 마찬가지 방식으로 추정되는데, 토광목관묘처럼 지반상에 목관 안치범위를 정지하여 마련한 다음에 목관을 매납하면서 바닥에 돌을 깔고, 덮거나 목관 주변을 채워 매납하는 방식이었던 것으로 복원할 수 있기 때문이다. 따라서 기왕에 토광목관묘, 토광적석묘, 위석묘 등으로 구분되었던 분묘의 묘제도 매장시설을 기준하여 봉토목관묘로 일원화 할 수 있을 것이다.

결국 석촌동 분묘의 매장부를 중심으로 본 묘제 특징은 우선 목관을 사용한다는 점, 묘지를 지반상이나 축석대지, 아니면 분구내에 조성하는데, 지하에 정형의 묘광을 굴광하지 않고 단지 목관의 안치에 필요한 공간만을 대강 정지하고 목관을 거의 지상식에 가깝게 안치한다는 공통점이 발견된다. 이로써 목관은 지하식이 아닌 거의 지상식에 가깝게 두면서 그 위에 흙이나 돌로 덮는 묘제로 봉토·봉석목관묘로 정리될 수 있다. 한편 석촌동 고분군의 매장유구와 관련된 유물이 대부분 목관내에 위치한다는 점은 목관이나 부장품 매납을 위한 선행 공간으로 묘광이나 목곽 등의 시설이 전혀 마련되지 않는 것도 묘제의 특징으로 지적할 수 있다.

한편 매장부 안치에서 정형화는 어렵지만 즙석 봉토분이나 3호분 동쪽의 대형 토광묘 사례에 비추어 하나의 봉토 내에 여러 개의 목관을 안치한 것이 일반적이 아닌가 여겨진다. 물론 3호분 동쪽에서 발견된 다수의 봉토목관묘나 봉석목관묘의 상당수는 그것을 아우를 수 있는 봉토나 적석 흔적이 구체적이지 않다. 때문에 이들도 군집된 즉 一封土多棺의 묘제로 판단하기가 주저될 수밖에 없다. 더불어 군집방식에서 즙석봉토분처럼 수직적 배치와 3호분 동쪽의 대형토광묘처럼 수평적 배치의 배경이 무엇이고, 규칙적 수평배치와는 달리 상당수는 무질서한 형태로 산포된 것의 배경이 무엇인가의 문제 해결도 필요하다. 여기에 가락동 2호분이나 파괴분처럼 목관 1기를 작게 봉토하면서 반복적으로 분묘를 조성하여 마지막에 대형 봉분을 남긴 것인데, 마지막에 이루어진 표면의 피복 즉 즙석의 과정이나 성격도 문제로 남는다. 이러한 정황은 묘제의 전개과정에 나타난 속성, 즉 분묘의 고총화 과정에 중복 축조를 통한 대형분구가 조성된 것이 아닌가 등의 추론은 가능하겠지만 구체적 실상은 의문으로 남길 수밖에 없다.

요컨대 석촌동 고분군은 묘제적으로 토광묘 계통의 분묘가 지배적인 것으로 볼 수 있으며, 발굴된 유구에서 검출될 수 있는 매장부의 구조특성을 살필 경우 단일의 묘제적 특성이 확인된다. 매장부를 석곽묘, 토광 목관묘, 토광적석묘 및 옹관으로 구분하나 잔존 유구에 근거한 것이고, 오히려 본래 축조환경에서 보면 광이나 곽을 마련하지 않고 목관을 지반상에 설치한 다음에 시신과 유물을 안치하고 다시 흙이나 돌을 덮는 묘제로 정리할 수 있다. 따라서 이는 소위 봉토·봉석목관묘라는 단일의 묘제로 정의될 수 있다. 다만 분포상 분구상에 중복된 수직분포와 지반 상에 산란된 형태의 수평분포로 나뉘면서 수직분포가 하나의 봉토 내에 여러 개의 매장부를 포함하고 있어 나름의 특성도 있는데, 그 배경을 구체화하기는 어렵지만 오히려 상장례나 고총고분의 조성환경과 무관치 않은가 여겨질 뿐이다.

4. 石村洞 古墳群 積石塚의 再認識

석촌동 고분군의 분묘 정형을 매장부만을 기준하여 묘제 특성을 정리하면 봉토·봉석목관묘로 정리될 수 있음을 살펴보았다. 한편 이에 포함될 수 없는 계단식 적석총 계통의 유구는 예외적 현상으로 남게 된다. 그런데 석촌동 고분군의 고고·역사적 가치는 한성기 백제 분묘의 정황을 포괄적으로 간직한 유적이란 점에서 찾을 수 있겠지만 무엇보다도 거기에 백제 유일의 적석총, 즉 계단식 적석총이 있다는 점이 가장 크게 작용한다. 즉 석촌동 고분군의 중심묘제로 인정되었던 적석총은 고분군의 상징이면서 백제 건국주체 세력의 대변물로 인정되었고, 3호분처럼 대형 건조물은 한성도읍기 백제왕권의 상징으로 치부되는 환경이 그것이다[28]. 문제는 석촌동 고분군의 묘제인 봉토·봉석목관묘의 범주에서 이들을 어떻게 이해할 수 있는가이다.

사실, 백제 적석총의 존재 인식은 일제강점기부터 형성되면서 그것이 고구려의 적석총과 대비됨을 기회로 백제와 고구려의 역사적 연결고리의 사실적 증거로 삼기도 하였다[29]. 이후 석촌동 고분군의 적석총이란 묘제의 존재는 전혀 의문을 두지 않은 채 백제 묘제로서 기정사실화되었고, 현재까지도 전혀 변함없는 사실로 간주된다. 물론 백제 고분문화에서 적석총이

---

28) 강현숙, 2005, 앞의 논문, 114쪽.
29) 李東熙, 1998, 앞의 논문, 105쪽 : 朴淳發, 1994, 앞의 논문, 6쪽.

가진 의미를 결코 과소평가될 수 없는 것이기는 하다. 적석총이란 묘제는 한강유역 일원에 비교적 넓게 산포된 분묘로 적어도 한성 도읍기에 도읍지역을 중심으로 그 일대 즉 한강유역 일원에 유행하였던 묘제로 봄이 일반적이기 때문이다. 여기에 서울 석촌동 고분군내의 적석총은 형태적 특성에 근거하여 계단식 적석총이란 별칭으로 유형화하여 경기도 일원의 적석묘와 차별화하면서 도읍 내 왕실을 비롯한 지배층의 묘제로 간주됨도 일반적 인식이다. 특히 이 묘제는 백제 건국세력과 고구려와의 상관성, 백제 지배세력의 권력 상징의 기념물적 건축으로의 인식이 지속되었다. 나아가 이 묘제는 빠르면 3세기말, 늦어도 4세기 중반 무렵에는 백제사회에 등장한 묘제라는 편년관이 마련되는가 하면, 이전의 토광묘제를 이어 사용되다가 석실묘로 전환되었다는 과정적 설명도 이어진다. 그리고 이러한 인식의 배경에 적석총 그것도 석촌동 고분군내에 잔존된 적석총의 존재를 근거하는데, 이처럼 분묘로서 나름의 위상만이 아니라 역사성도 분명하게 설명되고 있기 때문이다.

그러나 앞서 살펴 본 석촌동 고분군의 현황조사나 발굴조사 내용을 종합할 경우, 적석총 위상을 확고하게 입증할 증거나 그 현황은 그리 넉넉하지 않다. 분포상에 다수가 석총으로 표기되었던 점, 유적의 인멸문제도 고려될 수 있겠지만, 석촌동 고분군의 지배적 묘제를 적석총으로 보기에 나름의 한계가 있음을 우선 지적할 수 있다. 그와 관련하여 우선 주목되는 것이 분묘의 분포정황인데, 앞서 언급된 바 있듯이 석총의 절대적 분포 빈도의 우위를 인정하기 어렵고, 나아가 적석총으로 인정하는 대형의 기단 적석시설이 서북쪽의 한쪽에 치우쳐 특정한 범위에만 잔존할 뿐이다. 보다 이른 시기의 적석총이 현존의 적석유구 서쪽 구역에 존재하였을 것이나 탄천의 물줄기 변화로 유실되었다는 추정도 있지만[30], 고분군 북쪽의 분포정

---

30) 林永珍, 1987, 앞의 논문, 484쪽.
　　權五榮, 1986,「初期百濟의 성장과정에 관한 일고찰」『한국사론』15.

형에 단절적 모습이 보이고, 나아가 유실을 감지할 정황이 확인되지 않기에 고분군은 오히려 본래 모습을 간직한 것으로 보아야 한다. 이러한 정황은 적석총으로서 대형 분묘가 왜 서북구역, 그것도 매우 한정되고 편재된 구역에만 존재하는가의 의문을 갖게 하면서 보편성에 의구심을 갖게 하는 것이다.

살핀 것처럼 고분군의 발굴범위는 일제강점기부터 주목되었던 대형 분묘구역인 서쪽 구역에 치우쳐 진행되었다는 한계가 있지만, 오히려 대형 분묘가 집중된 구역에 반복적 발굴조사로 보다 구체적 검증자료를 확보하였다는 긍정적 측면도 있다. 발굴조사결과로 집적된 자료는 비교적 다양한 분묘의 내용을 파악할 수 있게 되었는데, 주지되듯이 유구는 적석총으로 분류되는 1호분, 3호분, 4호분, 그리고 파괴 적석총 등이 있고, 성격이 불분명한 다양한 적석유구도 존재하여 유구의 대부분이 적석총인 것으로 간취되었던 것이다. 그럼에도 적석총의 형상으로 분명하게 복원된 것이 3호분 1기에 불과하고 4호분의 경우 외면만 석축한 시설, 1호분도 남분은 외변 축석에 내부는 흙을 채운 것이고, 북분만 석축으로 조성한 것 등이 있어 적석총으로서 구체성을 갖춘 유구가 상대적으로 적다는 것을 알게 한다. 물론 외변 석축에 내부에 흙을 채운 백제식 적석총의 성격, 다수의 적석유구가 적석총의 파괴된 유해가 아닌가 등의 의문도 있겠지만 매장부의 존재 양상을 고려하면 적석총의 빈도가 큰 것으로 보기는 어렵다고 결론된다.

또한 발굴된 분묘, 특히 적석총으로 인지된 유구의 매장부 잔존현황도 많은 의문이 제기된다. 매장부 중에 봉석목관묘의 대부분은 적석유구 상에서 발견된 것들이다. 나아가 이들이 적석총인가의 판단은 유보하더라도 앞의 3호분이나 4호분의 계단식 적석총과는 잔존형상에서 크게 차별화될 수 있음은 물론이다. 다만 적석유구의 존재는 석촌동 고분군내에 같은 형상의 석축더미가 많았던 것을 반증하는 것이고, 그것이 계단식 적석총과 같은 묘제라면, 적석총으로 분류된 1호 남분이나 3호분, 나아가 외변 석축만 이루어진 4호분도 비슷한 묘제의 매장부가 있어야 할 것인데, 존재하지 않는 이유가 불분명하다.

주지된 것처럼 적석총으로 완전히 복원된 3호분이나 4호분은 매장부가 전혀 확인되지 않았다. 그럼에도 이들은 적어도 3단으로 축석한 가장 상단에 매장부가 마련되었을 것이란 인식이 일반적이다. 그러면서 상부의 기단들이 붕괴되면서 위쪽에 시설하였던 매장부도 유실되었다는 추정도 거의 일반적이다. 물론 최근에 적석총의 매장부 부재에 대한 의문 해소의 필요성 대두와 함께 백제 횡혈식 묘제의 원천 문제와 관련하여 4호분 상면에 횡혈묘실의 평면 구조와 유사하게 남겨진 석재 결구형상이 다시 주목되기도 한다[31]. 즉 이를 매장부로서 판단하면서 4호 적석총의 매장부가 횡혈식 석실묘와 같은 구조를 갖추었을 것으로 보는 것이 그것이다.

물론 이러한 추론이 타당하다면 석촌동 적석총의 매장부는 앞서 살펴본 석촌동 고분군의 일반적 매장부인 봉토·봉석목관묘와는 전혀 다른 것, 즉 적석기단의 맨 위쪽에 석곽이나 석실 구조로 추정하면서 그것을 적석총 매장부의 일반적 형상으로 보아야 할 것이다. 그러나 우선 4호 적석총의 매장부로 횡혈묘실 구조를 인정하는 것은 보다 신중할 필요가 있다는 점을 지적하지 않을 수 없다. 왜냐하면 발굴 당시에 그처럼 선명한 형상을 묘실로 판단하지 않은 정황도 신뢰되어야 한다는 점 외에, 발굴 자료에서 인지되는 문제점, 즉 횡혈 묘실의 내부 잔존정형으로 토층에 묘실 공간을 추정할 내용이 발견되지 않으며, 묘실의 매납 공간에 분묘를 인지할 유물이 전혀 없고, 나아가 축석의 잔존환형에서 空洞의 묘실에 적합한 정형성을 발견하기 어렵다는 의문 때문이다. 더불어 봉토·봉석목관묘를 매장부로 갖춘 적석유구의 존재를 고려하면 이들 계단식 적석총의 존재는 지나치게 예외적

---

31) 조가영, 2013, 앞의 논문, 7~8쪽.

현상으로 남을 수밖에 없다는 문제도 반드시 유념하여야 할 것이다.

석촌동 고분군 분묘의 매장부와 관련된 묘제 특성은 목관을 거의 지상식으로 매납하는데, 광·곽을 구체적으로 조성하지 않은 채 목관을 흙이나 돌로 덮는 즉 봉토·봉석목관묘의 형식임을 살펴보았다. 더불어 매장부는 다장묘로 조성하나 가락동 2호분처럼 중복 안치한 경우, 3호분 동쪽의 대형 토광묘처럼 수평의 군집양상도 있지만 매장부의 종합적 속성은 목관의 매납이란 공통적 속성을 보인다. 이러한 정황은 적석총으로 분류된 유구, 즉 87-A호 적석총에서도 마찬가지이다. 이 유구는 16m 규모의 방형의 기단형 석축유구만 있기에 이를 적석총으로 구분한 것이다. 그리고 내부시설을 전면적으로 발굴한 것은 아니지만 지반상에 부석형상의 기단이 조성되고 그 안에 토광 적석묘 및 석곽묘로 분류된 5기의 매장부가 산포된 불규칙적 산포상을 남겼다. 결국 이러한 정황은 석촌동 고분군내의 적석총으로 분류될 수 있는 적석유구의 매장부에 공통하는 현상이고, 적석총의 실체적 증거로 제시된 3호분이나 4호 적석총의 매장부가 횡혈식 구조라는 일반적 인식과는 전혀 상반된다는 점을 주목할 필요가 있을 것이다.

그러면 석촌동 적석총, 특히 계단식 적석총으로 구분된 분묘들의 묘제를 어떻게 인식할 것인가의 문제가 남는다. 물론 기왕에 석촌동 고분군의 적석총은 고구려 적석총과 대비하여 설명되었고, 특히 3호분은 전형적 고구려 적석총으로 그것이 백제에 재현된 것으로 보았다[32]. 여기에 4호분처럼 외변 석축에 내부 흙을 채운 유형은 고구려 적석총이 백제화된 백제식 적석총으로 인식하여 자체의 변화발전도 논급된 것이다. 이러한 이해의 바탕에는 지상에 구축한 석축시설로 기단을 갖추었고, 특히 외변에 지탱석을 사용하는 모습 등이 고구려 적석총 모습과 비교됨을 주목하면서 이를 고구

---

32) 林永珍, 2007, 「百濟式積石塚의 發生 背景과 意味」『韓國上古史學報』57, 86·92~94쪽.

려의 적석총과 동일한 분묘로 간주한 것으로 볼 수 있다. 나아가 문헌상 백제 건국주체의 고구려 출자설의 존재를 기회로 고구려에 동형의 석축유구가 분묘로 존재함을 근거로 이것도 분묘로 정의하면서 백제 적석총으로 유형화한 것이다.

석촌동의 적석총을 분묘로 보고, 그것을 백제 건국세력의 출자와 관련할 경우, 시기적으로 선행의 토광묘 계통의 묘제와 상관관계를 어떻게 정립할 것인가와 무덤이 존재함에도 불구하고 이외의 고구려적 물질문화가 전혀 발견되지 않는 이유는 무엇인가, 백제사회에 적석총 등장시기가 대체로 3세기말이나 4세기 초반이란 점을 유념하면서 그 즈음의 지정학적 환경을 염두에 둘 경우 왜 백제 왕실을 비롯한 지배층이 고구려 묘제를 선택이나 계승하여 사용하였는가의 의문은 여전히 남는다. 물론 이중에 어떤 것도 고고학적이나 역사적으로 검증하기는 사실상 어렵다. 그런데 이와 관련하여 오히려 주목되어야 하는 것은 백제 적석총의 검토경향이나 결과일 것이다. 대체로 백제 적석총의 묘제 인정은 외형적 모습만, 그것도 발굴결과를 토대하여 복원된 결과만을 근거한 것들이 많다. 석축 유구, 즉 지상에 잔존된 적석유구가 매장부의 존부나 형태에 관계없이 분묘로 인정되면 곧바로 적석총으로 분류되는 경향도 없지 않다. 백제 적석총의 이해에서 적석총으로서 묘제 특성이 분명하게 검출되고 나아가 이를 고구려 적석총과 대비하면서 相似性이나 相異性 문제의 검토 속에 상관관계가 考究된 경우는 많지 않다는 것이다.

그렇다고 이러한 의문이 석촌동 고분군내에 적석총으로 대표적 유형인 계단식 적석총들, 즉 3호분이나 4호분과 같은 유구를 적석총 즉 분묘로서 속성을 부정할만한 근거는 되지 못한다. 다만 그것을 고구려식이나 백제식의 적석총으로 보면서 그것이 갖추고 있는 묘제로서 속성을 검토할 경우 아직은 묘제를 증거할 분명한 증좌는 찾기가 어려울 뿐이라는 것이다. 외형상으로 고구려 적석총과의 유사성에 근거하여 고구려 적석총 유형의 분묘로 보고자 한다면 적어도 분묘의 기본조건인 매장부, 부장유물, 비교사례의 선명성 등의 조건을 만족시킬 수 있는 논거가 마련될 필요가 있기 때문이다. 그러나 아직은 기단 축석한 외형이 고구려 적석총과 비교될 수 있다는 사실 외에 분묘로서 구체성을 담보할 수 있는 매장부는 전혀 확인되지 않았고 나아가 유물이나 비교사례도 거의 전무한 형편이다. 결국 이러한 정황은 계단식 적석총으로 구분된 적석유구를 분묘로서 인정하기 위한 보다 많은 입증자료가 구비될 필요가 있음을 알게 한다.

그런데 이들 적석총으로 구분된 석촌동의 적석유구 성격 이해에 참고되는 동형의 자료가 있어 주목된다. 그것은 공주의 송산리 고분군의 방단 적석유구와 공주 수촌리 유적에서 발견된 적석유구이다. 전자는 백제 25대 무령왕의 능묘구역으로 웅진 도읍기 묘제인 궁륭식의 횡혈식 석실묘와 전축분이 밀집되어 있는 유적인데, 1988년 즈음에 고분군 주변 유적조사과정에 2기의 적석유구가 조사된 바 있다[33]. 이 적석유구는 방단적석 유구로 분류된 것으로 외변을 3단으로 축석한 시설로, 발견 후에 백제식 적석총으로 보았지만[34] 오히려 제단시설 등의 의례시설로 인정된 유구이다[35]. 한편 수촌리 유적은 공주의 북쪽 지역에 위치한 고분군으로 2003년도에 금동관모를 비롯한 고급유물을 간직한 토광묘, 석곽묘, 석실묘 등의 5기의 분묘가 발굴조사 된 바 있고[36] 이후 발굴조사가 계속되면서 2012년도에 대형의 적석유구가 확인된 바 있다[37]. 그런데 적석유구는 지름 30m 정도의 대형 유구로 부분적으로 면을 맞추어 축석되어 기단형상을 갖추기도 하였는

---

33) 尹根一, 1988, 「公州 宋山里古墳 發掘調査 槪報」『文化財』21, 336쪽.
34) 조유전, 1991, 「宋山里 方壇階段形 무덤에 대하여」『百濟文化』21, 56쪽.
35) 徐程錫, 1995, 「宋山里 方壇階段形 積石遺構에 대한 檢討」『百濟文化』24, 54쪽.
36) 忠淸南道歷史文化硏究院, 2007, 『公州 水村里遺蹟』
37) 충청남도역사문화연구원, 2010, 「공주 수촌리 고분군 문화유적 2차 발굴조사 자문위원회 자료집」

006 송산리 고분군의 방단적석유구

007 수촌리 고분군의 적석유구

데, 전체 외형은 석촌동 3호분의 조사전 모습과 대비될 수 있는 것이다. 그런데 이 적석유구도 수촌리 고분군의 의례용이었던 것으로 추정하는데 이를 반증하는 토기류 등의 유물도 수습되어 있다.

송산리 고분군과 수촌리 고분군의 적석유구는 언급된 것처럼 석촌동 고분군의 적석총과 유사성이 크게 나타나는 점이 주목된다. 우선 수촌리 고분군의 적석유구는 적석더미로 남았지만 외변에

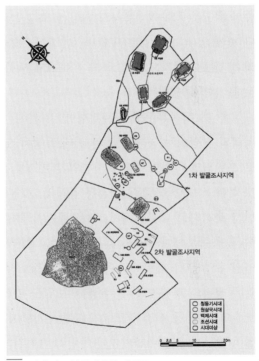
008 수촌리 고분군의 유구 배치도

열을 이루면서 축석된 흔적이 있는데, 이러한 축석열이 반복된 형상으로

있다. 이 수촌리 적석유구는 잔존형상에서 철저하게 석촌동 3호분과 대비될 수 있는 것이기도 하다.

한편 송산리 고분군내의 방단적석유구는 평면 방형에 3단의 기단을 갖춘 유구인데, 외변만 축석하고 내부는 흙으로 채워져 있음에서 석촌동 4호분의 축조방식과 전혀 차이가 없다. 여기에 송산리 방단 적석유구의 상단부 중앙에 구덩이도 있고, 토기 1점도 매납되어 있는데, 방단시설의 중앙에 이질적 형상의 시설이 있는 것에서 석촌동 4호분 상단의 횡혈 구조와 대비되기도 한다. 더불어 수촌리 적석유구는 무덤군 서쪽 외변의 구릉성 산지의 정상에 있는데 석촌동 계단식 적석총의 분포위치에 갈음된다. 물론 송산리 고분군의 적석유구도 하나는 고분군의 북단에 있고 다른 하나는 남단 변에 있어 크게 다르지 않다. 더불어 이들 적석유구는 무덤군내 분묘들과 동시성이 인정되지만, 분묘는 아니고 오히려 상장례와 관련한 의례시설로 볼 수밖에 없다.

수촌리 적석유구의 잔존정형에 주목되는 것은 적석 내에 열을 맞추어 축석된 형상이 여러개 중첩된 상태로 남아 있고, 그것은 방형의 석축시설로 복원되면서 아마도 제단시설의 반복조성 결과가 아닌가 추정할 수 있기도 하다. 그러한 정황은 석촌동 유적의 2호분에서도 발견된다. 2호분은 외변만 축석하고 내부는 흙을 채운 방단시설이 남겨진 것으로, 특히 기단이 여러 번 반복하여 조성된 흔적을 남기고 있지만 관련된 매장시설은 전혀 확인되지 않는다. 때문에 유구 자체가 분묘보다는 오히려 수촌리 적석유구와 같은 성격의 것이 아닌가 추정할 수 있을 것인데, 그러한 정황은 석촌동 1호분의 북분 등 석촌동 고분군내에서 기단이나 계단시설만 남기고 매장시설이 없는 유구도 마찬가지가 아닌가 여겨진다.

요컨대 송산리 고분군은 백제 한성기 고분문화가 그대로 이식된 유적이고, 수촌리 고분군은 한성기 백제 지방사회를 대표하는 유적인데, 수촌리 유적의 유물이나 묘제에서 중앙과 밀접한 관계가 있다는 것은 널리 인정된 바이다. 특히 수촌리 고분군은 고유묘제가 고수되면서 일정한 변화상이 전개되면서 그와 관련한 의례시설로 적석유구가 존재하는데, 그러한 환경이 중앙에서 그대로 이식된 송산리 고분군과 동일한 환경이라는 점에서 무덤군내에 순수 석축이나 외변 석축 등의 방식으로 장·묘제와 관련된 의례시설이 마련되는 환경을 복원할 수 있을 것이다. 나아가 그러한 환경은 송산리 고분군의 주체, 수촌리 고분군의 시간성에 비추어 백제 한성기의 전통일 것으로 석촌동 고분군에서 그러한 정황을 유추한다면 석촌동 고분군의 적석총을 비롯한 많은 적석시설이 그와 관련된 유구로 해석될 수는 없을까라는 문제 제기도 가능하지 않을까 생각된다.

5. 結言

석촌동 고분군은 한성도읍기의 백제 도읍지역 묘제 정황을 대표하는 유적이고, 특히 백제 특유의 적석총이 잔존된 유적이다. 유적의 중요성은 이미 일제강점기부터 인지되어 다양한 조사가 진행되기도 하였다. 그러나 고분군은 입지적 특성으로 인해 훼손과 인멸이 크게 이루어져 분포상황을 비롯한 유적의 정형을 구체화할 수 없는 지경에 이른다. 1970년대 이후 개발과 병행한 발굴조사가 진전되었으나 유적의 본래 모습의 복원은 불가능할 것으로 여겨진다.

석촌동 고분군의 중요성은 훼손과 인멸로 망각될 수 없는 것이기에 편린적 자료의 집성, 발굴 자료의 종합과 재해석을 토대로 유적의 본래적 모습에 가까이 다가설 수 있게 되었다고 여겨진다. 이로써 석촌동 고분군은 백제 고분문화 이해, 특히 한성도읍기의 도읍지역 묘제 전개상에 대한 구체성을 담보할 수 있는 기회를 제공할 뿐만 아니라 백제 적석총에 이해를 보다 진전시키는데 핵심적 관건이 제공되었다고 볼 수 있다. 나아가 이를 기회로 기왕에 다양하게 이루어진 석촌동 고분군을 위요한 백제 한성 도읍기 고분문화에 대한 재검토 환경도 제공되었다고 판단됨에 본고는 석촌동 고분군의 조사결과 확인된 매장부의 존재형상에 주목하여, 그 묘제적 특성을 살피고, 이를 기회로 적석총을 비롯한 석촌동 고분군에 대한 재인식을 진행하여 보았다.

석촌동 고분군의 조사 자료 집성결과에 나타나는 가장 큰 문제점은 발굴 자료가 지나치게 고분군의 한쪽에 편재되어 고분군 성격을 대표한다고 보기 어렵다는 것이다. 오히려 서북단의 특수지역에 입지한 대형 적석유구만 주목하여 발굴이 진행되었기에 그것이 유적 전체의 성격을 대변한다고 보기는 어렵다. 더불어 발굴 자료의 개별 분묘의 외형 복원에 대한 어려움과 무덤 간의 상호관계 복원의 어려움이 있다. 다만 매장부는 나름의 일반성이 확인되기도 한다. 특히 매장부의 존부는 유구의 외형적 특성에 따라 차이가 있는데, 적석유구에는 석곽묘, 토광계열의 유구에는 토광목관 등의 차이가 그것이다. 여기에 계단식 적석총으로 구분되는 대형의 적석유구에는 매장부가 확인되지 않는다는 특징도 있다.

매장부를 기준한 묘제 검토는 우선 그것의 존재여하에 따라 적석유구는 계단식 적석총과 적석유구로 구분할 수 있는데, 적석 유구에는 본래적 형상을 봉석목관묘로 유형화할 수 있는 매장부가 본래적 위치에서 확인된다. 그리고 토광계열의 무덤들 즉 즙석봉토분이나 토광묘 등의 매장부는 봉토목관묘로 유형화될 매장부가 공통적으로 확인된다. 이로써 석촌동 고분군의 매장부는 지상에 목관을 안치하고 그 위에 흙이나 돌을 덮는 봉토·봉석목관묘로 정리될 수 있다. 더불어 기왕의 석곽묘나 토광목관묘, 그리고 토광적석묘나 위석묘 등도 매장부의 묘제적 속성은 이 범주에서 벗어나지 않는다. 다만 매장부를 갖추고 외형을 구축함에는 나름의 차이가 있고, 그 결과 즙석봉토분이나 위석 봉토분이나 적석묘 등의 형상을 갖추는데, 이는 고총고분이란 대형 분묘의 조성분위가 정립과 무관치 않다고 여겨진다.

한편 매장부가 발견되지 않는 계단식 적석총은 아직은 묘제로서 보편성은 물론이고 특수성마저 입증이 어렵다. 근본적 문제는 매장부의 결여에서 비롯되는 것으로, 기단의 최상단에 석곽이나 석실의 존재를 추정키도 하나 전혀 입증이 어렵다. 따라서 분묘로서 정합성 문제도 제기될 수 있는데 그렇다고 부정적으로 판단하기도 어려운 상황이다.

다만 공주 수촌리 유적의 적석유구, 송산리 고분군의 방단적석 유구는 석촌동의 계단식 적석총의 재해석에 참고 될 수 있지 않은가 여겨진다. 즉 공주 수촌리에서 발견된 적석유구는 잔존형상에서 순수 적석총으로 분류하는 석촌동 3호분과 대비될 수 있는 것이다. 그리고 송산리 고분군의 방단적석유구는 잔존형상이나 축조방식에서 백제식 적석총으로 분류하는 석촌동 4호분과 대동소이하기에 충분히 비교 검토될 수 있다는 것이다. 그런데 수촌리나 송산리 고분군의 적석유구는 매장시설을 갖춘 분묘가 아니다. 이들은 고분군내 한쪽에 편재시켜 마련한 의례시설로, 매장시설과는 다른 상장의례 시설이다. 만일 석촌동 계단식 적석총이 분묘로서 진정성 입증에 어려움이 있다면, 이들 상장의례 시설과 대비·검토도 가능하지 않을까 추정하여 보았다.

VI 횡혈식 묘제의 연원과 전개
橫穴式 墓制의 淵源과 展開

1. 序言

橫穴式 墓制는 매장시설에 옆으로 출입할 수 있는 입구가 마련된 것을 가장 두드러진 속성으로 꼽는다. 장제적으로 이전의 單葬 대신에 合葬이나 多葬을 위한 것으로, 주검을 棺納한다는 특징도 있다. 이 묘제는 우리나라의 삼국기에 각국이 국가체제를 정립할 즈음 주묘제로 사용하였다는 공통적 특징도 있다. 그리고 이 묘제는 이전의 수혈식 묘제가 널리 활용되던 환경에 새롭게 외부에서 유입된 것이기도 하다.

분묘의 조성은 사후세계의 인식에서 비롯되었고, 우리나라의 경우 신석기시대에 무덤이 사용되지만 묘제로 인식될 수 있는 정형적 형상은 아직 갖추지 못하였다고 볼 수 있다. 그러다가 청동기시대에 이르면 고인돌이나 석관묘로 불리듯이 정형적 구조특성을 갖추면서 묘제로서 구체적 속성을 드러낸다. 이는 묘제가 사회의 발전과 더불어 나름의 고유 속성을 갖추어 가는 것으로, 그러한 정형은 원삼국시대나 삼국시대에 이르면 보다 선명하게 드러난다. 즉 지역이나 국가적 속성이 묘제에 그대로 반영되는 것이다.

묘제의 이러한 속성으로 말미암아 새로운 묘제 양식의 등장은 그 배경으로 사회변화를 추정하기도 한다. 따라서 횡혈식 석실묘처럼 다소 이질적 묘제가 등장하였다는 것은 이의 수용이나 확산에 병행되는 사회의 역동적 변화상도 추정할 수 있다.

횡혈식 묘제는 묘·장제적 측면에서 선행의 수혈식 묘제와는 큰 차이가 있고, 기존의 묘제에서 변화·발전된 요소를 탐색하기 어렵기 때문에 외부에서 유입된 것으로 봄이 일반적이다. 이 묘제는 3세기나 4세기 대에 고구려와 백제, 그리고 5세기말이나 6세기 무렵에 신라와 가야지역에 시간차를 두고 등장한다. 따라서 등장배경은 국가나 지역에 따라 차이가 있다고 보아야 할 것이다. 특히 횡혈식 묘제는 전통적으로 사용되던 다양한 수혈식 묘제를 구축하고 보편적 묘제로 자리매김 된다. 이는 묘제로서 횡혈식이 갖는 선진성과 편리성에 의거 사회변화에 따른 새로운 묘제의 등장으로 여겨져 그에 따른 검토도 적지 않게 이루어져 있다[1]. 그러나 이러한 穿鑿이 대체로 국가별 혹은 지역별 특성이나 변천 과정에 주목한 것이 많았고, 오히려 종합적 전개상이나 연원문제의 검토는 미흡한 감이 없지 않다.

삼국이 정립될 즈음의 한반도 정정은 다양한 정치집단이 존재하였고, 그와 상응된 형태나 지역에 따라 서로 다른 무덤들이 사용되었다는 것은 널리 알려진 사실이다. 이러한 환경에서 횡혈식 묘제의 전개상이나 그 연원의 탐색은 어려움이 적지 않은데, 이의 해명은 우선 삼국기 각국에 이의 등

---

1) 우리나라의 횡혈식 묘제는 축조재료가 석재라는 점에서 석실분 혹은 석실묘로 불리는데 고구려, 백제, 신라, 가야의 묘제로 널리 사용된 것으로 이를 검토한 저작도 많다.
   고구려 : 사회과학원고고학 연구소, 『고구려문화』. 손수호, 2001, 『고구려 고분연구』, 사회과학출판사.
   백제 : 姜仁求, 1979, 『百濟古墳硏究』, 一志社. 李南奭, 1995, 『百濟石室墳 硏究』, 學研文化社.
   신라, 가야 : 崔秉鉉, 1997, 『新羅古墳硏究』, 一志社. 홍보식, 2003, 『新羅後期古墳文化硏究』, 춘추각.

장시기가 탐색되고 그 확산의 정황을 살펴보는데서 방향을 잡을 수 있을 것이다. 물론 이를 위해서는 동아시아에서 횡혈식 묘제의 발생문제를 살필 수밖에 없을 것인데, 이는 중국을 비롯한 주변지역 묘제환경의 탐색을 통해서 가능할 것이다. 더불어 이를 기회로 한반도에 횡혈식 묘제가 가장 먼저 등장하는 사례와 함께 한반도내 지역이나 국가별 횡혈식 묘제의 초기적 정황을 살핌으로써 전개양상이나 연원이 추정될 수 있을 것으로 본다. 따라서 여기에서는 우선 횡혈식 묘제에 대한 묘·장제적 검토와 함께 이 묘제가 가장 먼저 발생된 중국의 환경을 살펴보겠다. 이어 한반도를 중심으로 고구려, 백제 그리고 신라·가야의 횡혈식 묘제 초기 환경을 점검하면서 이외에 서북한 지역의 낙랑·대방지역의 묘제환경도 살펴보고자 한다. 이러한 검토를 토대로 횡혈식 묘제의 연원을 보다 구체화하기 위하여 기왕에 이들 묘제의 발생이나 유입시각을 점검하여 나름의 문제점을 지적하여 보겠다.

2. 橫穴式 墓制와 그 始原

횡혈식 묘제는 앞트기식 무덤이란 우리말 풀이처럼 무덤에 이르는 입구가 시설되었다는 점을 가장 큰 특징으로 꼽으며, 이는 합장이나 추가장이 전제된 것이다. 따라서 구조적으로 묘실을 반복 사용하겠다는 의도로 출입시설인 입구를 만든다. 우리 고대사회에 널리 사용된 횡혈식 묘제는 대체로 석실묘가 중심을 이루며, 횡혈식 석실분이나 횡혈식 석실묘 등으로 불리고 있다. 이들은 매장부를 돌로 구축하는데, 묘실에 입구를 만들고 입구에 이르는 墓道와 羨道를 개설한다는[2] 점에서 지역이나 시기에 관계없이

---

2) 李南奭, 1995, 『百濟石室墳研究』, 學研文化社.

공통성이 있다. 다만 묘실의 위치가 지하나 반지하, 그리고 지상으로 구분
되고 평면이라든가 천장의 가구형태, 나아가 입구의 위치나 형상에서 차이
를 보인다. 우리는 이 묘제를 종합적이나 사전적으로 정의하는데, 일본의
경우 횡혈식 석실은 매장시설의 한 형식으로 석재를 사용하여 구축한 묘실
과 외부로부터 묘실에 이르는 통로인 연도를 시설한 것으로[3] 정리한다. 이
는 횡혈식 석실묘의 내용이나 인식이 서로 유사함을 알 수 있다.

횡혈식 석실묘의 묘제특징은 그것이 합장이나 추가장을 위해 입구를 시
설하였다는 점에 있고, 이는 이전의 수혈식 묘제와 대비할 경우 가장 두드
러진 특징임을 알 수 있다. 본래 무덤의 조성은 壙·槨·棺의 葬具를 이용하는
데, 매장 방식도 광을 파고 그 안에 곽을 설치한 다음에 관을 두는 즉 수혈
식 장법이 기본이었다. 이러한 장법은 1인의 피장자를 위해 매장시설을 먼
저 갖춘 다음에 장제가 진행되는 1회용의 행위로서 추가장이 불가능한 것
이다[4]. 한반도에서 횡혈식 묘제의 등장 이전의 묘제환경도 이에서 벗어나
지 않는다. 청동기시대의 석관묘나 고인돌 그리고 적석총과 같은 정형적 무
덤이 만들어지면서 묘제가 구체화되지만 매장방식은 1인만을 매장한 단장
이고 수혈식이라는 점에서 큰 차이가 없다. 이러한 묘제환경은 원삼국기나
삼국기 초반까지도 크게 변하지 않는다. 원삼국기 대표 묘제인 토광묘도 단
장이기에 무덤자체에 출입시설이 없는 수혈식이 고수된다. 이 단장의 수혈
식 묘제는 원삼국 문화를 이어 받는 삼국기까지 지속되는데, 횡혈식 석실묘

---

3) 吉川弘問館, 2007, 『歷史考古學大辭典』, 1197쪽 : 석실로 정의된 예에 의하면 이는 묘
    실의 입구를 羨部라고 부르는데 그 형태의 有無에 의해서 兩袖式 偏袖式 無袖式으로 구분
    한다. 계보적으로 한반도의 영향하에 성립된 대륙계의 매장시설로 선구적으로는 4세기
    후반에 北九州에 보이고 5세기 후반에 이르러 九州에서 近畿지방까지 확대되어 이후 복
    잡한 계통을 이루한다. 이 묘제는 6세기에 이르러 각지의 군집분으로 채용되어 크게 확
    산되고 고분의 매장시설로 일반화되었다고 정의한다.
4) 白石太一朗, 1985, 『古墳の知識』1, 墳丘と內部構造, 考古學ジリズ, 東京美術.

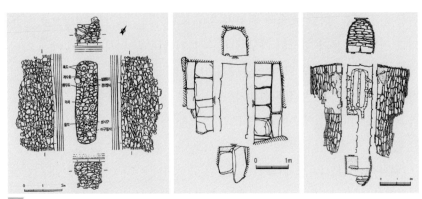

001 수혈식, 횡구식, 횡혈식 석실묘

가 등장하기 이전의 다양한 묘제가 모두 수혈식이라는 점에서 그러하다.

묘제적으로 횡혈식과 수혈식의 차이는 비단 출입을 위한 입구 및 연도의 존재여부의 차이로만 가늠되는 것은 아니다. 그에 따른 장법도 근본적 변화를 예견할 수 있는 것으로 수혈식이 주검을 위에서 아래로 매장하는 것과는 달리 횡혈식은 관납 후에 입구를 통한 橫納이 이루어진다. 여기에 횡혈식은 합장이나 추가장이 전제되기에 묘실의 형상도 합장이나 多葬이 가능한 형태로 조성한다. 이전의 수혈식 묘제가 1인만을 매장할 수 있는 세장방형 묘실을 조성하는 것과는 달리 묘실 자체가 방형이나 장방형의 형상을 갖추고 그에 따른 벽체나 천장의 구조도 수혈식의 평천정과는 큰 차이를 드러내게 된다[5]. 물론 반복 출입을 위한 문 시설을 갖추는 것은 필수 조건이다.

그런데 묘실에 출입이 가능한 시설이 있다고 하여 모두 횡혈식으로 구분되는 것은 아니다. 횡구식의 존재가 그것인데, 구조적으로 횡혈식이나 수혈식 석곽묘처럼 석축으로 空洞의 묘실을 조성한다는 점에서는 공통적이

---

5) 李南奭 , 2002,『百濟墓制의 研究』, 서경.

다. 반면에 묘실의 형상은 수혈식과 비슷하지만 묘실의 한쪽 벽면 전체를 개구하여 입구로 사용한다는 점에 차이가 있다. 물론 입구에 이르는 묘도는 있지만 연도를 시설하지 않는 유형이다. 여기에 횡구식 묘제는 횡혈식 묘제의 등장에 따라 이전의 수혈식 묘제가 횡혈식의 개념을 차용하여 사용하는 초기적인 것과 나중에 횡혈식 석실묘의 퇴화로 나타나는 것으로 구분되기도 한다[6]. 다만 횡구식으로 분류되는 무덤은 비록 입구는 만들지만 단장으로 남는 경우가 많다는 점에서 차이가 발견되기도 한다[7].

횡혈식 묘제는 입구 및 연도의 존재 여부를 기준한 수혈식 묘제와의 차이 외에 무덤의 조성시기라던가 매장행위에서도 근본적 차이를 드러내는 것으로, 수혈식 묘제에서 횡혈식 묘제로의 전환은 그만큼 파격적 현상으로 볼 수 있다. 전통성은 관혼상제로 대표되고, 자체는 상당한 보수성을 지닌 것으로 봄이 일반적이다. 그럼에도 선사시대부터 고수된 수혈식 묘제의 전통이 합장이나 추가장을 위한 횡혈식 묘제와 그에 따른 다양한 변화가 수용되었다는 것은 보수성 강한 장제환경이 변화된 것으로 그 의미는 적지 않을 것이다.

한반도 고대사회에 횡혈식 묘제의 등장은 대체로 삼국시대에 이루어진 것으로 봄이 일반적이다. 다음 장에서 구체화되겠지만 가장 이른 지역은 서북한 지역으로 낙랑·대방의 고지에 1~2세기 즈음에 전실묘의 형태로 나타나고[8], 이어 남쪽의 백제사회는 4세기 후반경에 석실묘가[9], 그리고 신

---

6) 李南奭, 2002, 위의 책.
7) 이외에 橫穴墓도 있다. 횡혈묘는 최근 백제지역에서 조사된 바가 있는데 본디 이 횡혈묘는 일본열도에서 많이 사용된 것이다. 즉 응회암 사암이나 굳은 점토층 등의 구릉사면이나 바위면을 파서 동굴을 묘실로 만든 것으로 분구가 없음이 일반적이나 일부에는 있기도 하다. 5세기 전반 무렵 북부구주에 출현하여 6세기 후반까지 남부구주까지 확대되어 동일본에서는 9세기까지 사용된 무덤이다.
8) 高久健二, 1995, 『樂浪古墳文化研究』, 學研文化社.
9) 李南奭, 1992, 「百濟初期 橫穴式石室墳과 그 淵源」 『先史와 古代』3, 韓國古代學會.

라지역은 석실묘가 지방사회에 5세기 말경에 등장하나[10] 중심지인 경주지역은 그보다 늦은 6세기 중반 경에 사용되기 시작한다[11]. 가야지역의 경우도 대가야의 본거지인 고령에서 빨라야 6세기 중반 경으로 편년되는 자료가 있을 뿐이다[12]. 다만 고구려는 횡혈식 묘제의 등장배경이나 시기에 대한 인식의 편차가 크다. 이는 적석총과 봉토석실분[13]과의 관계, 그리고 적석총에서 석실봉토분으로의 전환이나 석실봉토분의 연원에 대한 시각차와 관련 있는 것이다. 한편 일본열도는 北九州에 4세기 말경에 그 흔적이 나타나는 것으로 알려져 있다[14]. 반면에 중국의 경우는 이보다 훨씬 이른 시기에 횡혈식 묘제가 등장한다. 즉 중국은 전국시대부터 사용되던 수혈식의 관·곽제에 의한 매장제도가 일반적이었고 이는 단장묘가 전통이었다. 부부합장의 경우도 異墓合葬이었지만 전한 중기에 이르면 이것이 급격하게 변화되어 帝陵을 제외하고 일반묘에는 부부합장이 同墓에 이루어지면서 횡혈식의 묘실을 만들게 된다[15].

횡혈식 묘제의 전개를 동 아시아적 범주에서 보면 중국의 前漢 중기 무렵에 횡혈식 묘제가 발생되었음을 알 수 있다. 그리고 한반도의 경우 고구려를 예외로 할 경우 서북한의 낙랑 대방고지에서 그 흔적이 일찍이 나타나지만 전실묘라는 특징도 있다. 이어 남쪽의 백제에서 석실묘로 등장하고, 이후 상당한 시간 차이를 두고 신라나 가야에 나타나는 것으로 미루어 횡혈식 묘제의 한반도 전개는 나름의 역사적 배경이 있음을 알 수 있다. 다만

---

10) 홍보식, 2003, 『新羅後期古墳文化研究』, 춘추각.
11) 崔秉鉉, 1992, 『新羅古墳研究』, 一志社.
12) 홍보식, 2003, 위의 책.
13) 이 무덤은 북한에서는 돌칸 흙무덤으로 불리고, 이외에 봉토석실분의 이름도 있는데, 여기에서는 석실봉토분으로 통일하여 사용하겠다.
14) 白石太一郎, 1985, 앞의 책.
15) 『中國大百科全書』考古學, 1986, 中國大百科辭典出版社.

이러한 시간 축에 따른 횡혈식 묘제의 전개는 그것이 중국에서 비롯된 것과 결코 무관치 않다는 것을 보여주는 것이기는 하다. 앞서 언급된 것처럼 중국에서 횡혈식 묘제의 발생은 전한 중기 무렵으로 보았는데 초기 횡혈식 묘제는 합장을 위해서 기존의 토광 관·곽묘의 구조변화에서 비롯되는 것으로, 한반도의 전실묘나 석실묘와 직접 대비될 수 있는 것은 아니다. 오히려 이후 중국묘제의 변화과정에서 그러한 횡혈식 묘제가 구체화되고 있다는 점은 주목된다.

묘제변화는 사회변화와 밀접한 관련이 있다고 봄에 문제가 없는데 중국도 마찬가지이다. 예컨대 분구토광묘의 보급이 종족단위 매장제의 변화 속에 가족 사유재산의 상속, 집권적 군주제의 성립등과 같은 사회변화와 관련된다거나[16], 중국 漢代의 사회변천 속에 고총고분 조성이나 厚葬풍속의 성행, 曹魏時期 사회혼란에 따른 無系統的 묘제 등장이라던가 薄葬의 실행 등을 예로 볼 수 있다[17]. 그러나 先秦時代 묘제의 기본은 수혈 토광에 목제 관·곽을 사용하는 것이었고, 전국시대 말기에 空心塼으로 槨을 구축하지만 여전히 수혈토광이 조성되며 단장이란 매장환경도 고수된다. 그러나 이러한 전통적 매장제도가 한대에 이르러 변화가 나타나는 것이다.

중국의 전한시기 묘제환경은 대체로 3기로 구분한다[18]. 1기는 전한 초기로 무덤은 單棺空心塼墓[19]와 單棺洞室墓가 주된 묘제였다. 단관공심전

16) 揚寬 箸, 尼形勇, 太田有子 共譯, 1981, 『中國皇帝陵の起源と變遷』, 學生社.
17) 葉鏡軍, 1994, 『中國墓葬歷史圖鑑』上, 中國墓葬研究書系, 甘肅文化出版社.
18) 中國社會科學院 考古學研究所編著 關野雄 鑑譯, 1988, 『新中國の考古學』
19) 벽돌은 전국시대에 이르러 바닥에 까는 것으로 사용하였는데 종류가 다양하였고 묘실은 대체로 목곽이 사용이 주였지만 전국시대 말기에 이르러 공심전묘가 출현한다. 이시기의 공심전은 점토를 분할하여 벽돌을 만든 다음에 이들을 접합하여 벽돌을 성형하는데 벽돌의 두께는 얇고 접합한 흔적도 남아 있다. 그런데 벽돌을 만드는 기술은 전한기에 발전하는데 공심전의 경우도 분편접합법에서 틀을 사용하여 한번에 성형하고 두껍고 단단하게 만들었으며 접합면도 없다. 길이 1.6미터의 크기도 있고 이윽고 서한 초중기에 묘실 사용에 일반화 된다. 中國歷史博物館編, 『漢代物質文化資料圖說』, 文物出版社.

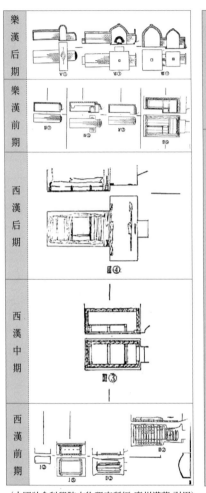

(中國社會科學院文物研究所編 廣州漢墓 引用)　(葉鏡軍, 1994, 『中國墓葬歷史圖鑑』上, 引用)

002　중국 한대 묘제의 변화도

묘는 수혈식 묘도를 내려가 橫으로 洞室을 굴착하고 안에 塼室을 만든 것이고, 단관 동실묘는 벽돌이 아닌 토광내에 목관을 안치하는 방식이다. 그런데 2기에 이르면 이러한 묘제에서 부부를 합장한 雙棺 공심전묘가 새롭게 출현한다. 이들은 2차의 매장을 위하여 묘실의 확장한다거나 耳室(龕室: 필자 주)을 만든다. 나아가 출입시설이 있고 아치형의 천장을 갖춘 동실묘도 새롭게 등장하기도 한다. 이후 전한대 묘제는 전실묘, 동실묘가 耳室이 달리거나 다실묘의 형태로 다양화되고, 돔 천장이라든가 벽화묘가 만들어지는 등의 일정한 변화도 일어난다.

전한시대의 묘제는 後漢代에 이르러 보다 세련된 형태로 정리되지만 규모는 크게 확장된다. 전실 돔천장, 후실 아치형천장으로 꾸민 전·후실묘가 중심을 이루나 前堂·橫穴墓도 출현하고 특히 후장풍속에 의해 무덤의 규모가 크게 확대되기도 한다[20]. 후한대는 장원경제의 팽창과 토지소유제의 발전 등으로 경제력이 반영된 대규모의 무덤조성이 이루어진다. 무덤은 전실묘와 석실묘, 그리고 토광묘가 다수를 차지하고, 장성주변과 황하의 중하류에 벽화묘도 등장하며, 徐州나 陝北 등지에 畵像墓, 사천지역의 화상전묘 등이 만들어진다[21].

결국 중국 한대 묘제는 전한 초기에 유행한 단관공심전묘가 실제로 전국시대의 장방형 수혈목곽묘를 답습한 형식으로 이전의 묘제가 지속됨을 알 수 있다. 그러다가 중기인 무제기 즈음에 출현한 쌍관공심전묘는 부부동혈합장의 개시를 의미하는 것으로, 횡혈식 묘제의 등장을 알려주는 것이다. 그러면서 한대 후기에 이르러 작은 벽돌무덤이 사용되면서 전통적 매장용구인 槨이 없어지고 관만 사용되어 전통적인 관·곽제도는 폐지되었음도 알 수 있다. 그리고 전한 말기에 출현한 多室塼墓는 무덤형태가 생전의 주거형상을 모방하여 만드는데 매장자 수의 증가와 부장품 증가에 따른 것이다. 결국 한대의 묘제는 간단한 장방형의 단관공심전묘가 횡혈식으로 지상저택을 모방한 다실전묘로 발전하는 변화를 확인할 수 있다. 이는 장례

---

20) 中國社會科學院 考古學研究所編著 關野雄 鑑譯, 1988, 앞의 책.
21) 葉鑴軍, 1994, 앞의 책.

습속의 변화를 반영하는 것으로 夫婦併穴合葬이 同穴合葬으로 나아가 일가 수세대의 同穴異室合葬으로 변화되었다고 정리될 수 있다.

중국 한대의 묘제현황은 낙양지역을 중심으로 검토된 것이기에 보다 시야를 확대하면서 한반도와 관련 있을 것으로 추정되는 동북지역의 묘제환경은 어떤가의 의문이 있다. 그러나 동북지역 묘제환경도 낙양과 큰 차이가 없는 것으로 확인된다. 예컨대 만주지역에 자리하였던 전국시대 연나라의 묘제는 土壙竪穴에 목곽·목관으로 중원과 차이가 없다. 전한시대도 武帝期를 기점으로 전기와 후기로 구분되며, 특히 후기에 土坑竪穴墓가 중심이나 부분적으로 부부합장의 묘라던가 전실묘가 등장하면서 횡혈식 묘제도 사용된다. 후한대에는 오환, 선비, 고구려 등의 집단이 출현하여 후한을 압박하던 시기지만, 묘제는 토광수혈묘에 대신하여 전실묘가 성행한다거나 후기에 이르러 다실묘와 벽화묘가 출현하여 성행하는 것으로 지적된다. 주목되는 것은 전한 후기부터 석실묘가 축조되는데 전축분과 비교하여 다만 재료상의 차이만 있다는 것이다[22].

요컨대 횡혈식 묘제는 수혈식묘제와 달리 묘실에 이르는 입구를 마련하였다는 점에서 가장 큰 특징을 지니고 있다. 그러나 보다 중요한 것은 입구의 설치가 기존의 단장이 다장제적 환경으로 변화되면서 그에 수반된 묘·장제의 변화가 크게 나타난다는 것이다. 한반도의 횡혈식 묘제는 대체로 낙랑·대방지역을 필두로 4세기 이후 전역으로 확산되었음을 알 수 있다. 나아가 횡혈식 묘제의 발생은 중국의 전한 중기에 부부합장이란 장제의 변화에 부응하여 이루어졌다는 것과 중국에서 횡혈식 묘제의 발생과 함께 공심전을 사용한 횡혈식 전축분, 나아가 생전의 주거형상을 모방한 多室墓까지 발전되었음도 알 수 있다.

---

22) 張博泉 魏存成 編, 1996, 『東北古代民族考古與疆域』, 吉林大學出版部.

3. 橫穴式 墓制의 展開現況

횡혈식 묘제의 한반도 전개는 2세기 즈음에 서북한 지역을 필두로 점
차 전역으로 확산되었다는 개략적 전개상을 앞서 언급하였다. 이즈음 한반
도는 삼국사회가 구체화되는 시기로, 횡혈식 묘제는 지역이나 국가에 따라
양상을 달리하면서 수용되었음을 알게 한다. 따라서 각각의 지역에 잔존되
어 있는 횡혈식 석실묘와 관련된 묘제현황을 검토함으로써 이의 전개나 연
원 이해의 기초가 마련될 수 있을 것이다. 다만 자료의 부족이란 한계 외에
지역이나 정치체의 인식에 차이가 있고, 자료해석에 대한 시각차도 있다.
특히 고구려를 비롯한 서북한 지역은 거기에 머물렀던 낙랑·대방과 그들이
남긴 자료의 인식에 적지 않은 시각차이가 있다. 이 점을 고려하면서 횡혈
식 묘제가 등장하는 초기 환경을 살펴보겠다.

낙랑·대방고지인 서북한 지역의 묘제는 후술되겠지만 토광목곽묘에서
전실묘, 이어 塼·石混築墓, 나아가 석실묘의 순으로 비교적 정연한 전개상
이 도출된다. 이중에서 목곽묘는 부분적 차이는 있지만 기본구조가 중국
전국시대 이래 사용된 목곽묘제와 유사하고, 전실묘로의 전환도 시기나 속
성에서 한대 분묘환경에 나타나는 변화 변천과 일맥상통하는 것으로 인식
된다[23]. 이러한 환경은 서북한 지역의 묘제환경이 중국과 밀접한 관련이
있다는 것을 보여준다 하겠다. 이어지는 전실묘의 잔존실상이나 전·석혼축
묘로의 변화, 그리고 석실묘의 등장도 토착적 요소가 가미되는 것 외에 중
국의 묘제변화와 일정한 관련이 있다고 볼 수 있다. 따라서 서북한 지역 분
묘문화는 중국 한대의 분묘문화의 移植속에 영위되었음을 알게 하고, 나아
가 중국에서 전개된 횡혈식 묘제가 이 지역에 일찍부터 등장하여 잔존하였

---

23) 高久健二, 1995, 앞의 책.

음도 알게 한다.

고구려 묘제는 적석총과 석실봉토분으로 구분되고, 초기의 적석총이 석실봉토분으로 전환된다는 것은 널리 알려진 바와 같다[24]. 압록강 유역에 터전하였던 초기묘제가 적석총이고, 이후 대동강 유역에 자리하였을 즈음에 석실봉토분으로 전환된 것에 근거하는 것이다. 그리고 적석총과 석실봉토분의 묘제구분은 외형인 분구가 석재와 흙으로 조성하였다는 점에 근거하는 것이다. 이외에도 적석총의 경우 외형적 특징 외에 매장부의 형태에 따라 돌곽이나 돌칸으로 구분하는데[25] 이는 매장부의 형태가 수혈식인가 횡혈식인가를 판별할 수 있는 기준이기도 하다. 고구려 묘제에서 석실봉토분의 매장시설은 모두가 횡혈식 구조라는 점에서 보면 적석총에서 수혈식, 횡혈식의 구분이 이 묘제에서 별개로 횡혈식의 연원문제가 고찰될 필요가 있음을 보여준다.

적석총의 매장시설로 횡혈식 구조가 존재하는 것은 본래 수혈식이었던 것이 횡혈식으로 전환되었다는 점을 보여준다. 고구려의 적석총 중에 무기단 돌곽 무덤이나 기단 돌곽 무덤은 매장부가 수혈식이다. 그런데 이어 등장한 돌칸 무덤에는 매장시설이 횡혈식으로 조성되는데 이 돌칸 무덤이 돌곽 무덤보다 늦은 형식이라는 점에서[26] 매장시설로 수혈식이 사용되다가 횡혈식이 채용되었다는 것을 알 수 있다. 결국 고구려에서 횡혈식 묘제의 경우 봉토석실분은 획일적으로 매장부를 횡혈식으로 조성하지만, 적석총은 수혈식의 매장구조가 나중에 횡혈식으로 변천되었다고 정리된다. 다만 이들의 등장 시기나 계통에 대해서는 다양한 견해가 있어 구체화하기 어렵다.

고구려의 횡혈식 묘제의 잔존상황은 석실봉토분의 존재에서 구체화될

---

24) 사회과학원 고고학연구소 편, 1977, 『조선고고학개요』, 백과사전출판사.
25) 손수호, 2001, 앞의 책.
26) 손수호, 2001, 앞의 책.

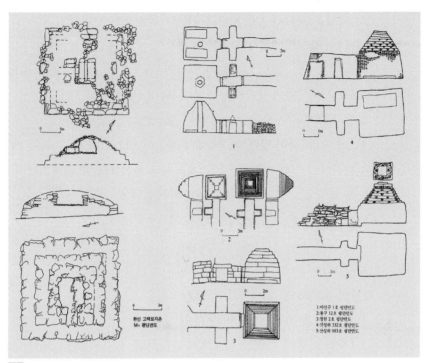

003 고구려의 횡혈식 무덤들

수 있고, 이의 사용으로 횡혈식 묘제가 고구려 묘제로서 보편성을 갖게 되었다고 볼 수 있는데, 그 시기는 봉토석실분의 발생시점이 될 것이다. 그리고 적석총에 횡혈식 구조의 채용이 수혈식 매장부의 전환에서 비롯되는 것이다. 이는 돌곽무덤 축조과정에서 자생적으로 횡혈식 구조가 채택된 것인가[27], 아니면 석실봉토분이나 이외의 횡혈식 묘제에서 비롯된 것인가의 문제가 남는다. 현재로서 이의 판단은 어렵고 나아가 그 시기의 추정도 어려움으로 남는다.

---

27) 이에 대해서는 북한의 연구자 대부분이 피력하는 견해이기도 하다.

백제에서 횡혈식 묘제가 수용되기 이전은 기본적으로 수혈식 묘제가 널리 사용되었다. 도읍지역에서 분구묘나 토광묘 등이 사용되었고, 지방사회는 토광묘나 석곽묘, 분구묘나 옹관묘가 지역에 따라 각기 고유 묘제로 자리한다[28]. 토광묘나 분구묘의 매장시설이 수혈식이라는 점에 의문이 없고, 구조상으로 횡혈식 묘제와 가장 극명하게 대비될 수 있다. 다만 석곽묘의 경우 횡혈식 석실묘와 대비하면 축조방식에서 유사성이 발견되지만, 고유의 매장방식은 수혈식이란 점에 이의가 없다. 이외에 횡혈식 석실묘 전개 이전의 묘제로 기단식 적석총도 인정하는데 일부에서 매장시설로 횡혈식 구조가 사용된 것으로 보기도 한다[29]. 그러나 기단식 적석총의 전반적 현황은 매장시설의 형상을 구체화할 수 없기에 이의 매장부가 수혈식에서 횡혈식으로 전환된 것인지, 아니면 본래부터 횡혈식 구조였는지 판단이 어렵다.

백제 횡혈식 묘제의 전개는 어느 정도 선명성을 보인다. 앞서 본 것처럼 다양성을 특징으로 꼽을 수 있을 만큼 여러 유형의 수혈식 묘제가 浮沈을 거듭하며, 그러한 와중에 횡혈식 석실묘가 등장하여 주묘제로 통일됨이 그것이다. 그리고 횡혈식 석실묘 등장은 대체로 4세기 후반경으로 보고 있음에 큰 의문이 없다[30]. 다만 초기형의 이해와 해석에 적지 않은 혼란이 있는데[31], 적어도 한성 도읍기에 조영된 횡혈식 석실묘 자료를 토대로 유입시기를 추정하는 점에는 이견이 없다. 특히 백제사회에 등장한 횡혈식 석실묘 중에는 유입되던 초기 환경을 극명하게 보여주는 자료가 많으며[32] 그 존

---

28) 이남석, 2002, 『백제의 고분문화』, 서경.
29) 이는 석촌동 4호분이 그것으로, 상단에 방형의 묘실에 전면 중앙에 연도시설이 달린 평면형상이 제시되어 있는 점에 근거하는 것이다.(石村洞發掘調査團, 1987, 『石村洞古墳發掘調査報告書』)
30) 이남석, 1992, 앞의 글,
31) 이는 서울 강남의 가락동과 방이동에서 조사된 석실묘의 축조주체에 대한 문제로 고구려, 백제, 신라로 견해가 갈리어 있다.
32) 최근에 조사된 서울지역의 백제고분은 하남의 광암리 고분군(세종대학교박물관,

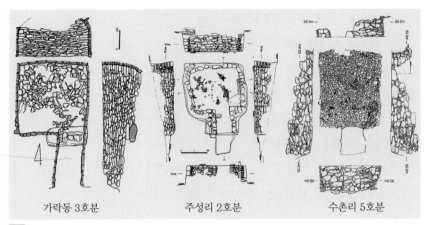

| 가락동 3호분 | 주성리 2호분 | 수촌리 5호분 |

004 백제의 초기 횡혈식 무덤들

재형상도 나름의 특성이 있다. 묘제적 측면에서 횡혈식이란 유형적 공통성
에도 입지라던가 축조방식, 그리고 구조양상에 많은 차이가 있는 것이 그
것이다. 이들은 횡혈식 석실묘 자체만으로 존재하는 도읍지역 이외에서는
기왕의 전통묘제인 수혈식과 함께 있는 것이 대부분이다. 물론 전통묘제와
한성기 석실묘, 그리고 이후에 보다 발전된 석실묘가 함께 있어 백제분묘
의 통시대적 전개양상을 보여주기도 한다. 그럼에도 초기형의 횡혈식 석실
묘는 기존의 전통묘제 속에 소수로 포함되어 있을 경우 조영환경이 기존의
전통적 묘제 조성환경에 지배된 경우가 대부분이다[33].

한편 신라나 가야사회의 횡혈식 묘제 등장은 훨씬 후대의 일이며, 상당
기간 전통적 고유묘제가 자리하고 있던 환경에서 나타난다. 신라 묘제는
초기는 서북한의 고조선 유풍인 토광목관묘가 사용되었는데 단장묘로서 수

2007, 하남광암리고분군) 판교신도시 조성지역에서 문화재보호재단이 발굴한 보고서
미간의 백제고분군이 있다.
33) 李南奭, 2007, 「한성기 백제석실분의 재인식」『진단학보』103, 진단학회.

혈식 구조임은 물론이다. 이 묘제의 경우 경주지역은 적석목곽묘로, 지방 사회는 석곽묘로 전환되는데 배경이 무엇이든 간에 축조재료의 변화 외의 묘장제는 이전의 토광목곽묘의 것을 그대로 답습하고 있다. 신라의 횡혈식 석실묘 등장은 중심지인 경주지역과 지방사회가 시기를 달리하여 이루어진 다. 그런데 도읍지인 경주보다 지방사회가 우선한다는 특징이 있다. 경주 지역은 토광목곽묘에서 적석목곽묘로 전환되지만 수혈식 석곽묘의 흔적은 많지 않고 곧바로 횡혈식 묘제로 전환된다. 반면에 지방사회는 중앙과는 달 리 수혈식 석곽묘가 사용되던 환경에서 횡혈식 묘제가 등장하는데 그 시기 는 대체로 5세기 후반경으로 짐작하고 있으며[34], 이보다 늦은 경주지역은 6세기 중반경에야 횡혈식 묘제의 모습이 드러난다. 신라 횡혈식 석실묘의 초기양상은 경주지역의 황남동 151호분을 지표로 5세기 후반이나[35] 6세기 대[36]를 기점으로 묘제 교체기를 설정하기도 하지만, 이전의 적석목곽묘는 7세기대에 이르러 석실묘로 완전 교체되고, 그 증거를 보문리 부부총이나 통천리 와총 및 서박리 석침총 등을 예로 본다. 따라서 6세기 전반경에 이 르면 경주지역에 횡혈식 석실묘가 등장한 것으로 봄에 문제가 없다.

경주 이외 지역은 횡구식 유형이라 불리는 횡혈식 모방형이 존재하고, 이의 인식에서 신라사회 횡혈식 묘제의 전개 배경에 대한 이해도 달리한 다. 앞서 살핀 것처럼 횡구식 묘제는 횡혈식과는 달리 한쪽 벽면을 개구하 여 입구로 사용하는 것으로 신라 지방사회에서 세장된 석축 묘실의 한쪽 벽 면을 개구하여 입구로 사용하는 횡구식 계통의 석곽묘가 일찍부터 등장한 다. 등장 시기는 4세기 후반[37]이란 이른 시기로의 판단도 있지만 자료 해

---

34) 홍보식, 2003, 앞의 책.
35) 姜仁求, 2000, 『古墳硏究』, 學硏文化社.
36) 崔秉鉉, 1992, 앞의 책.
37) 崔秉鉉, 1992, 앞의 책.

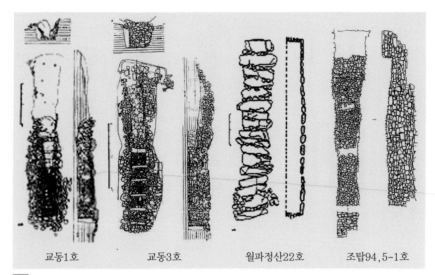

| 교동1호 | 교동3호 | 월파정산22호 | 조탑94,5-1호 |

005 신라의 초기 횡혈식 무덤들

석상의 문제 등으로 비판된 바 있고, 오히려 적어도 5세기 후반경에[38] 등 장하였음은 알 수 있다. 이들은 신라에 횡혈식 묘제의 유입이 경주보다 이른 시기에 있었음을 보여주는 적극적 증거임과 동시에 신라권에서는 도읍지가 아닌 지방사회가 먼저 새로운 묘제를 채용하는 환경에 대한 적극적 해명도 요구된다고 볼 수 있다.

　마지막으로 가야지역의 경우 묘제 전개가 신라의 지방사회와 큰 차이가 없는, 즉 초기의 토광 목관묘가 수혈식 석곽묘로 전환되어 상당기간 그들의 묘제로 활용된다는 점에서 동일한 양상이다[39]. 오히려 가야는 수혈식 석곽묘의 발전이 크게 이루어지며 고령의 지산동 대가야 고분군의 현황에서 그 실체를 확인할 수 있다. 물론 가야도 횡혈식 묘제가 유입되는데, 그 시기는

38)　홍보식, 2003, 앞의 책.
39)　김세기, 2003, 『고분자료로 본 대가야 연구』, 학연문화사.

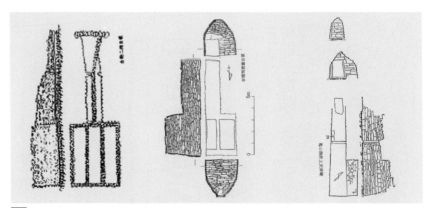

006 가야의 초기 횡혈식 무덤들

대체로 대가야의 존속시기에 초점되어야 할 것인 바, 중심지역인 고령지역
은 고아동 고분으로 미루어 빨라야 6세기 중반경이란 연대를 제시할 수 있
을 뿐이다[40]. 물론 이외에 합천의 저포리라던가 두락리 등지에도 백제의 웅
진시대 석실묘들과 대비될 수 있는 자료가 있어 시간상으로 상대적 선행의
것으로 볼 수도 있는데 지금으로서 구체화하기는 어려움이 있다.

　가야사회에 등장한 석실묘는 앞서 본 저포리나 두락리 등지의 석실묘
형태상으로 미루어 백제나 다른 지역과 직접 대비되기도 하지만, 그 성격
을 판단할 수 있는 정확한 지표를 마련하기는 어려운 것으로 보인다. 즉 횡
혈식 석실묘가 지닌 특징인 방형에 가까운 묘실과 연도와 입구의 갖춤 외에
천장이라던가 여타의 구조에서 나름의 독자성을 드러내고 있기 때문이다.
반면에 고아동 고분은[41] 모두 백제의 6세기 중반대 석실묘와 직접 대비될
수 있는 것임이 주목된다. 이 고아동 고분은 규모의 차이는 있지만 평면 등

40)　조영현. 2008, 「대가야고총의 구조와 축조방식」 『백제문화재연구원초청강좌』, 백제문
　　화재연구원.
41)　金元龍·金正基, 1967, 「高靈 壁畵古墳調査報告」 『韓國考古』2. 서울 大學校考古人類學科.

의 구조형식이 전축분인 백제의 무령왕릉과 동일하고, 더불어 백제는 무령왕릉과 같은 전축분이 그대로 석실묘로 飜案된 것으로 미루어 이 고아동 고분은 백제의 중앙사회에서 사용한 묘제와 동일한 것으로 볼 수 있다.

요컨대, 삼국시대 한반도에 전개된 횡혈식 묘제는 토착묘제인 수혈계가 사용되던 환경에서 등장한 것임을 알 수 있다. 그러나 서북한의 낙랑, 대방지역은 중국 한대의 묘제가 그대로 전이되고 여기에 부분적으로 토착적 전통이 가미되어 존재하고 있음을 알 수 있는데, 이곳에서 한반도에 일찍이 횡혈식 묘제가 유입되었음도 알게 한다. 고구려는 봉토 석실분이 횡혈식 묘제로 존재하기에 이의 사용은 횡혈식 묘제가 고구려 사회에 보편화되었음을 알 수 있다. 그러나 적석총은 매장시설이 수혈식에서 횡혈식으로 전환된 것을 알 수 있어 고구려 묘제에서도 수혈식의 사용과정에 횡혈식의 유입이 있었음을 추정케 한다. 다만 적석총의 횡혈식 구조가 봉토 석실분과 관련된 것인지, 다른 정황인지, 그 시기는 언제인지에 대한 추정은 현재로서는 어렵다. 반면에 백제를 비롯한 신라·가야지역의 횡혈식 묘제의 존재양상은 시기나 성격이 분명한 형태로 있고 그 계통을 가늠할 수 있을 만큼의 존재특성이 발견된다.

4. 橫穴式 墓制의 淵源

한반도에 전개된 횡혈식 묘제의 연원탐색은 각 지역이나 정치체를 단위로 선행묘제의 진화발전이나 장제적 필요에 의해 나타난 것으로 볼 것인가, 아니면 문화의 교류나 흐름 속에서 확산이나 수용의 결과로 볼 것인가의 문제가 관건이 될 것이다. 그런데 앞서 살핀 것처럼 서북한 지역에는 중국적 속성을 그대로 함유한 고분문화가 존재한다. 이를 기회로 우리나라 삼국기의 횡혈식 묘제의 현황은 백제와 신라·가야의 경우는 기존의 토착적 전통묘제가 널리 사용되던 환경에서 횡혈식 묘제가 새롭게 나타나는 배경을 이들 서북한 지역과 연계하던가, 아니면 고구려와 관련하여 비교적 구체적 전개상이 마련되고 있다. 반면에 고구려는 적석총과 봉토석실분이란 묘제를 운용하면서 선행 적석총의 매장부가 수혈식에서 횡혈식으로 전환되고, 후행의 묘제로 횡혈식 묘제인 석실봉토분이 사용되지만 상호간의 관계나 횡혈식의 창출이 서북한 지역을 포함한 고구려 묘제의 자체적 변화 속에서 이루어진 것으로 인식함으로써 혼란을 드러낸다. 물론 이러한 인식의 타당성 여하에 따라 한반도에 전개된 횡혈식 묘제연원 탐색은 결론을 달리할 수밖에 없기도 하다.

사실, 동아시아에서 묘제를 비롯한 선진문화의 핵심지역은 중국 중원지역을 주목하지 않을 수 없고 이의 발생과 확산도 중원지역에서 비롯되는 것이 대부분이란 것을 부인하기 어렵다. 횡혈식 묘제의 경우도 앞서 본 것처럼 이미 前漢 중기에 중국에서 나타나고, 그것이 기원 전후의 시기에 이르면 전실묘로 정리되면서 보다 다양한 전개양상을 연출하는 것을 살펴보았다. 물론 이러한 환경은 동북아지역에도 그대로 이식되는 것으로 확인되고, 나아가 서북한 지역도 한대의 묘제문화가 그대로 옮겨져 사용되었다는 것도 확인된다. 따라서 한반도의 횡혈식 묘제 전개의 진원을 서북한 지역에서 전개된 고분문화를 토대로 이해하여도 무리가 없지 않은가 여겨진다. 문제는 서북한 지역 문화주체의 인식과 고구려와의 관계를 어떻게 정립할 것인가라는 것인데, 이에는 상당한 복잡성을 드러내는 것이 사실이다.

앞에서 개관되었듯이 한반도의 횡혈식 묘제 전개의 진원을 구체화하기 위해서는 낙랑·대방의 고지로 분류되는 서북한 지역의 고분문화의 초기 환경을 재음미할 필요가 있다. 이 지역은 고조선의 터전이었음에 의문이 없고, 본래의 묘제도 고조선과 관계된 토광묘 문화였다. 그런데 이후로는 목곽묘, 전실묘, 전·석혼축묘 등이 연속적으로 전개되어 3세기나 4세기까지 이어진다. 개별 묘제에서 목곽묘에는 이전 고조선 묘제의 유풍이 있다는 지적도 있지만[42] 전국시대 중원지역에서 널리 사용되고 더불어 한대까지 주묘제로 활용되었던 양식이라는 것은 널리 인정된다[43]. 그리고 목곽묘 다음에 등장하는 전실묘의 경우도 고구려나 여타의 지역에서 그 원류를 찾기는 어렵다. 이에 대해서는 목곽묘의 변천의 결과로 보기도 하지만[44] 이미 중국의 전한대에 공심전묘를 시작으로 벽돌이 동실묘에 사용되던 것이 횡혈식 묘제의 발생과 더불어 지상가옥을 모방하는 묘실의 축조재료로 구체화되고, 전실묘가 보편화되면서 그것이 서북한 지역에 유입되었다고 보아야 한다.

서북한 지역의 묘제가 중국 중원지역의 묘제와 밀접한 관련 속에서 운용되는 환경은 이후에도 어느 정도 감지된다. 예컨대 한대 이후 전개된 조위시대 무덤은 발견 예가 적지만 대체로 후한시대의 전통을 유지하는 것으로 본다. 河西에서 발견된 다실전묘가[45] 장방형의 후실과 방형의 전실, 그리고 전실의 좌우에 작은 감실의 구조를 갖추고 있음에서 알 수 있다. 그리고 서진시대에 이르면 무덤은 대체로 단실묘로 구성되며 규모에 의해 대형·중형·소형의 구분이 이루어지는데, 이러한 전축묘를 단실로 조성하는 분위기는 상당기간 지속되고 단지 규모나 형태에서 위계차를 표현 한다[46]. 이는 서북한 지역의 전실묘가 점차 단실묘로 정착되는 것과 대비된다. 다만 서북한 지역에서 전실묘의 다음에 등장하는 塼·石混築墓는 다소 예외적 현상으로 볼 수도 있다.

전·석혼축묘의 등장에 대해서는 전실묘가 석실묘로 변화되는 과정적 요

---

42) 황기덕, 박진욱, 정찬영, 1971, 「기원전 5c-기원 3c 서북조선묘제」 『고고민속논문집』 3.
43) 田村晃一, 2001, 『樂浪と高句麗の考古學』, 同成社.
44) 한인덕, 1988, 「평양일대 벽돌칸무덤의 년대에 대하여」 『조선고고연구』 1988-4호.
45) 中國社會科學院 考古學硏究所編著 關野雄 鑑譯, 1988, 앞의 책.
46) 中國社會科學院 考古學硏究所編著 關野雄 鑑譯, 1988.

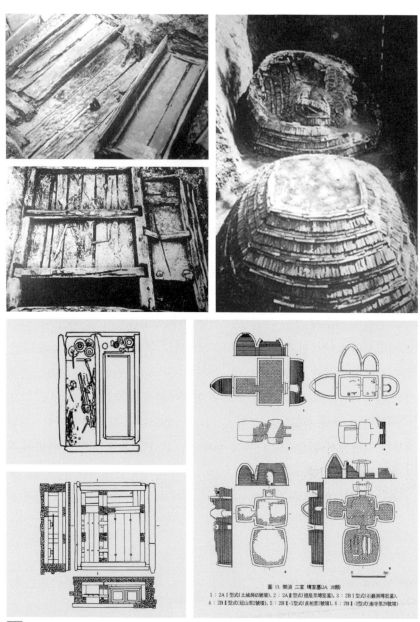

圖 13. 樂浪 二室 塼室墓(2A, 2B類)

1 : 2AⅠ型式(土城洞6號墳), 2 : 2AⅡ型式(德昙里塼窒墓), 3 : 2BⅠ型式(石巖里塼窒墓),
4 : 2BⅡ型式(冠山里2號墳), 5 : 2BⅡ-1型式(貞柏里1號墳), 6 : 2BⅡ-2型式(南寺里29號墳)

007 서북한 지역의 관·곽묘와 전실묘

소이고 종국에는 석실묘로 변화
되는데[47) 배경은 재료의 취득,
즉 벽돌보다는 석재 채취가 용이
한 자연환경과 관련된 것으로 보
는가 하면[48) 새롭게 이미 확립된
석실묘의 요소가 가미되어 나타
나는 현상으로 보기도 한다. 특
히 후자의 경우 塼·石混築墓는
초기에는 사용하지 않다가 후에
나타나는데 이는 전축분에 석실
묘의 요소가 가미된 것으로, 벽
돌무덤의 고유한 형식에서 벗어
나 새로운 모습의 것으로 보고
있지만[49) 전실묘에서 석실묘로
의 변화는 대체로 3~4세기 만

008 남정리 119호 전·석혼축묘

주지방을 비롯한 동북지역에서 나타난 큰 흐름의 하나가 아닌가 여겨진다.
즉 3세기 초의 만주지방에 공손씨 정권이 확립되어 있을 무렵의 묘제는 벽
화묘라던가 전실묘나 석곽묘 등이 확인되며, 이는 위진 시기에 이르러서도
그러한 환경이 유지되면서 오히려 중소형 규모가 많아지고 석축묘가 증가
하는 현상도[50) 지적되기 때문이다.
    이로 보면 서북한 지역의 묘제환경은 중원과 관련하여 운용된 것으로

---

47) 田村晃一, 2001, 앞의 책.
48) 梅原末治, 1974, 『朝鮮古代の墓制』, 圖書刊行會.
49) 한인덕, 1986, 「평양일대벽돌무덤의 구조형식과 그 변천 」『조선고고연구』 1986-2.
50) 張博泉 魏存成 編, 1996, 앞의 책.

분류하여야 하고, 이는 고구려와 별개의 계통과 내용으로 보아야 한다는 것을 알게 한다. 그러면 고구려의 횡혈식 묘제 등장배경을 어떻게 이해할 것인가의 문제가 남는다. 그런데 이와 관련하여 주목할 것은 적석총은 수혈식에서 횡혈식으로, 그리고 봉토석실묘는 본래부터 횡혈식 묘제인데, 이 경우 횡혈식 구조의 발생을 별개의 사유로 설명하는 다양한 견해가 주목된다. 즉 적석총에 횡혈식 구조의 등장이 墳壟의 유실을 막기 위하여 계단식으로 축조하는 환경의 발생, 그로써 수혈식 묘곽이 깊어져 매장행위에 불편이 생겨 주검을 쉽게 운반하기 위한 통로와 안길시설을 만든다거나[51], 피장자의 위세를 과시하기 위한 후장풍속과 처첩의 합장을 위한 묘실규모의 확대 및 출입시설의 필요에 의해[52] 횡혈식이 발생하였다는 등의 해석이 그것이다. 또한 봉토석실묘의 경우도 수혈식 적석무덤이 횡혈식 적석무덤으로 변화·발전하는 과정에서 나타난 것으로 보는데, 이는 기존의 횡혈식 묘제와 무관한 것으로 노남리 등지의 자료를 예로 압록강 유역에 국한된 상황으로 설명한다. 반면에 평안도나 황해도 등지는 일찍부터 봉토석실분을 사용하였는데 서북한 일대가 고조선의 영역으로 일찍부터 변형고인돌의 사례로 미루어 횡혈식 돌무덤이 발생하고 이것이 돌칸 흙무덤으로 발전하였다고 본다[53].

이처럼 연원에 대한 다원적 이해는 상당한 혼란을 야기하는데 특히 이러한 논지의 연장선상에서 평양의 전·혼축묘도 낙랑 전실묘와 구조적으로 비슷하지만 고조선의 흙무지 무덤이 고구려의 남하와 함께 돌칸 흙무덤으로 전환되었다고 보기도 한다. 이처럼 고구려 묘제의 계통이해에 대한 경

---

51) 과학원출판사, 1975, 『고구려문화』.
52) 손수호, 2001, 앞의 책.
53) 과학원출판사, 1975, 『고구려 문화』.
　　손수호 2001, 앞의 책.

직성은 봉토석실분이 5세기경에 고구려 사회의 지배적 무덤으로 자리하면서 이후 백제와 신라 나아가 가야지역으로 확산된다는 다소 극단적인 견해도 제시된다. [54] 물론 이러한 논지의 배경은 낙랑·대방이 위치하였던 서북한 지역의 역사인식의 차이에 기인하는 것으로 상당한 복합성을 포함하고 있는 것도 사실이다.

사실, 고구려 묘제의 계통에 대해서는 전통의 고인돌 묘제의 축조기법 등외에 낙랑지역에서 산견되는 전축분의 횡구식 돔 천정 형태의 무덤예로 미루어 초기에는 전통기법에 漢式의 가미단계에서 봉토분등 漢式 묘제로 전환되었다고 보아야 하고, 벽돌에서 석재로의 변화는 석재 채취가 유리하다는 환경에서 비롯된 것으로 보는 견해를[55] 주목할 필요가 있다. 이는 일찍이 고구려의 벽화고분의 검토를 통해 압록강 유역의 봉토석실분의 발생이 대동강 유역의 영향 하에 이룩된 것이라는 지적[56]과 상통하는 것이기도 하다. 즉 고구려 묘제에도 일정하게 외부의 영향을 상정해야 하고 그에 따른 변화를 추정함을 예시하는 것으로 받아들여진다.

주지되었듯이 고구려의 봉토 석실분의 매장부는 처음부터 횡혈식 구조이다. 더불어 이 봉토 석실분은 압록강 유역을 논외로 할 경우 서북한 지역에 집중되어 있고, 매장시설도 묘제로서는 매우 발전된 횡혈식 구조라는 점이다. 나아가 서북한 지역에서 전실묘가 석실묘로 전환되었음도 남정리 119호분 등의 자료가[57] 충분히 증거하기에 적어도 고구려 봉토 석실분이란 횡혈식 묘제의 연원은 낙랑·대방지역에 성행한 전·석혼축묘, 나아가 전실묘에서 구할 수밖에 없지 않을까 생각된다. 나아가 적석총의 경우도 횡

---

54) 궁성희, 1987, 「삼국시기 돌칸흙무덤의 공통성에 대하여」『조선고고연구』1987-4호, 사회과학출판사.
55) 梅原末治, 1974, 앞의 책.
56) 김용준, 1958, 『고구려고분벽화연구』, 과학원출판사.
57) 榧本龜次郎, 1933, 「南井里119號墳」『樂浪王光墓』, 朝鮮古蹟研究會.

혈식 구조의 등장이 봉토 석실분의 확산 속에 이루어진 것이라면, 그 연원은 서북한 지역의 횡혈식 묘제와 관련 있는 것으로 보아야 할 것이다. 다만 만주지역에 횡혈식 묘제가 중국의 중원지역과 크게 다르지 않다는 점에서 이 지역에 횡혈식 묘제가 일찍 파급되었다는 전제도 가능하다. 이에서 적석총의 경우는 횡혈식 묘제라는 아이디어의 채용이 일찍 이루어질 수 있기에 그 연원을 만주지역에서 구할 수도 있다. 그러나 이 문제는 고구려의 적석총이나 봉토석실분 분류나 편년이 그 연원을 달리하여 살필 경우 보다 구체화될 수 있을 것이다.

백제 횡혈식 묘제는 한강 유역의 가락동·방이동 석실묘를 대상으로 그 연원이 서북한 지역의 낙랑·대방의 무덤에 연원을 구하여야 한다는 견해가 일찍 피력된 바 있다.[58] 이는 일본 북구주 지역의 석실묘 연원을 염두에 둔 것으로 생각되지만 그러한 견해는 아직도 유효한 것으로 여겨진다. 일본의 초기 횡혈식 석실은 전기의 수혈식 석곽이 발전된 것이 아니고 한반도에서 유입된 것으로 보며, 한반도의 경우도 중국문화의 영향으로 횡혈계의 묘제가 유입되었다고 본다. 근거는 최근 한강유역의 백제고분 특히 석촌동 4호분의 예로 미루어 일찍 횡혈식 묘제의 유입을 추정할 수 있으며, 특히 5세기 전반경에 본격적인 횡혈식 석실이 출현한 것으로 알려진 점을 주목하고, 낙랑계 한인이 만든 남조계의 전실묘를 모체로 하여 4세기 후반에 성립한 평양부근의 횡혈식 석실의 영향에 의한 것으로[59] 보고 있기 때문이다. 다만 최근에 한성도읍기의 백제 석실묘에 대해서 가락동·방이동 석실묘의 주체문제로 다소 혼란이 있지만 백제의 횡혈식 석실묘는 한성도읍기인 4세기 후반 경에 등장하였고 백제의 중심지역인 강남지역을 위요한 일대에서 널리 사용되었다는 것은 최근에 증가된 자료로 증거된다.

---

58) 西谷正, 1980, 「百濟前期古墳의 形成過程」 『百濟文化』13, 百濟文化研究所.
59) 白石太一郎, 1985, 앞의 책.

백제 석실묘로 가락동·방이동 고분군의 재검토[60], 그리고 한성도읍기로 편년되는 초기의 횡혈식 석실묘의 검토를 통해서 초기에 도입된 석실묘의 존재양상에서 토착성의 부각, 구조적 부정형성은 이 묘제의 도입이 일원적이지 않았다는 것을 보여준다. 그러나 중심지역의 석실묘가 시원형으로 존재하면서 지방사회로 확대되는 구심점 역할을 한 것이고, 그것은 서북한 지역의 낙랑·대방의 묘제와 관련 있다는 것이 논증되어 있는 상황이다[61]. 나아가 지방으로의 확대도 일부는 도읍지역의 환경이 그대로 전이되었겠지만, 대체로 기존의 전통묘제가 사용되던 환경에서 새로운 문물로 횡혈식 석실묘란 개념이 알려지거나, 아직 정형화되지 않은, 아니면 정형화된 묘제의 목격과 이의 모방 축조로 진행되었을 것이란 추정도 이루어졌다[62].

한편 신라와 가야지역의 횡혈식 묘제 유입은 상대적으로 늦게 이루어지는 것을 앞서 보았다. 신라사회의 횡혈식 석실묘의 등장은 구묘제를 계승 발전시킨 후계묘제가 아니라 계통이 다른 대체묘제로 단순히 후속묘제의 성격을 갖는 것으로 본다. 특히 경주지역과 같은 중심지역의 경우 그 유입이 상당히 늦고 따라서 2차 파급에 의한 것으로 볼 수 있는데 압록강 유역과 대동강 유역의 고구려 횡혈식 석실묘가 한강유역을 거쳐 남쪽으로 내려와서 이루어진 형식으로 본다거나[63] 한강 이남에 방형 석실묘가 들어와 있는 상황에서 신라는 6세기 중엽에 한강유역과 원산만으로 진출을 계기로 고구려에서 내려오는 신식의 방형 궁륭식 석실묘를 채용하였다고도 본다[64]. 그리고 백제·가야·중국·일본 등 인접국가에서 횡혈식 석실묘 장법의 유행에 대한 자극에서 비롯된 것으로 고구려의 묘제가 유입된 것으로 보기

---

60) 李南奭, 1999, 「百濟 橫穴式石室墳의 受容樣相」『韓國古代史研究』16, 韓國古代史學會.
61) 李南奭, 1992, 앞의 글.
62) 李南奭, 2007, 「漢城期 百濟石室墳의 再認識」『震檀學報』103, 震檀學會.
63) 姜仁求, 2000, 앞의 책.
64) 崔秉鉉, 1992, 앞의 책.

도 한다.[65] 더불어 가야의 횡혈식 석실묘는 전남지역과 가까운 진주지역을 중심으로 영산강계의 영향으로 송산리식의 변형인 궁륭 평천정이 등장하는 것과, 터널형과 궁륭식의 후행형과 복합형인 고아동 벽화고분의 계통으로 구분하여 보는 견해가 유력한데[66] 연원으로 백제를 주목하는 것으로 판단 된다. 다만 이도 신라와 마찬가지로 2차적 파급에 의해 횡혈식 묘제가 유입되었음을 단적으로 보여주는 사례이다.

그런데 신라사회의 횡혈식 묘제 유입은 중심지보다는 지방사회에서 먼저 이루어졌고 그것도 시기적으로 4세기 후반으로 보기도 하지만, 적어도 5세기 후반경에 이르면 횡혈계 석실묘가 축조된다. 이는 가야지역에서도 확인되는 상황인데 그 배경은 영남지방에 낙랑의 전축분을 통한 횡혈식의 아이디어가 일찍 유입된 결과라던가[67], 고구려 또는 백제의 영향을 받아 재지공인들에 의해 축조하였다는[68] 의견도 있다. 나아가 고구려 횡혈식 석실묘의 매장법의 영향으로 발생하였는데 낙동강 유역에서 매장방식만 수용한 것으로 보기도 한다.[69] 이 횡구식 석실묘는 횡혈식 석실묘의 매장법 영향을 받아 전통묘제인 수혈식 석곽에 입구를 만들었다는 점에서 개별지역 고유의 전통성이 있음은 물론이다. 따라서 보다 선진지역의 자료와 직접 비교하여 연원을 탐색하는 것은 무리임이 틀림없다.

이와 관련하여 횡혈식 묘제의 확산 정형에 대한 추론을 재음미할 필요는 있다. 대체로 묘제의 전파는 새로운 묘제에 대한 아이디어가 지방사회에서 수용되어 새롭게 무덤을 만드는 경우가 있을 수 있다. 또 다른 하나는 기술이나 주민의 직접 이동에 의해 전혀 새로운 양식의 무덤이 확산될

---

65) 홍보식 , 2003, 앞의 책.
66) 曺永鉉, 1993, 「三國時代의 橫穴式石室」『季刊考古學』 45, 雄山閣.
67) 崔秉鉉, 1992, 앞의 책.
68) 曺永鉉, 1994, 「嶺南地域橫口式古墳의 硏究 1」『伽倻古墳의 編年硏究』 2, 嶺南考古學會.
69) 홍보식, 2003, 앞의 책.

수도 있을 것이다. 횡혈식 묘제의 전파는 기술이나 사람에 의한 직접 파급이 충분히 예상될 수 있는 물질자료임이 분명하다. 백제의 중심지역 횡혈식 석실묘를 비롯하여 6세기 중엽 백제묘제의 형상을 그대로 간직한 가야의 고아동 고분은 아마도 상징적 증거일 것이다. 그러나 앞서 본 것처럼 영남지역의 횡구식 묘제는 전자의 예로 횡혈식 묘제의 아이디어 수용으로 보았고, 그러한 정황은 횡혈식 석실묘가 유입된 백제의 경우도 중심지역과는 달리 지방사회에서 아이디어 수용에 의한 축조로 판단된 바가 있다. 백제사회는 영남지역과 마찬가지로 횡혈식 묘제 유입 이전에 수혈식 석곽묘가 사용되었는데, 이들에게 횡혈식 아이디어가 수용되어 횡구식 석곽묘가 등장한 경우에서도 알 수 있기 때문이다.

요컨대 한반도에 횡혈식 묘제의 등장은 서북한 지역에서 비롯되고, 그것이 북으로 고구려, 남으로 백제로의 파급이 이루어진다. 이후 신라 가야지역에로 2차 파급이 이루어지는데 특히 신라·가야지역의 2차 파급은 백제사회에 횡혈식 묘제의 수용이 4세기 후반경에 나타나고 그것이 5세기에 이르면 상당한 넓은 범위로 확산이 이루어진다는 점에 유의하여야 할 것이다. 즉 묘제의 확산이 직접적이든, 간접적이든 간에 2차 파급이라면 1차 파급지도 다각적으로 고려한 다음에 그 연원이 탐구되어야 할 것이다.

5. 結言

횡혈식 묘제는 묘실의 출입시설을 마련하여 장제적으로 이전의 단장묘 대신에 합장이나 다장을 전제하는 무덤이다. 이 묘제는 삼국이 체제를 정립할 즈음 주묘제로 자리 잡았고 이후 보편적 묘제로 자리 매김 된다. 이 묘제는 묘·장제적으로 선행묘제와 큰 차이가 있지만 선행묘제의 진화에서 비롯된 것보다는 3세기나 4세기 대에 고구려와 백제, 그리고 5세기말이나

6세기 무렵에 신라와 가야지역에 시간차를 두고 새롭게 등장한 것이다. 이처럼 묘제의 중요성에 의해 지역이나 국가별 횡혈식 묘제의 검토는 상당한 업적이 축적되어 있지만 종합적 전개양상이나 연원에 대해서는 미진한 부분이 많았다. 여기에서는 횡혈식 묘제가 한반도에 어떻게 등장하고 전개되고 그 연원을 어떻게 구할 것인가를 살펴보았다.

한반도의 횡혈식 묘제는 대체로 낙랑·대방지역을 필두로 4세기 이후 전역으로 확산되었음을 알 수 있다. 나아가 횡혈식 묘제의 발생은 중국의 전한 중기에 부부합장이란 장제의 변화에 부응하여 이루어졌다는 것과, 중국에서 횡혈식 묘제의 발생과 함께 공심전을 사용한 횡혈식 전실묘, 나아가 생전의 주거형상을 모방한 다실묘까지 발전되었음도 알 수 있다. 결국 삼국기 한반도에 전개된 횡혈식 묘제는 기존의 토착적 묘제인 수혈계의 보편적 활용 속에 등장한 것인데, 서북한의 낙랑·대방지역은 중국의 한대 묘제가 그대로 전이되어 나름의 토착적 전통이 첨가되면서 같은 방향으로 전개되었음을 알 수 있다. 반면에 고구려 봉토석실분의 사용은 횡혈식 묘제의 보편화를 점칠 수 있다. 그러나 적석총에 수혈식에서 횡혈식으로 전환이 있지만 시기나 현황의 검토는 어렵다. 백제를 비롯한 신라·가야지역의 횡혈식 묘제의 등장이나 전개는 고구려와는 달리 나름의 계통을 추정할 수 있을 만큼의 특징을 드러낸다.

이에 한반도의 횡혈식 묘제는 중원의 횡혈식 묘제가 낙랑과 대방을 통해 유입되고 그것이 석실묘로 발전하였음을 보았다. 이 묘제는 북으로 고구려의 봉토석실분의 연원이 되지만 고구려 적석총에 횡혈식 구조의 등장은 만주지역과 관련된 것인지, 봉토석실분의 확산에 의한 것인지의 판단은 유보된다. 반면에 백제는 서북한 지역에서 파급된 것이 비교적 선명하게 드러난다. 그러나 신라·가야는 고구려·백제와는 달리 2차 파급으로 늦게 횡혈식 묘제가 유입되었고 그 계통은 다양한 논의가 있으나 묘제 확산의 다면성을 고려하면서 연원문제가 보다 깊이 있게 검토되어야 할 것이다.

VII 한성기 백제 횡혈식 석실묘제의 전개
漢城期 百濟 橫穴式 石室墓制의 展開

1. 序言

백제의 고분문화는 고대국가 백제의 성장과 함께 다양했던 묘제가 횡혈식 석실묘란 단일 묘제로 통일되는 점을 그 특징으로 자주 지적한다. 그런데 초기적 환경을 엿볼 수 있는 한성 도읍기 묘제 현황에 대해서는 아직 종합적 이해에 이르지 못하고 있는 실정이다. 다만 4세기에 이르면 토광묘라던가 분구묘·석곽묘·석실묘 등 나름의 특성을 갖춘 분묘가 폭넓게 사용되기 시작하고, 이들이 지역성을 갖추면서 변화·발전을 거듭하였다는 인식은 마련되어 있다. 특히 횡혈식 석실묘가 이즈음에 등장하였고, 다른 묘제와 竝存하지만, 결국에는 다른 묘제들이 소멸되는 와중에 유일의 묘제로 남는다는 것도 알 수 있다.

백제 묘제로서 횡혈식 석실묘는 묘제변화의 중심에 있을 뿐만 아니라 백제사 전개와 더불어 변화를 거듭한다. 또한 사회 변화와 함께 묘제적 변화도 나타나는데 그 변화의 궤적에 따라 정치·사회를 해명할 수 있기도 하다. 때문에 이에 대한 검토가 일찍부터 진행되었고 그 전제로 묘제에 대한 이해도 일찍부터 진행되어 왔다[1]. 다만 백제사회에 처음으로 도입되고 확산된 정황에 대해서는 아직도 자료부족이란 한계로 구체적 검증에 미진함을 남길 수밖에 없었다.

그런데 최근의 활발한 고고학 활동 덕택에 백제 분묘자료의 축적이 괄목하게 이루어졌는데, 그중에서 횡혈식 석실묘의 초기적 정황을 살필 수 있는 자료도 적지 않게 산견된다. 이들은 양적으로 충분하다고 보기는 어렵지만, 확보된 것만으로도 백제사회에 어떻게 정착되었는가를 비롯하여 초기 정황을 파악할 수 있다고 여겨진다. 사실, 기왕에 부족한 자료지만 백제 석실묘의 연원과 발전과정에 대한 대강의 인식을 진행한 바 있지만[2] 선입관적 편견 등의 장애로 더 이상 논의를 진전시킬 수 없었다. 때문에 백제 석실묘의 묘제 인식은 한성도읍기란 초기 환경을 논외로 두고 대체로 웅진기 이후의 것만을 검토하는 정도에 머물 수밖에 없었다. 다행히 최근의 자료집성과 그 결과 다양한 성격의 자료 출현은 기왕의 편견적 장애를 극복할수 있게 되고 이를 기회로 백제 초기 석실묘의 존재양상에 대한 적극적 이해를 도모코자 한 것이 이 글이다.

2. 漢城期 百濟 石室墓의 認識

백제사를 한성·웅진·사비시대로 劃分하는 것은 『三國史記』등의 문헌기

---

1) 輕部慈恩, 1933-1936,「公州に於ける百濟古墳」『考古學雜誌』.
   安承周, 1975,「百濟古墳의 研究」『百濟文化』7·8合, 百濟文化研究所.
   姜仁求, 1977,『百濟墓制 研究』, 一志社.
   李南奭. 1995,『百濟石室墳研究』, 學研文化社.
2) 李南奭, 2002,『백제의 고분문화』, 서경.
   _____, 2002,『百濟墓制의 研究』, 서경.

록에 나타난 백제의 도읍지 천도를 기준한 것이지만, 물질문화상으로 나름의 성격구분이 엿보이기에 그러한 구분에 타당성을 인정할 수 있을 듯하다. 분묘환경을 볼 경우에 한성도읍기 묘제와 남천 후 웅진·사비 도읍기의 묘제가 비교적 선명한 성격차이가 있음에서 그러하다. 따라서 여기에서 검토코자 하는 한성기는 고대국가 백제가 건국이후 475년 웅진으로 천도전까지를 시간 범위로 잡고자 한다. 즉 백제 묘제로서 한성기 석실묘는 백제가 한성에 도읍하던 시기에 축조된 것을 대상으로 한다는 것이다. 다만, 공간은 백제강역의 점진적 확대가 전제되어야 하겠지만 설정에 어려움이 있다. 그러나 무덤이란 물질자료가 가지는 속성, 즉 연속성을 고려하면서 백제의 최대강역을 그 범위로 잡아도 문제가 없을 것이다.

사실, 백제 한성시대 전반기의 정황은 삼한 문화와의 중복 및 연접으로 구체화할 수 없다. 그러나 후반기로 분류되는 시기, 즉 고이왕대의 문물제도 정비에 이은 근초고왕대의 강역확대 등 일련의 사건이 전개되는 3세기말 4세기 중반경에 이르면 백제는 고유의 정치·사회·문화적 특성을 갖추었던 것으로 봄에 문제가 없다. 따라서 적어도 4세기대 이후부터는 백제사는 문헌사학이나 고고학적으로 定型性이 담보된 정황의 언급이 가능하다. 물론 이 즈음 백제 고고학 환경의 시·공간적 범위 설정에 이견이 없지 않지만 물질문화의 분류·해석의 기본적 틀에 대해서는 어느정도 이해가 일치하고 있다고 여겨진다. 따라서 한성 도읍후기인 4~5세기를 기점으로 백제강역에 잔존된 분묘자료를 백제고분으로 분류하여 검토함에 문제가 없을 것이다.

건국 이후 멸망할 때까지 백제사회에서 사용되었던 무덤들은 공간과 시간에 따라 상당히 다양한 형태로 존재한다. 우선 묘제적으로 토광묘 계열, 석축묘 계열, 옹관묘 계열, 그리고 특수형이란 대강의 분류 속에 복잡한 형식구분도 이루어지는데[3] 이는 백제 묘제의 다양성을 단적으로 보여주는 것

---

3) 李南奭, 1994, 「百濟墓制와 石室墳」『滄海朴柄國教授停年紀念私學論叢』.

이다. 더불어 다양한 묘제는 지역적 편차가 크게 나타난다. 그것은 도읍지역과 지방과의 구분, 그리고 지역간의 구분에 분명함에서 그러하다. 예컨대 도읍지역의 경우만 하더라도 횡혈식 석실묘 외에 봉토목관묘나 봉석목관묘 등의 묘제가 있었고, 여기에 구체화할 수 없지만 기단식 적석총의 존재도 언급된다. 더불어 지방사회의 복잡성은 보다 크게 나타나는데, 묘제적으로 석실묘 외에 주구토광묘를 비롯한 다양한 토광묘와 옹관묘 그리고 석곽묘로 구분되는 것들이 있고 이들은 지역에 따라 분포양상을 달리하기도 한다.

그런데 이처럼 다양하였던 묘제는 역동적 변화상을 연출하는데 4세기 즈음에 다양한 묘제가 등장하여 5세기대에는 지역적 특성을 갖추어 번성하지만 웅진천도를 전후하여 횡혈식 석실묘가 묘제의 주류로 등장하고 이어 적어도 사비 도읍기에 이르면 석실묘를 제외한 여타의 묘제는 완전히 자취를 감추는 특징도 있다. 즉 백제묘제로서 횡혈식 석실묘는 4세기경에 유입된 이후에 묘제 변화의 중심에 있으면서 결국에는 백제 유일의 묘제로 남는 것을 알게 한다[4].

물론, 백제 횡혈식 석실묘로 분류될 수 있는 자료는 도읍지는 물론이고 지방사회의 각지에서 그 흔적이 풍부하게 남아 있다. 시간상으로 4세기 후반경으로 편년되는 것들을 시작으로 7세기 후반경까지 대부분 시간에 망라되어 존재하고, 백제 강역의 전체에 산포된 형태로 있음이 그것이다. 물론 이들 백제 횡혈식 석실묘에 대한 관심은 일제강점기 때부터 있었는데 존재 파악과 함께 개략적이지만 형식 분류를 진행한 것이 그것이다[5]. 이후 횡혈식 석실묘는 백제 묘제연구의 중심에 자리하면서 연원 및 형식구분과 편년 등의 폭넓은 인식이 진행되기도 한다. 그 결과 웅진천도를 기점으로 이후

---

4) 李南奭, 2002, 『백제의 고분문화』, 서경.
5) 經部慈恩, 1933-1936, 앞의 글.

전개된 백제 횡혈식 석실묘에 대해서는 유형이라든가 편년문제, 나아가 그 속성에 대한 대체적 이해의 기반도 마련되었다고 볼 수 있다.

백제 석실묘에 대한 이해는 묘제 연원을 구체화하기 어렵지만 4세기 후반경에 서북한 지역에서 백제사회에 유입된 것이란 점, 웅진천도와 더불어 백제묘제로서 본격적으로 사용되는데 이들은 묘제적으로 백제 양식이라 불릴 만큼 정형적 형상을 갖추었다는 점, 웅진도읍 후반경에 전축분 등의 새로운 묘제 도입과 영향으로 나름의 형식적 변화도 나타나는데 그것이 체계적 변화·변천의 과정을 보인다는 것, 나아가 백제 유일의 묘제로 자리매김된다는 것 등의 인식에[6] 큰 이견이 없다. 그러나 이러한 인식은 얼핏 백제 횡혈식 석실묘 이해의 완성으로 보이기도 하지만, 오히려 초기형의 문제, 즉 이 묘제가 처음 도입되는 시기의 정황과 그 대상, 그리고 배경 등에 대한 이해는 거의 마련되지 않은 것이다. 물론 그 배경은 자료적 한계라는 태생적 문제가 있었지만 이외에 인식의 차이로 말미암아 한성 도읍기에 횡혈식 석실묘라는 묘제가 어떻게 등장하고 존재하였는가, 나아가 지방사회로 어떻게 확산되었는가의 문제해명은 여전히 미진한채 남겨질 수밖에 없었다.

백제묘제로서 횡혈식 석실묘의 이해는 그것이 백제묘제 전개의 중심에 있기에 중요성이 매우 크게 인식되었다. 주지되듯이 백제는 체제 정비와 더불어 선진문물의 수용을 활발하게 진행하는데 횡혈식 석실묘란 묘제도 등장한 시기로 미루어 그러한 과정에서 유입된 것으로 볼 수 있다. 백제사회에 새롭게 등장한 횡혈식 석실묘는 묘·장제적으로 기왕의 전통 묘제와는 차이가 있는 것이다. 전통적 묘제가 單葬에 直接葬이지만 입구가 없는 일회용인데 반해서 입구를 설치하여 追加葬에 多葬的 속성을 갖춘 새롭게 유입된 묘제이기에 그러하다. 그리고 이 묘제가 4세기 후반경에 백제사회에

---

6) 李南奭, 1995, 『百濟 石室墳 硏究』, 學硏文化社.

등장하는데 이즈음의 백제는 강한 국가적 동력을 갖추게 된 시점임을 고려한 것이기도 하다. 더불어 백제사회에 유입된 횡혈식 석실묘는 기왕의 다양한 전통묘제들을 구축하고 유일의 묘제로 남는데 그것이 백제의 중앙 지배력의 강화와 같은 국가적 성장과 궤를 함께 하는 점에서 그 중요성을 엿볼 수 있다는 것이다.

그런데 분묘만이 아니라 한성 도읍기 백제의 정황을 구체적으로 전하는 고고학 자료는 전반적으로 劣惡하다는 것은 주지된 사실이다. 특히 백제의 오랜 도읍지였던 서울지역, 그것도 강남지역에 대한 반복적 개발은 선대의 고고학자료에 대한 철저한 인멸로 이어졌고, 그 결과 500년 백제 도읍의 흔적은 자취조차 찾기가 어려울 정도이다. 오랜 도읍으로 상당한 인문환경의 조성을 추정할 수 있음에도 풍납토성이나 몽촌토성 같은 대형유적 외에 석촌동 등지에 산발적으로 매장유적이 남아 있을 뿐이다. 다만 석촌동·가락동·방이동 등지에 백제 한성도읍기 묘제환경을 이해할 수 있는 분묘자료가 남아 있었지만 그마저 자료의 성격상 한계가 없지 않았다.

강남지역 백제분묘 자료는 석촌동의 적석총·토광묘가 있고, 가락동과 방이동에 석실묘도 있다. 물론 양적으로 빈약하지만 한성 도읍기의 백제 분묘환경을 이해하기에는 충분한 것으로 볼 수 있으며, 이들은 나름의 변화상도 엿보인다. 예컨대 백제 초기의 분묘로 토광묘가 사용되었다든가, 고구려와 관련된 적석총이 존재하여 건국세력의 성격을 비정하면서 이들이 지배층의 주묘제로 활용되었다고 보는 것이 그것이다[7]. 문제는 석실묘인데 이도 가락동·방이동에서 약 10여기가 확인되어 일단 존재는 인정되고 있던 상황이었다. 즉 이들 석실묘는 일찍부터 백제 석실묘란 전제에서

---

7) 林永珍, 1987, 「石村洞一帶 積石塚系와 土壙墓系 墓制의 性格」 『三佛金元龍敎授停年紀念退任紀念論叢』.

다양한 논의가 전개되었는데[8], 신라토기의 출토로 백제고분인가의 의문이 제기되면서[9] 이후 축조의 주체가 신라인[10], 고구려인[11], 가야인[12]으로 비정되어 성격의 이해에 혼란이 크게 나타난 것이다. 그런데 이들이 백제 한성기 석실묘 사용을 증거하는 유일한 자료였었음에도 불구하고, 그 결과 백제묘제로서 석실묘는 도읍지역에는 존재하지 않는다는 결론과 함께 석실분의 미사용이란 인식까지 확대되기에 이른다.

백제 한성기 도읍지역에 횡혈식 석실묘가 없었다는 소위 석실묘 부재론의 제기는 당시 도읍지역에서 왕실을 비롯한 지배층은 적석총만을 사용하였다는 입장과 관련된 것으로 추정되고, 그 배경은 적석총 조사로 나타난 편년관, 즉 적석총 사용의 하한을 5세기 중반으로 설정한 것과 관련되지 않은가의 의문도 있다. 물론 근본적 원인은 한성기 도읍지역에 석실묘가 사용되었음을 적극적으로 증거할 자료의 결여, 백제 석실묘로 인정될 수 있는 가락동·방이동 석실묘 성격불명에서 기인하는 것이기는 하다. 그런데 가락동·방이동 석실묘의 경우 묘제적 특성에 비추어 그것은 백제 한성기 석실묘로서의 위상을 인정할 수밖에 없기에[13] 보다 심층적 검토가 요구되는 상황이었다. 물론 이러한 견해도 타당성을 얻기 위해서는 가락동·방이동 석실묘의 구조속성에 대한 정확한 검토와 함께. 도읍지역에 없는 석실묘가 어떤 과정으로 지방사회에 먼저 등장하였는가, 이후의 도읍지역인 웅진지역에 이전의 도읍지에는 없던 정연한 구조형식을 갖춘 횡혈식 석실묘가 주묘제로 사용되는 이유는 무엇인가 등의 의문해소가 필요하였지만 자료 부

---

8) 李南奭, 1992, 「百濟 初期 橫穴式 石室墳과 그 淵源」『先史와 古代』2. 韓國古代學會.
9) 金元龍, 1974, 「百濟初期 古墳에 대한 再考」『歷史學報』62, 歷史學會.
10) 崔秉鉉, 1992, 『新羅古墳研究』, 一志社.
11) 尹煥, 1989, 「漢江下流における百濟橫穴式石室墳」『古文化論叢』20-中.
12) 임영진, 2004, 「백제 한성시대 묘제의 다양성과 그 의미」, 경기고고학회 발표요지.
13) 李南奭, 1995, 앞의 책.

족으로 한계가 있었다.

물론 백제의 한성 도읍기에 도읍지역에서 석실묘가 사용되지 않았다는 견해, 즉 가락동·방이동 석실묘가 백제분묘가 아니라는 이해는 재검토가 필요하였고 이에 대해서는 이를 반증할 수 있는 다양한 자료가 출현함으로서 어느 정도 결론에 이르렀다고 본다. 필자는 한성 도읍기 백제 묘제의 전개에 관하여, 초기 토광묘 등의 삼한사회에 전통을 둔 묘제가 사용되었고, 이후 고총고분의 등장이 있은 다음에, 다시 4세기 후반 서북지방에서 석실묘가 유입되어 사용되다 적어도 5세기 중반경에 백제묘제의 주류적 위치를 차지한 것으로 본 바가 있다[14]. 이러한 입론에는 가락동·방이동의 석실묘가 백제인에 의해 한성 도읍기에 만든 분묘라는 전제가 있었음은 물론이다.

가락동·방이동 석실묘의 백제고분으로 볼 수 없다는 핵심적 이유가 출토유물로 신라토기가 존재하기 때문이었다. 더불어 한성기 백제의 도읍지역에는 가락동·방이동 자료를 제외하면서 석실묘 사용을 입증할 여타의 자료가 전혀 없기에 석실묘 부재론이 설득력이 있었던 것도 사실이다. 그러나 백제 석실묘에서 신라토기가 출토된 사례는 비단 가락동·방이동만이 아니라 청원의 주성리, 안성의 장원리에서도 확인되어 있다[15]. 이로써 백제분묘가 폐기된 뒤 신라인의 재활용 과정에서 부장품으로 초라한 토기 등의 유물이 남겨졌다는 결론을 얻을 수 있었는데, 이를 기회로 가락동·방이동 석실묘도 출토품이 아닌 묘제속성 즉 신라보다는 오히려 백제적 요소가 풍부하고, 백제 횡혈식 석실묘의 초기적 환경을 그대로 포함하고 있다는 논

---

14) 李南奭, 2002, 「百濟墓制의 展開」『百濟墓制의 硏究』, 서경.
15) 이는 청주 주성리 유적의 2호 횡혈식 석실묘가 그 사례로, 4세기 말경에 백제인이 만든 석실묘를 7세기경에 신라인이 재활용하면서 가락동, 방이동에서 출토된 신라토기와 같은 유물이 부장품으로 남겨져 있음에서 알 수 있다. 더불어 최근에는 안성 장원리 유적에서 동일한 자료가 다시 발견됨으로서 신라인의 백제 석실묘 재활용이 보편적인 것으로 볼 수 있게 한다.

거에 설득력을 얻을 수 있게 된 것이다. 나아가 이들 석실묘는 초기적 정황을 포함하고 있는 것인데, 가락동 3호분의 예로 미루어 웅진 도읍기에 성행한 횡혈식 석실묘의 원형도 이에서 구할 수 있을 것으로 보았다[16].

한성도읍기의 도읍지역 묘제환경, 그것도 석실묘의 정황을 살필 수 있는 자료가 상당정도 축적되어 있는데, 그중에서 주목되는 것은 우면산 백제 석실묘를 비롯하여 하남의 광암동, 그리고 판교에서 조사된 석실묘를 꼽을 수 있을 것이다. 이들은 대체로 5세기 중반 무렵을 전후한 웅진 천도 전에 사용된 것으로 편년됨에 비추어 한성 도읍기에 백제묘제로서 석실묘가 성행하였음을 단적으로 보여주는 사례들일 것이다.

그런데 이들 새로운 자료를 고려하면서 기왕에 논란의 중심에 있던 가락동·방이동 석실묘를 백제 묘제로 아우르면서 이를 종합할 경우 나름의 주목되는 정황도 발견된다. 즉 가락동·방이동 석실묘의 경우 그 묘제 정황 중에 여러 기의 석실묘가 존재함에도 구조적으로 무덤간 통일성이 크게 결여되었다는 점이다. 하나의 단위 무덤군을 이룬 석실묘들은 각각이 서로 다른 구조로 축조되었는데, 이러한 정황은 그들이 오히려 백제 석실묘로서 시원적인 것과 관련한 것이 아닌가 여겨진다. 나아가 이러한 정황은 중앙과 지방의 묘제간 비교에서 상이성·상사성은 있지만 지방사회도 그러하다.

결국 백제 횡혈식 석실묘의 전개 정황은 한성기 묘제환경에서 비롯되는 것으로 이해될 수 있을 것이고, 이를 표지적으로 보여주는 것이 가락동·방이동의 석실묘들을 비롯하여 한성지역에서 최근에 확보된 석실묘 자료들일 것이다. 그런데 이들에는 백제사회에 처음 유입된 것으로 아직 백제적인 것으로 정착되지 않았기에 구조적 부조화를 남기게 된 것도 있어 주목된다. 물론 이들도 5세기 중반경에 이르면, 가락동 3호분과 같은 정형적 백

---

16) 李南奭, 1999,「百濟 橫穴式 石室墳의 受容樣相」『古代史研究』17, 韓國古代史研究會.

제 횡혈식 석실묘의 형상을 확립하고, 그것이 천도와 함께 새로운 도읍지
인 웅진으로 이입되어 사용되었기에 웅진지역에는 정형화된 횡혈식 석실묘
만이 존재하는 이유로 설명될 수 있을 것인데, 이러한 초기적 환경을 백제
횡혈식 석실묘의 등장과 전개환경으로 구체화할 수 있지 않을까 생각된다.

3. 漢城期 百濟 石室墓의 現況

웅진천도 이전까지를 백제의 한성기로 구분하고, 이 시기에 축조된 횡
혈식 석실묘를 한성기 석실묘로 구분하면 여기에 포함될 수 있는 자료는 매
우 많다. 이들은 도읍지 한성지역을 위요한 한강유역에 가락동·방이동, 하
남 고분, 마하리 석실묘, 법천리 석실묘를 꼽을 수 있다. 그리고 보다 남쪽
의 충청권을 중심한 금강유역에는 청주의 주성리 석실묘, 신봉동 석실묘,
천안 두정동 석실묘, 천안 용원리 석실묘, 공주 수촌리 석실묘, 분강 저석
리 석실묘, 익산 입점리 석실묘, 군산 산월리 석실묘, 보령 명천동 석실묘
가 있다. 그리고 보다 남쪽의 영산강 유역에서는 복암리 석실묘를 비롯하
여 영천리, 조산 등지의 자료가 있어 매우 광역적으로 존재함을 알 수 있
다. 이들을 편의상 한강유역, 금강유역, 그리고 영산강 유역으로 구분하여
정리하여 보겠다.

1) 漢江流域

우선 가락동 고분은 일제강점기에 조사된 2호분을[17) 비롯하여 3호분,

---

17) 朝鮮總督府, 1936,「忠淸南道公州宋山里古墳調査報告」『昭和二年度古蹟調査報告』第
二冊.

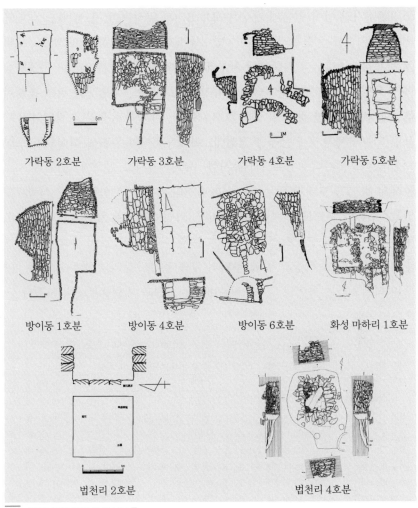

가락동 2호분   가락동 3호분   가락동 4호분   가락동 5호분

방이동 1호분   방이동 4호분   방이동 6호분   화성 마하리 1호분

법천리 2호분   법천리 4호분

001 한강 유역 횡혈식 석실묘들

4호분, 5호분의 4기가 전한다[18]. 그리고 방이동 고분은 7기가 전하지만[19]

18) 蠶室地區遺蹟發掘調查團, 1975, 「蠶室地區遺蹟發掘調查報告」 『韓國考古學報』 3輯.
19) 金秉模, 1977, 「芳荑洞古墳群」 『考古學』 4輯.

도면은 3기만 남아 있는데 아무튼 모두 8기가 알려져 있는 셈이다. 석실묘 외에 다른 분묘는 전하지 않으며, 방이동 5호분을 제외하면 횡혈식 구조라는 공통점도 있다. 입지나 축조환경에서 대략적 공통성은 있으나 구조양식에서 무덤간 차이가 크다. 낮은 구릉상에 입지하며, 무덤광을 파서 조성한 점, 할석을 사용한 것 등이 공통적 요소이다. 마하리 유적은 석곽묘와 토광묘만 있는 4세기 중후반대 유적인데, 여기에 1기의 횡혈식 석실묘가 포함되어 있다[20]. 가락동 3호분과 유사한 구조를 가지고 있으며, 입지나 재료 등에서 차이가 보이지 않는다. 한편 법천리 유적은 석실묘 외에 석곽묘도 있고, 후대의 분묘도 함께 존재하는데, 3기의 석실묘는 출토유물이나 구조 형상으로 미루어 한성기 석실묘로 볼 수 있는 것이다[21]. 이 유적은 하천변 평지에 입지하는 특징과 함께 무덤의 구조에서도 앞의 가락동·방이동, 마하리 석실묘와는 차이가 있다. 세부내용은 도면과 제원표로 정리하겠다.

유적명	묘실규모 (長短高)	장단비	연도 위치	천정 형태	부석 시설	장축방향
서울 가락리 2호	284×235×169	1.20:1	중앙	네벽조임	강자갈	N-S
서울 가락동 3호	370×365×400	1.01:1	우편재	·	·	N-10°-E
서울 가락동 4호	260×230×(?)	1.13:1	우편재	·	·	N-70°-W
서울 가락동 5호	280×225×170	1.24:1	중앙	네벽조임	판석	N-2°-E
서울 방이동 1호	310×250×(?)	1.24:1	좌편재	궁륭	강자갈	N-3°-E
서울 방이동 4호	234×257×(?)	0.91:1	중앙	궁륭	자갈+판석	N-15°-E
서울 방이동 6호	288×228×168	1.26:1	중앙	네벽조임	자갈	N-65°-W
화성 마하리 1호	260×330×(?)	0.79:1	우편재	·	판석	N-16°-W(직교)
원주 법천리 3호	177×132×65	1.34:1	중앙	궁륭	할석	N-89°-W(직교)
원주 법천리 4호	260×220×160	1.18:1	중앙	궁륭	할석	N-8°-E(평교)

20) 金載悅 外, 1998, 『華城 馬霞里 古墳群』, 湖巖美術館.
21) 송의정·윤형원 외, 2000, 『법천리 1』, 국립중앙박물관.

2) 錦江流域

금강유역의 범위는 임의로 구분한 것으로, 먼저 두정동 석실묘는 4세기대의 주거지와 토광묘가 잔존된 유적에 석실묘 1기만 잔존하며, 유구의 상당부분이 훼손되어 흔적만이 남아 있다[22]. 낮은 구릉의 정상면에 묘광을 구축하여 석축으로 조성하였으나 묘실의 평면만이 확인되었다. 용원리 석실묘는 구릉상에 있고, 주변에 토광묘와 수혈식 석곽묘가 대규모로 잔존한다[23]. 이 석실묘는 할석으로 축조되었으며 5세기 중후반대의 중국 청자가 출토된 유적으로 무덤 자체의 규모가 비정상적으로 크다. 청원 주성리 석실묘도 대체로 4~5세기대의 토광묘 밀집지역에 3기의 석실묘가 확인되었고, 2호분은 4세기말에 축조된 백제 무덤이나 7세기 어간에 신라인이 재활용 사용하면서 신라토기가 새로 부장되어 있어 석실묘 재활용 사례를 극명하게 보여주는 자료이다[24]. 신봉동 석실묘도 4~5세기대 대규모 백제 토광묘군 속에 1기만이 남아 있다[25].

공주 수촌리 석실묘는 대규모 백제고분군으로 추정되나 6기만 조사되었고, 2기는 토광묘, 2기는 석곽묘 계통, 그리고 2기는 석실묘이다[26]. 구릉사면에 입지하고, 금동관모가 출토되어 유명하나 묘실 상단은 대부분 파괴되었다. 분강·저석리 고분군은 공주와 부여의 중간지역에 위치하는 백제의 석축묘 계통이 군집된 유적으로 남향의 산지 경사에 입지하며, 한성기 석실묘로는 11~13호분, 그리고 16, 17호분이 있다[27]. 보령 명천동 석실묘는 낮은 구릉성 산지의 남향 경사에 입지하고 매장부가 거의 지상에 시설

---

22) 공주대학교 박물관, 2000, 『천안 두정동 유적』.
23) 서울대학교박물관, 2001, 『천안 용원리 유적 C 지구』.
24) 한국문화재보호재단, 2000, 『청원 주성리 유적』.
25) 충북대학교박물관, 1982, 『청주신봉동백제고분발굴조사보고서』.
26) 忠淸南道歷史文化硏究院, 2007, 『公州 水村里遺蹟』.
27) 공주대학교 박물관, 1997, 『분강 저석리 고분군』.

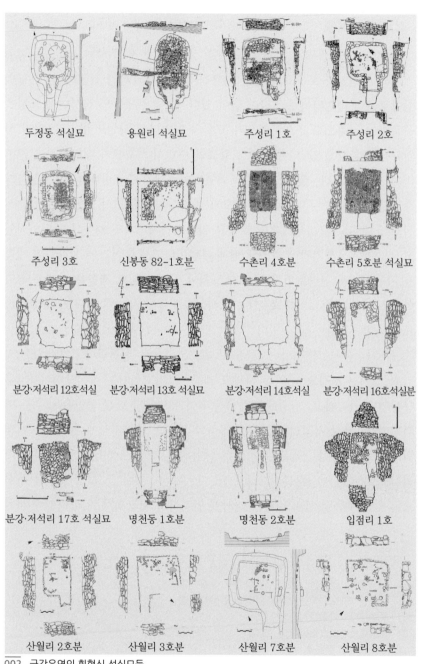

두정동 석실묘　　　　용원리 석실묘　　　　주성리 1호　　　　주성리 2호

주성리 3호　　　신봉동 82-1호분　　　수촌리 4호분　　　수촌리 5호분 석실묘

분강·저석리 12호석실　분강·저석리 13호 석실묘　분강·저석리 14호석실　분강·저석리 16호석실분

분강·저석리 17호 석실묘　　명천동 1호분　　　명천동 2호분　　　입점리 1호

산월리 2호분　　　산월리 3호분　　　산월리 7호분　　　산월리 8호분

002　금강유역의 횡혈식 석실묘들

된 특징이 있으며, 13기중에 한성기의 것으로 편년되는 것은 3기로 이후의 것으로 편년되는 것과 혼재한다[28).

익산 입점리 석실묘는 1호로 구분된 금동관모 출토 고분이다.[29) 산지의 경사면에 위치하는데 주변에 석곽묘 및 석실묘가 군집되어 있다. 산지의 정상부에 가깝게 자리하나 동향의 경사에 입지하면서 장축을 남쪽으로 두었다. 군산 산월리 석실묘는 석곽묘와 함께 있는데 3기는 구조나 출토유물로 한성기의 것으로 판단할 수 있다[30). 마찬가지로 세부내용은 제원표와 도면으로 대신한다.

유적명	묘실규모 (長短高)	장단비	연도 위치	천정 형태	부석 시설	장축방향
천안 두정동 1호	400×340×(?)	1.18:1	중앙	·	·	N-8°-E (평교)
천안 용원리	600×220×75	2.73:1	중앙	·	할석	N-220°-E
청원 주성리 1호	380×350×126	1.09:1	우편재	·	맨바닥	N-7°-W(직교)
청원 주성리 2호	310×380×170	0.81:1	·	·	할석	N-50°-E(직교)
청원 주성리 3호	372×220×80	1.69:1	우편재	·	할석	N-20°-W
청주 신봉동 82-1호	348×352×85	0.99:1	우편재	궁륭	할석	N-15°-E(직교)
공주 수촌리 4호	300×200×150	1.5:1	중앙	·	강자갈	N-40°-E(평교)
공주 수촌리 5호	340×260×120	1.3:1	우	·	강자갈	N-40°-E(평교)
분강·저석리 12호	258×189×86	1.37:1	중앙	·	할석	N-22°-W
분강·저석리 13호	256×241×102	1.06:1	중앙	·	할석	N-13°-W
분강·저석리 14호	302×287×56	1.05:1	중앙	·	할석	N-74°-W
분강·저석리 16호	250×216×142	1.16:1	우편재	궁륭	할석	N-S
분강·저석리 17호	283×200×159	1.4:1	우편재	궁륭(추정)	판석	N-175°-S
보령 명천동 1호	250×250×175	1:1	중앙	네벽조임	·	N-15°-E
보령 명천동 2호	240×245×140	1.02:1	우편재	네벽조임	판석	N-3°-E
익산 입점리 1호	268×242×240	1.11:1	우편재	궁륭	석비례	N-40°-E
군산 산월리 2호	295×216×116	1.37:1	좌편재	궁륭(추정)	풍화암반층	N-70°-W
군산 산월리 3호	271×308×84	0.88:1	좌편재	·	풍화암반층	N-60°-E

---

28) 공주대학교 박물관, 1996, 『보령 명천동 고분군』.
29) 국립문화재연구소, 1989, 『익산 입점리 고분군』.
30) 군산대학교 박물관, 2004, 『군산 산월리 유적』.

| 군산 산월리 7호 | 302×272×(?) | 1.11:1 | 우편재 | · | 풍화암반층 | N-25°-E |
| 군산 산월리 8호 | 255×254×96 | 1.00:1 | 모서리 | · | 풍화암반층 | N-45°-W |

3) 榮山江流域

영산강 유역의 한성기 석실묘 자료는 절대 연대로 보면 웅진천도 전야인 5세기말에서 6세기 초반으로 편년되는 자료와의 구분에 어려움이 있다. 물론 보다 늦은 사비기 석실묘와 분명한 구분이 가능하나, 사비기 이전의 석실묘는 지역적 특성이 풍부하게 반영되어 있으면서 나름의 특징이 보이지만 보다 시기의 세분이 어렵다는 문제가 있다. 그리고 이 지역의 석실묘는 최근 소위 전방 후원형 분묘의 검출과 그에 따른 성격의 다양한 논의도 전개되고 있어[31] 그와 관련된 자료는 별도의 검토가 필요하다. 따라서 여기에서 이 지역 한성기 석실묘로 보는 것들은 전방후원형의 분묘속성에 크게 지배되지 않고, 백제의 사비기 석실묘와 확연하게 구분되면서, 출토유물 등을 토대로 5세기대의 것으로 편년되는 것에 한정하겠다. 이러한 기준을 근거로 해남 조산고분, 나주 송제리 고분, 영천리 고분, 영광 대천리 고분, 나주 복암리 3호분의 석 1, 2호와 96-1호 고분 등을 백제의 한성기 석실묘로 구분 할 수 있다.

조산고분, 송제리 고분, 영천리 고분은 단기만이 남아 있던 것으로 우선 조산 고분은 저평한 구릉상의 말단부에 위치하며 원형의 봉분을 가졌고, 지상에 매장부를 조성하고 흙을 덮은 형식으로 대체로 분구 옹관묘의 축조방식과 크게 다르지 않다. 할석을 사용하였지만 하단부는 대형석을 이용하였으며, 천장부는 벽면의 조임 다음에 평천정으로 마무리한 것으로 철제금동의 마구와 환두대도 등의 다양한 위세품이 출토된 무덤이다[32]. 한편

---

31) 백제연구소, 2000, 『한국의 전방후원분』, 충남대학교출판부.
32) 서성훈·성낙준, 1984, 『海南 月松里 造山古墳』, 國立光州博物館.

송제리 고분은 구릉의 남향사면에 위치한 것으로 마찬가지로 비교적 규모가 큰 봉분을 가졌고, 매장부를 지상에 조성하였다. 오히려 묘실이 지면보다 위에 있는데 사용된 석재는 할석재로 작은 것들이고, 천장은 모줄임 후에 평천정으로 마무리하였다[33]. 이외에 영천리 고분의 경우 세장한 구릉의 정상부에 위치하는데 마찬가지로 매장부를 지상에 위치시키고, 봉분을 크게 올린 것이다. 영천리 석실묘도 얇은 판석재를 겹겹이 쌓아 축조한 것이나 입구에 문주석 형태의 석재를 시설하였음이 특징이다[34]. 영광 대천리 석실묘는 동형의 후대 석실묘와 함께 있는 것이다.[35] 4기의 석실묘가 조사된 것으로 3호분이 비교적 원상을 유지한다. 봉분이 일부 남아 있고 주변에 주구가 확인된 유적이기도 하다.

　나주 복암리 석실묘는 옹관묘와 석실묘 27기를 매장시설로 가지고 있는 복암리 3호분에 있는 것으로 석 1·2호분과 96-1호분으로 구분된 것이 이에 해당된다.[36] 복암리 3호분은 평지성 지역에 복토로 분구를 조성하면서 매장시설로 옹관과 석실을 사용한 묘제인데, 옹관에서 석실로의 변화를 적나라하게 보여주는 것이다. 석1·2호분은 분구의 정상부에, 그리고 96-1호분은 분구 남쪽으로 치우쳐 위치한다. 분구의 정상에 있는 석1·2호분은 옹관 매장부 조성 후 성토된 상단에 조성된 것이고, 96-1호분은 남단에 매장부를 시설한 다음에 성토하여 봉분을 씌운 것이다. 모두 횡혈식 석실묘로 구분하지만 석1·2호분은 벽체 중간에 입구를 시설한 것으로 96-1호분과는 다르다. 도면과 제원표로 세부내용을 대신한다.

---

33) 최성락 외, 2000, 「나주 송제리 석실묘 실측조사」『자미산성』, 목포대학교 박물관.
34) 李榮文, 1990, 『長城 鈴泉里 橫穴式 石室墳』全南大學校 博物館.
35) 목포대학교 박물관, 2000, 『영광 학정리 함평 용산리 유적』.
36) 국립문화재연구소, 2001, 「나주 복암리 3호분」.

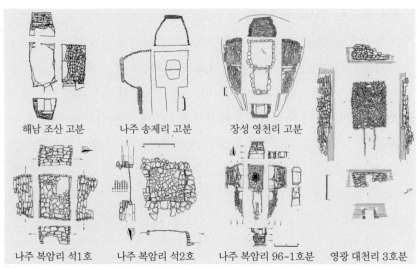

영산강 유역의 횡혈식 석실묘들

유적명	묘실규모 (長短高)	장단비	연도 위치	천정 형태	부석 시설	장축방향
해남 월송리 조산고분	360×200×190	1.8:1	우편	평천정	생토	·
나주 송제리고분	300×270×230	1.11:1	중앙	·	·	·
장성 영천리고분	290×240×200	1.20:1	중앙	·	·	N-35°-E
영광 대천리고분	340×330×100	1.03:1	중앙	·	·	N-65°-W
나주 복암리 96-1호	380×240×280	1.58:1	우편	·	·	N-5°-W
나주 복암리 석1호	290×215×145	1.34:1	·	·	판상석	N-96°-W
나주 복암리 석2호	222×220×95	1.01:1	·	·	판상석	N-94°-W

4. 漢城期 百濟 石室墓制의 展開

백제 한성기로 분류된 석실묘 자료는 앞에서 살핀 것처럼 수량에서 결코 적다고 보기 어렵지만 분포 범위가 매우 넓고 잔존형상에 나름의 특성을 가지고 있다. 검토된 자료는 횡혈식 석실묘란 묘제적 동질성을 가진 것이다. 나아가 한성기라는 특정 시기, 즉 백제사회에 이 묘제가 유입된 초기의 것들이란 동시성도 지녔다. 그런데 일반적 묘제현황과는 달리 조사된 자료들이 횡혈식 석실묘란 유형적 공통성에도 불구하고 입지환경이라던가 구축방식, 그리고 구조양상에서 많은 차이가 있다.

우선 주목될 수 있는 것이 그 존재 환경이다. 즉 한성기 석실묘는 석실묘 자체만의 단위 묘제군으로 존재하는 것도 있지만 기왕의 전통묘제와 함께 존재하는 것, 전통묘제와 한성기 석실묘 그리고 이후의 것이 통시대적으로 존재하는 경우로 구분된다. 서울의 가락동이나 방이동 석실묘의 경우 한성기로 편년되는 횡혈식 석실묘만 잔존된 유적으로 8기가 단위묘제로 존재하는 대표적 사례이다. 반면에 석실묘가 한성기에 국한되면서 기왕의 전통묘제와 함께 있는 경우는 많다. 한강유역의 원주 법천리는 석곽묘, 화성의 마하리는 토광묘와 석곽묘, 천안의 두정동은 토광묘, 용원리는 토광묘와 석곽묘, 청주의 주성리는 토광묘, 신봉동은 토광묘, 그리고 공주의 수촌리는 토광묘와 석곽묘가 주류를 이루면서 여기에 석실묘 1~2기씩이 포함되어 있다. 그리고 석실묘는 물론이고 이후의 시기로 편년되는 석실묘를 비롯하여 여타의 묘제가 함께 있는 사례로 공주의 분강·저석리 고분군이나 익산의 입점리 고분군, 그리고 나주의 복암리 고분을 사례로 볼 수 있다. 공주 분강, 저석리 고분군은 한성기 석실묘 외에 석곽묘도 있고, 이외에 한성기 이후의 석실묘도 있다.

석실묘의 존재현황을 종합하면 지역별로 어느 정도 공통성이 있지만 통일적 양상은 아니고 오히려 협소한 지역 내에서도 유적간 현격한 차이가 있기도 하다. 다만 나름의 존재특성은 분명하게 드러낸다. 즉 기존의 전통묘제 속에 석실묘가 소수로 포함되어 있으면서 조영환경이 기존의 묘제환경에 지배되는 경우가 많다. 이는 석실묘가 새로운 묘제로 수용되었지만 입지환경이 여전히 기왕의 토착적 전통에 머물러 있음을 보여준다. 이러한 환경은 한성기 석실묘가 통시대적 묘제나 이후의 석실묘와 함께 있는 경우도 크게 다르지 않다. 금강유역에 한성기 석실묘가 이전의 묘제, 그리고 이후의 석실묘와 함께 있는 경우 대체로 以前의 석곽묘나 이후의 석실묘가 산지의 남향사면에 조성되는 환경에 머물고 있으며, 영산강 유역의 경우도 분구옹관묘의 입지환경 전통에서 크게 벗어나지 못한 점에서 그러하다. 다만 영산강 유역에서는 후대의 석실묘와 함께 있는 경우 평지보다는 산지 입지가 선호되어간다는 변화상은 감지된다.

석실묘에 기존 토착묘제의 영향은 축조환경에서도 드러난다. 본래 백제 석실묘 중에서 발전된 초기형 횡혈식 석실묘의 축조양상을 보면, 재료는 할석을 사용함이 일반적이고, 산 경사면에 L자 형태로 무덤 광을 조성한 다음에 그 안에 묘실을 만들기 때문에 묘실은 자연스럽게 지하에 위치하게 된다. 그리고 무덤의 장축을 경사방향에 둠으로써 전면인 경사의 아래

004 한성기 석실묘의 잔존 정황

쪽에 입구 및 연도가 위치함이 일반적이다[37]. 이러한 석실묘의 축조전통은 가락동·방이동 석실묘나 마하리 석실묘에서 그대로 드러나기도 한다. 그리고 청원의 주성리나 신봉동, 공주 분강 저석리 석실묘의 일부도 그러한 축조방식이 그대로 적용되어 있다. 즉 모두 경사방향으로 장축을 둔 무덤의 광을 지하에 조성하고 그 안에 석축으로 묘실을 만든 것이 그것이다.

그런데 일부의 석실묘는 묘실의 장축을 경사방향이 아닌, 직교된 형태로 조성한 것도 있다. 공주 수촌리 석실묘나 입점리 석실묘 등이 대표적 사례이다. 입지환경이 산지의 경사면임에도 불구하고 무덤광의 장축이 경사와 직교된 형태로 두었기에 입구나 연도가 경사의 측면에 위치하는 것이다. 또한 보령의 명천동 석실묘나 영산강 유역의 조산 고분, 송제리, 영천리 고분은 무덤 광을 지하에 조성한 것이 아니라 지상에 묘실을 만들고 흙을 덮는 분구식 형상으로 있다. 이러한 축조방식은 지역차 외에 기존의 전통묘제 축조방식과 밀접하게 관련된 것이다.

축조방식의 차이를 선행 토착묘제와 관련하여 볼 경우, 묘실을 지하에 안치시키는 예는 대체로 한강 유역, 그리고 금강유역에서 발견되며, 이들 지역은 선행의 토착묘제가 관·곽토광묘나 석곽묘라는 공통점이 있다. 관·곽토광묘나 석곽묘는 묘광을 지하로 조성함이 일반적이고, 묘실이나 묘광의 장축은 경사방향과는 직교된 형태로 둔다. 장축과 관련하여 입구가 마련되지 않는 단실묘라는 점, 매장부가 장방형의 형상이라는 점 등으로 보아 축조의 편의와 관련된 것으로 보는 요소이다[38]. 따라서 이들 지역에서 매장시설을 지하에 두는 것은 관습적이었던 것으로 새롭게 등장한 석실묘

---

37) 李南奭, 1995, 앞의 책.
38) 지금까지 발견된 백제의 토광묘나 석곽묘는 모두 이 원칙에 부합한다. 특히 방위개념에 근거한 침향의 결정이나 무덤 방향의 결정보다는 장방형 묘광의 구축 편의에 의거한 것으로 판단하는 것이다.

의 묘실을 지하에 구축하는 것은 자연스럽다. 다만 장축의 경우 선행묘제가 경사방향과 직교된 형태로 두지만 석실묘는 경사방향이나 경사와 직교된 방향의 것이 함께 나타난다. 이 경우 도읍지역의 가락동·방이동 석실묘 장축이 경사방향에 맞추어져 있고, 후대의 정형화된 석실묘의 장축방향도 그와 동일하다는 점을 고려하면 한성기 석실묘 장축의 경사방향은 그와 관련 있는 것으로 볼 수 있다. 이와는 달리 장축을 경사방향과 직교된 형태로 두는 것은 오히려 토광묘나 석곽묘와 같은 전통묘제의 축조기법의 영향으로 볼수 있다. 그러한 사례는 천안 용원리 석실묘, 공주 수촌리 석실묘, 익산 입점리 석실묘 등인데, 이들은 비록 횡혈식이란 새로운 묘제를 사용하고 있음에도 장축은 여전히 기존의 선행묘제의 관행을 따르고 있는 것이다.

축조환경에 선행의 전통묘제의 영향을 가장 분명하게 보여주는 것은 영산강 유역과 중서부 지역 서해안 일대에 남아 있는 석실묘들이다. 앞서 살핀 것처럼 이 지역은 석실묘의 분포정형도 한강유역이나 금강유역과는 다르고 입지환경도 오히려 평지에 가까운 지형에 자리하는데 이는 선행묘제와 유사한 환경임을 알 수 있다. 입지환경 외에 축조방식도 전형적 석실묘와 달리 이들 지역에서 전통적으로 사용되던 분구묘적 속성을 많이 내포하고 있다.[39] 예컨대 영산강 유역의 석실묘는 기본적으로 묘실의 위치가 지상에 자리한다. 묘실 조성을 위해 무덤의 광을 땅을 파서 별도로 조성하지 않고 지상을 정지한 다음에 축석하여 묘실을 만들고, 이를 흙으로 덮어 분구를 조성한다. 조산고분, 영천리 고분, 송제리 고분을 비롯하여 복암리 3호분내의 한성기 석실묘가 모두 그러하다.

복암리 3호분은 비단 한성기 석실묘만이 아니라 선행의 전통묘제인 옹

---

39) 여기에서 분구토광묘는 개념정의가 필요한 것이나, 지상에 매장부를 시설하고 흙을 덮는 형태의 분묘를 지칭한 것이다. 이러한 유형의 묘제가 최근 한반도 서해안 지역에서 많이 발견되고 있는데, 그동안 주구묘로 불렸던 것들이 그것이다.

관묘도 있고, 사비기
에 해당되는 석실묘도
있다. 복암리 3호분
은 분구 전체를 인위적
으로 성토하여 조성한
것으로 옹관묘나 한성
기 석실묘를 안치하면
서 진행된 것이다. 반
면에 사비기의 석실묘
는 이미 성토된 분구를
파서 지하 묘광을 조

005 나주 복암리 석실묘

성하고 그 안에 묘실을 축조하는 차이가 있다. 결국 이러한 사례들은 이 지
역 한성기 석실묘의 축조방식이 전통묘제인 분구옹관묘의 축조방식과 상통
하고 있음을 단적으로 보여주는 것들이다. 한편 중서부 지역의 서해안 일
대도 한성기 석실묘 이전의 선행묘제는 전형적인 분구묘였으며, 이 묘제는
매장부를 지상에 시설하고 분구를 성토하기 위해 굴착된 방형의 주구를 남
긴다. 그런데 이들 분구묘 분포지역에 있는 한성기 석실묘들은 매장부를
지상식으로 조성하고 봉토하면서 외변에 주구를 남기는 경우가 많다.

　한성기 석실묘의 입지환경이나 축조방식에는 이 묘제가 유입되기 이전
의 선행 토착 묘제의 환경과 방법이 상당히 남아 있음을 알 수 있다. 대부
분의 묘제가 나름의 환경과 조영방식을 가지고 있는데, 석실묘도 결국에는
그 자체의 환경과 축조방식이 정립된다는 점에서 다소 이례적 현상으로 볼
수 있다. 이는 한성기 석실묘들이 횡혈식이라는 묘제적 공통성을 지닌 채
새롭게 수용되지만, 수용자체가 직접적이고 포괄적이 아니라는 것을 나타
내는 것이 아닌가 여겨진다. 석실묘의 구조형식에서는 그러한 사실이 보다
극명하게 나타난다.

백제사회에 횡혈식 석실묘의 등장은 대체로 4세기 후반경의 사실이고, 이후 시원형의 단계를 지나 궁륭식이란 백제 초기 양식으로 정립된다. 이후 이 묘제는 중국 전축분의 영향으로 터널식의 발생이 있고, 이어 사비기 유형으로도 분류되는 고임식이나 평천정식으로 전환되는데, 이는 축조기술의 발전에 기인한 것으로 보았다[40]. 그리고 시원형에서 궁륭식으로 발전도 이미 한성 도읍말기에 이룩된 것으로 판단한 바가 있다[41]. 물론 이들은 시원형을 제외하면 구조속성에서 묘실의 평면이라든가 연도 및 입구의 위치, 천정가구 및 사용재료 등에 나름의 정형성을 갖추고 있음도 물론이다. 이러한 기준에서 보면 한성기 석실묘는 그것이 백제의 초기양식인 궁륭식으로 정립되기 전에는 형식적 정형성을 찾을 수 없음을 알게 하고, 따라서 이를 시원형으로 분류한 것이다.

앞에서 제시된 한성기 백제 석실묘 자료는 모두 단실묘에 횡혈식의 구조를 지니고 있음이 공통적이다. 더불어 묘실의 전면에 입구 및 연도가 부가되는 것도 공통적인데 이는 횡혈식 석실묘 묘제가 갖추어야할 기본적 요소들이다. 다만 법천리 석실묘나 공주 분강·저석리의 11~13호분, 그리고 나주 복암리의 석1·석2호분은 입구 및 연도의 형상이 이질적으로, 벽체의 중간에 구멍 내듯이 만든 특징이 있어 예외적 현황으로 볼 수 있다. 그러나 묘실의 구조는 천정이 남아 있는 것은 묘실 벽체의 상단부를 어느 정도 좁힌 다음에 여러 개의 대형 석재를 덮어 마무리하는 소위 네벽 조임식 구조를 지니고 있다는 공통점도 있다. 여기에 묘실의 평면은 방형 외에 장방형의 구조를 지닌 것이 많은데 거의 방형에 가까운 구조가 대부분이다. 더불어 입구와 연도는 묘실의 전면 벽체에 시설하지만 우편재와 좌편재, 그리고 중앙에 위치하여 일정한 규칙성이 발견되지 않는다. 나아가 사용된 석

---

40) 李南奭, 1992, 앞의 글.
41) 李南奭, 1992, 「百濟初期 橫穴式 石室墳과 그 淵源」『先史와 古代』2, 한국고대학회.

재는 대체로 작은 할석을 차곡차곡 쌓아 벽체를 구축하는 것이 대부분이나 부분적으로 벽면의 하단에 대형 판석형 석재를 세워 구축하기도 한다. 이외에 묘실내부는 관대를 설치한 것도 있지만 일부에 불과하고 대부분 부석하거나 생토면을 그대로 이용하였다.

석실묘의 구조속성을 종합할 경우 구조양식에서 서로간에 상당한 이질성이 있음을 알 수 있다. 즉 한성기 석실묘를 하나의 유형으로 정형화할 수 있는 구조속성의 검출은 어렵다는 것이다. 구조속성의 부정형성은 지역간 뿐만 아니라 하나의 유적내에 군집되어 있는 석실묘간에서 오히려 크게 나타난다. 하나의 유적에서 한기만이 조사된 석실묘의 경우 논급이 어렵지만 여러 기가 함께 있는 경우 부정형성이 오히려 두드러지며 그 대표적 예는 가락동·방이동 고분군이다. 가락동에서 조사된 석실묘 4기의 구조속성은 서로 간에 완전하게 이질적 모습으로 있다. 묘실 평면이나 천장 가구방식, 그리고 입구 및 연도의 위치라던가 내부시설 모두에서 공통적 요소는 거의 발견되지 않는다. 이는 3기만 확인된 청원의 주성리 석실묘도 마찬가지고, 2기가 있는 공주 수촌리 석실묘도 그러하다. 영산강 유역도 마찬가지인데, 예컨대 복암리 3호분의 3기 석실묘 중에 96-1호분과 석 1·2호와의 형식차가 그것이다. 물론 지역간에도 조산고분과, 영천리 석실묘가 대천리 등지의 석실묘들 간에는 구조속성에서 차이가 크게 나타난다.

다만 한성기 석실묘를 총합하여 구분할 경우 일부는 형식적 공통성을 공유하는 것이 있는데 초기형인 궁륭식으로 분류될 수 있는 것이 그것이다. 궁륭식은 묘실의 천정형태에서 묘제 특징을 찾는데 대부분 자료가 천정부분이 유실되어 구체화할 수 없기는 하다. 그러나 천정의 형태 외에 묘실의 평면이 방형에 가깝고, 우편재의 연도를 갖춘 것을 또 다른 특징으로 꼽는다. 이 기준에 따라 가락동 3호분과 4호분, 마하리 석실묘, 청주 주성리 2호분과 익산 입점리 석실묘를 이에 포함시킬 수 있다. 그러나 나머지 석실묘는 초기형에 포함되지 않으며, 나아가 백제 석실묘로 초기형 이후에

006 서울지역 궁륭식 석실묘

등장하는 터널형이나 고임식 등에 포함되는 것도 없다. 그럼에도 이러한 환경에서 주목되는 것은 비록 동일 유적 내에서 구조적 통일성이 발견되지 않지만, 유적간의 개별 자료간에는 相似性에 기초하여 대비될 수 있다는 점이다.

앞서 본 초기형의 사례를 예외로 하더라도, 법천리의 1호분과 2호분, 공주의 분강·저석리 11~13호분, 나주 복암리의 석 1·2호분은 묘실 평면에 약간의 차이는 있지만 입구가 벽체 중간에 개구형으로 시설한 점에서 통일성이 크게 나타난다. 여기에 가락동 2호분, 5호분과 공주 수촌리 석실묘와의 평면의 공통성, 방이동 4호분과 보령 명천동 석실묘, 송제리 석실묘, 대천리 석실묘 등과의 類似性도 크게 나타난다. 또한 연도가 왼쪽에 시설되는 형식으로 방이동 1호분을 시작으로 공주의 분강·저석리 16·17호분과 군산 산월리 3호분 등도 유사성이 있는데 묘실의 평면상에서 공통점이 엿보인다.

결국 한성기 백제 석실묘의 존재양상은 입지환경이나 축조환경 그리고 구조속성에서 부분적으로 기존의 전통적 토착묘제의 환경이 반영되었음을 알 수 있다. 다만 도읍지역 석실묘는 오히려 입지환경이나 장축 등의 축조방식에서 나름의 고유양식을 갖추었음이 주목되고, 그러한 고유양식이 일부 지방사회에서도 확인된다. 이러한 현황은 새로운 묘제로서 석실묘의 수용이 주체에 따라 다르게 이루어졌음을 보여주는 것으로 판단된다. 또한

석실묘의 구조속성에 나타난 묘제적 특성도 초기의 수용과정이나 석실묘 자체의 발전과정을 보여주는 것으로 여겨진다. 예컨대 도읍지역의 사례인 가락동·방이동 석실묘에서 구조형식에 통일성이 보이지 않는 것은 유입된 후 아직 백제적인 것으로 정착되지 않았음을 보여주는 것이 아닌가 생각된 다. 그러한 와중에서도 초기형인 궁륭식이 존재하는 것은 부정형한 구조형 식들이 점차 초기형으로 정립되었고 이들이 지방으로 확산된 것과 관련된 것으로 볼 수 있다.

한편 지방사회에 널리 퍼져 있는 석실묘의 경우 개별적 구조양식의 부 정형성외에 도읍지역의 석실묘와 유사성을 보이는 것이 있음은 이들이 도 읍지역의 석실묘 유형이 지방사회에 유포되었다는 심증을 가질 수 있다. 물론 이에 대해서는 정확한 편년관에 기초한 선후관계의 정립이 선행되어 야 하겠지만 이는 현실적으로 어렵다. 다만 석실묘가 새로운 선진문물로서 이의 유입은 강력한 세력에 의해 이룩되고 그것이 하향적으로 산포되었다 고 볼 수 있다면 큰 문제는 없을 것이다. 여기에 지방사회의 석실묘가 토착 적 속성을 많이 포함하고 있는데 이는 석실묘가 지방사회로 확산되는 과정 의 특수성, 즉 지방사회에서 단지 횡혈식 석실묘란 개념의 인지만이 이루 어진 상태에서, 그리고 토착묘제의 전통이 강인하게 남아 있는 환경에 이 묘제가 도입되어 구축되었기 때문으로 여겨진다.

5. 結言

백제묘제로서 횡혈식 석실묘는 백제가 고대국가로 진입된 이후에 새롭 게 등장한 묘제이다. 횡혈식 석실묘는 묘실을 만들고 입구를 내어 이를 통 한 반복 출입, 즉 추가장적 다인장이나 합장을 전제한 묘제이다. 이는 기왕 의 전통묘제가 출입시설 없이 단인장으로 조성하는 것과는 근본적 차이를 가진 것이다. 물론 이 묘제는 비단 백제만이 아니라 고구려, 신라, 그리고 바다건너 일본까지 모두 고대국가의 체제가 확립되는 시기에 그들의 묘제로 폭넓게 사용된 것이기도 하다. 따라서 이의 이해는 동아시아 고대국가 체제의 성립이나 성격의 이해와 직결된다고 보아도 과언은 아니다.

백제 횡혈식 석실묘의 초기 환경에 대한 다양한 견해가 있지만 자료의 부족, 취사선택적 검토, 선입관적 판단 등으로 혼란이 적지 않으나 그 중요성을 감안할 경우 그 초기정황에 대한 검토가 시급한 상황이었다. 이에 기왕에 백제 횡혈식 석실묘로서 초기자료를 한성기 석실묘로 개념하고, 기왕의 인식 속에 포함된 문제점이 무엇인가를 살펴보면서 새로운 인식을 마련하기 위해 자료를 점검하였다. 그리고 입지환경이나 축조방식, 구조속성에 나타난 특징을 검토하여 백제 묘제로서 석실묘의 초기정황을 살펴보았다.

백제 횡혈식 석실묘는 한성도읍기인 4세기 후반 경에 백제사회에 등장하고, 웅진천도 이후 백제묘제의 주류가 되었으며, 형식변화도 정형적 과정을 거친다는 대략적 이해체계는 이미 마련되어 있었다. 그러나 이 묘제가 백제사회에 어떻게 등장하였는가에 대해서는 자료상 어려움이 있겠지만 이후의 전개상마저 정론을 얻지 못한 형편이었다. 물론 원인은 백제의 도읍지였던 한성지역에 가락동·방이동 고분군으로 구분된 횡혈식 석실묘가 존재함에도 이를 백제고분으로 인정하지 않는데 있었다. 하지만 가락동·방이동 석실묘의 성격을 애매하게 만든 신라토기가 백제 석실묘를 나중에 신라인이 재활용하면서 남겨진 것임이 밝혀졌고, 또한 백제이외의 분묘로 검증될 수 있는 마땅한 방증자료가 없는 형편에서 더 이상 백제고분으로 보지 않을 이유는 없다고 본다. 오히려 이들 석실묘는 백제적 요소가 강하게 남아 있음은 그 존재 현황 및 묘제 내용에서 드러난다.

한성기 횡혈식 석실묘 자료를 점검한 결과 가락동·방이동의 석실묘와 비슷한 것들이 도읍지역인 한강유역을 비롯하여 금강유역은 물론 멀리 영산강 유역까지 광역에서 발견된다. 다만 지방사회의 것들은 석실묘 단일

묘제만 집중된 경우는 드물고 오히려 기존의 토착묘제에 포함된 경우가 많다. 또한 이들의 입지나 구조속성에 기존의 토착적 전통묘제의 속성이 많이 반영되어 있는 경우가 많다. 특히 무덤을 축조하면서 묘실의 위치라던가 장축의 배치에 전통 석실묘의 속성과는 거리가 있는 형태가 많고, 무덤구조에서도 기존 토착묘제의 구조가 복합되어 있는 경우도 많다. 이는 석실묘의 수용이 정확한 정보와 축조기술의 담보가 전제된 것이 아님을 단적으로 보여주는 것으로, 그 자체가 석실묘 수용의 초기적 정황을 단적으로 보여주는 것으로 볼 수 있을 것이다.

한성기 석실묘의 존재현황에서 가장 큰 특징은 무덤간에 구조속성에서 통일성이 결여되어 있다는 점인데, 이는 횡혈식 석실묘 단일묘제만으로 이루어진 유적에서 오히려 크게 나타난다. 그러나 통일성의 결여는 초기형으로 정립되기 이전의 현황을 보여주는 시원형적 성격의 것으로 판단할 수 있다. 이들 유적에 후대 백제적 석실묘의 정형으로 분류되는 초기형이 포함되어 있음은 그것이 초기형으로 변화 발전되었음을 예시하는 것으로 여겨진다.

한성기 석실묘의 구조속성을 종합할 경우 단일 유적내에서 무덤간의 통일성 결여와는 달리, 유적간·지역간 무덤을 대비할 경우 나름의 유사성을 토대로 상호 공통성을 인정할 수 있다. 특히 도읍지역인 가락동·방이동의 석실묘와 지방의 석실묘, 그리고 지방의 석실묘간에 그러한 현황이 확인되는데, 이는 석실묘의 수용에 상호간의 유기적 관계가 있음을 보여주는 것일 뿐만 아니라, 도읍지역 석실묘가 백제 석실묘의 시원형으로 존재하면서 지방사회로의 석실묘 확대의 구심점이었음을 알게 한다.

결국 백제의 횡혈식 석실묘는 4세기경에 백제사회에 유입되었음을 인정하고, 그것이 가락동·방이동의 예로 보아 도읍지역에서 비롯되면서 이들이 지방사회로 파급되었다는 전개상을 마련할 수 있다. 처음 이 묘제가 백제 사회에 유입되지만, 통일된 형식보다는 횡혈식 석실묘란 대략적 인식위에 이룩된 것이기에 다양한 형식의 것들이 만들어지고, 점차 초기형으로 정립되었다고 볼 수 있다. 석실묘의 지방 확대도 일부는 도읍지역의 환경이 그대로 전이되었겠지만, 대체로 기존의 전통묘제가 사용되던 환경에서 새로운 문물로 횡혈식 석실묘란 개념이 알려지거나, 아직 정형화되지 않은, 정형화된 묘제의 목격과 이의 모방 축조로 진행되었을 것이다. 이는 한성기 백제 석실묘의 존재양상에 다양성이 크게 부각되는 이유이기도 하다.

VIII 신라토기출토 백제 석실묘의 검토

新羅土器出土 百濟 石室墓의 檢討

1. 序言

백제 무덤은 백제 사람들이 만든 것으로, 백제적 양식을 갖춘 것이다. 그리고 신라 무덤은 신라 사람들이 만들었기에 신라적 양식을 갖추었을 것은 분명하다. 그리고 각 무덤들은 피장자의 사후를 위해 다양한 물건들이 공헌, 매납된다. 부장품은 피장자 자신은 물론이고 관련된 사회나 문화 성격을 논급하는 적극적 물질자료로 간주된다. 때문에 특정한 무덤의 주인공 성격을 판단함에 무덤 양식은 물론이고, 거기에 남겨진 물질자료·즉 부장품도 중요한 근거자료가 된다. 특히 대부분의 무덤은 만든 사람과 묻힌 사람의 동질성이 전제되기에 무덤과 부장품도 동일한 성격으로 인식하는 것이 일반적이다. 그런데 이러한 기본전제에 부합하지 않는 분묘자료도 없지 않다. 특이하지만 백제의 횡혈식 석실묘 자료 중에는 본래의 무덤을 축조한 주체와 성격을 달리하는 신라토기가 부장품으로 남겨진 것들이 있다.

횡혈식 석실묘는 백제사회는 물론이고 동아시아 고대사회의 분묘문화의 중심에 있었기에 그 전개 현황을 토대로 다양한 역사상이 구축될 수 있다. 특히 백제는 한반도를 비롯한 동북아시아 고대사회의 횡혈식 석실묘 확산의 중심에 있었기에, 그것이 어떻게 수용되고 전개되었는가라는 정황의 이해는 고대사회 무덤전개 실상의 해명에 매우 긴요한 것이기도 하다. 그럼에도 백제사회에 횡혈식 석실묘의 전개상 이해에 어려움이 있었다. 물론 자료의 불완전과 이해 미숙이란 태생적 한계에서 그 원인을 찾을 수 있을 것이다. 특히 초기 정황을 설명할 수 있는 자료가 크게 부족한 상황에서 가락동·방이동의[1] 초기 석실묘가 백제 분묘인데도 불구하고 신라토기가 매납되었기에 그 성격 이해에 적지 않은 혼란이 있었고, 그로써 백제 횡혈식 석실묘의 전개상에 대한 난맥상도 적지 않게 나타나게 된 것이다.

분묘주체의 인식은 유적이나 유구의 종합적 현황 외에 부장품인 출토유물도 주요한 전거가 될 수 있다. 특히 유구 성격이 모호할 경우에 유물의 중요성은 크게 부각될 수 있을 것이다. 그러나 자칫 動産的 유물에 치중한 나머지 不動産的 유구 본래의 성격을 잘못 판단할 수도 있는데, 그 대표적 사례가 아마도 서울의 가락동·방이동의 백제 석실묘일 것이다. 이들은 백제 초기의 횡혈식 석실묘임에도 대비 자료의 부족으로 출토유물만을 주목하여 [2] 그에 입각한 축조주체에 대한 논급이 이루어져 왔다[3]. 물론 이러한 혼란은 일차적으로 비교자료의 결여에서 원인을 찾을 수 있을 것이나 지나치게 유물만을 주목한 측면도 없지 않다. 다행히 혼란을 극복할 새로운 자료로서 청원 주성리 유적에서[4] 신라 토기가 부장된 백제 석실묘가 발굴되

---

1) 가락동·방이동 석실묘에 대한 보고서는 다음과 같다.
   ① 蠶室地區遺蹟發掘調査團, 1975, 『蠶室地區遺蹟發掘調査報告書』
   ② 蠶室地區遺蹟發掘調査團, 1976, 『蠶室地區遺蹟發掘調査報告書』
   ③ 趙由典, 1975, 「芳夷洞遺蹟發掘調査報告書」『文化財』9, 문화재관리국.
2) 金元龍, 1974, 「百濟初期古墳에 對한 再考」『역사학보』62, 역사학회, 147~164쪽.
3) 李南奭, 2007, 「漢城期 百濟 石室墳의 再認識」『진단학보』103, 6쪽.
4) 韓國文化財保護才團, 2000, 『淸原 主城里遺蹟』.

고, 연이어 한성지역
에서 새로운 석실묘
자료의 발견을 기회로
그러한 혼란에서 탈피
뿐만 아니라[5) 백제 횡
혈식 석실묘 전개상
에 대한 새로운 시각
도 정립할 수 있게 되
었다. 특히 최근 안성
장원리 유적에서[6) 신
라토기가 부장된 백제
석실묘가 다시 발굴됨
으로써 백제 석실묘에
신라토기의 부장은 특
수한 환경이지만 나름

001 신라토기 출토 백제 석실묘의 위치

의 보편성도 입증되기에 그 자체의 검토도 필요하게 되었다.

　이글은 백제의 횡혈식 석실묘에 신라토기가 매납된 사례로 최근에 조사
된 안성 장원리 유적과 청원 주성리 유적, 그리고 서울의 가락동·방이동 유
적의 현황을 살피고 거기에 남겨진 석실묘의 구조내용을 검토하면서 신라
토기가 매납된 정황적 배경을 이해하여 보고자 마련한 것이다. 이는 백제
석실묘에서 신라토기가 출토될 수 있다는 전제의 마련과 함께 석실묘와 같
은 분묘의 주체 인식은 유물만이 아니라 유구 등을 포괄적으로 검토하여 접
근할 필요가 있다는 점을 강조하여 보고자 한다. 나아가 신라인이 백제인

---

5) 李南奭, 1999,「百濟의 橫穴式石室墳 受容樣相에 對하여」『韓國古代史硏究』16, 463쪽.
6) 韓國文化遺産硏究院, 2012,『安城 長院里·龍舌里·唐木里 遺蹟』.

이 축조한 석실묘를 다시 재활용하면서 남겨진 모습을 통해 분묘의 주체인 식의 어려움과 역사상 유추의 어려움도 가늠하여 보고자 함이다. 더불어 검토대상의 유적은 백제가 웅진으로 천도한 서기 475년 이전의 한성 백제기로 편년되는 것으로 가락동·방이동의 유적은 도읍지, 장원리와 주성리는 지방사회의 분묘이기에 이를 통해 한성도읍기 백제 석실묘의 잔존 환경의 이해 확대도 도모될 수 있을 것이다.

2. 新羅土器 出土 百濟 石室墓 遺蹟

1) 장원리 유적과 신라토기 출토 석실묘

　　장원리 유적은 경기도 안성시 죽산면에 위치한다. 유적은 장원리, 용설리, 당목리로 이어지는 도로부지의 발굴결과로 알려진 것이다. 그 중에서 장원리 유적은 가장 북단에 위치하고 있는데 청미천 주변에 형성된 평야지에 보다 인접한 위치이기도 하다. 유적은 북쪽으로 남한강의 지류인 죽산천의 좌우에 넓게 형성된 평야를 한눈에 바라볼 수 있는 죽산분지 중앙의 구릉에 위치한다. 전체적으로 표고 95~110m의 구릉성 산지가 남북으로 전개되는 동향사면인데 구릉의 북단 끝부분에 해당되기도 한다. 특히 석실묘가 발견된 3지점은 가장 북단 쪽으로 표고차가 15m내외의 동향사면이지만 북쪽과 동쪽으로는 경지 정리된 경작지로 이어지고 있음에, 지형조건 자체가 평야지의 서남쪽 대안인 것도 알 수 있다.

　　장원리 유적은 백제시대를 비롯한 통일신라시대의 분묘와 저장구덩이로 판단할 수 있는 다수의 백제시대 원형의 수혈유구 등으로 이루어져 있다. 유적은 3개의 지점으로 구분되는데, 3지점에 석실묘 4기, 석곽묘 9기, 그리고 석개 토광묘 1기의 분묘 유구와 52기의 원형 수혈유구가 확인되었고, 여기에 다수의 조선시대 토광묘와 혼재된 상태이다. 표고 약 110m의 구릉 동향사면으로 비교적 경사가 있는 조사구역은 약 50m정도의 간격으로 동쪽으로 흐르는 3개의 돌출 구릉이 있다. 이 구릉 선상의 정상에 석실묘가 1기씩 자리하고, 그 남향 사면에 부분적으로 석곽묘가 점점이 자리하고 있다. 다만 4호 석실묘는 조사구역 중앙에 동향된 구릉의 남향면 말단에 위치하여 차이가 있는데, 석실묘가 있는 구릉의 서쪽 상단에 북쪽으로 치우쳐 남북간 100m의 범위에 원형 수혈유구가 넓게 분포한다.

3지점의 유구 중에 석실묘 4기와 석곽묘 9기 및 석개 토광묘로 분류된 것 1기, 토광묘 48기와 원형 수혈 유구 52기 외에 기타 5기의 유구가 있는데, 석실묘 4기와 원형 수혈유구는 백제시대의 것으로 봄에 문제가 없다. 그리고 석곽묘도 백제시대 분묘로 볼 수 있는데, 다만 석개 토광묘는 통일신라시대 이후의 것이고, 다수를 차지하는 토광묘도 조선시대의 것이다. 따라서 장원리 3지점 유적은 기본적으로 백제시대의 생활유구인 원형 수혈유구 즉 저장혈과 함께 석실묘 및 석곽묘가 조성된 것이었고, 나중에 다시 조선시대의 분묘 구역이었던 것을 알 수 있다.

4기의 석실묘 중에서 신라토기가 출토된 석실묘는 2호와 3호이며, 1호는 백제시대 유물만이 확인되었고, 4호는 잔존유물이 없다. 유구의 잔존정황은 1호와 2호 석실묘는 상단의 천장부만 유실되었을 뿐이나, 3호분 묘광과 벽체의 하단만 남았고, 4호분 묘실 하단 흔적만 있어 그것이 석실묘였던 것만 추정할 수 있는 것이다.

3기의 석실묘에 잔존된 유물은 1호 석실묘는 경우 난형토기 2점, 토기완 1점, 호 2점 외에 철겸 1점 및 2개가 연결된 금동환 1점 등의 백제시대 유물이 있는데, 묘실 붕괴로 말미암아 교란된 것으로 보기도 한다. 한편 2호 석실묘의 유물은 앞서 언급된 것처럼 백제와 신라 유물이 함께 수습되는데, 잔존정형에 나름의 특징도 있다. 유물은 바닥에서 10cm 위의 정지된 층에 고배 1점과 단경호 1점의 토기와 도자 철겸, 철탁 등의 철제품 그리고

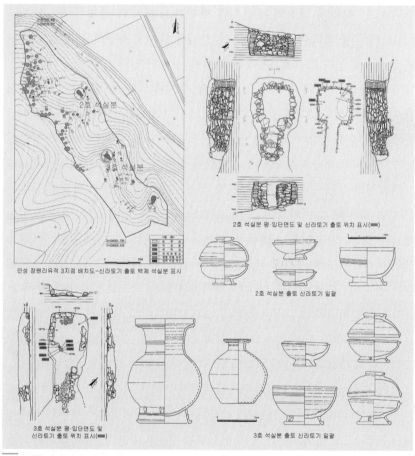

002 장원리 유적과 석실묘 출토 신라토기

방추차 등의 백제시대의 토기들이 있다. 그리고 이에서 20cm의 두께의 위
층에 신라 토기가 산포된 형태로 있는데 모두 7점이다. 이는 하단에 백제
의 유물을 남기면서 중층으로 상단에 신라유물이 시간차를 두고 매납된 양
상이다. 특히 2호 석실묘는 무덤의 입구를 이중으로 폐쇄한 흔적이 있다.
폐쇄석의 잔존정황은 시간차를 두고 묘실내에 출입이 반복적으로 이루어진
것을 보여주는데, 1차 폐쇄석 상단을 제거한 후에 출입하고 다시 후면에 2

차적으로 폐쇄한 형상을 남긴 상황은 잔존 유물과 상통하는 것으로 볼 수 있다. 마지막으로 3호 석실묘도 바닥에서 10cm의 두께로 상하층이 구분되어 아래에 백제의 깨진 토기호 2점과 방추차 및 철제품이 잔존하고, 위층에 대부 장경호 및 병 그리고 유개고배 등의 신라토기가 남겨져 있다.

2) 주성리 유적과 신라토기출토 석실묘

주성리 유적은 청원군 오창면 주성리에 위치한다. 유적은 1999년 오창 산업단지 진입도로 부지의 발굴조사로 확인된 것으로 조사범위인 가~다의 3개 권역 중에 중간 지역인 나 구역에서 신라토기가 부장된 백제 석실묘가 확인되어 있다. 주성리는 청주의 북서쪽에 위치한 지역으로 금강 상류에 있는 지류 중에서 비교적 규모가 있는 미호천의 유역에 해당된다. 서쪽에 있는 오령산에서 동쪽으로 흘러내린 가지 능선의 말단부에 해당되기도 하는데, 유적의 동쪽에는 남북으로 중부고속도로가 지나고 있기도 하다. 더불어 주변은 4세기대나 그 이후로 판단되는 토광묘 등의 유적이 상당히 밀집된 권역에 자리한다. 신봉동이나 봉명동 등지의 백제 토광묘군이 그리 멀지 않은 권역에 위치하고, 가깝게는 송대리 토광묘나 괴정리 유적도 있다.

주성리 유적은 원삼국기나 백제 초기로 판단되는 토광묘 15기와 석곽묘 3기, 그리고 석실묘 2기가 중심을 이루면서 고려·조선시대의 분묘가 더불어 조사된 유적이다. 비록 유구 밀집도는 크지 않지만 한성기 백제의 지방사회 유적 잔존의 정형을 그대로 간직하고 있다고 볼 수 있다. 유적은 표고 약 70m정도의 낮은 구릉을 정점으로 가장 북쪽에 있는 가 구역의 돌출구릉을 시작으로 여기에서 다시 남쪽으로 약 100m 정도의 비슷한 거리와 높이에 각각 나 구역과 다구역의 구릉이 있는데, 구릉 정상부를 중심으로 토광묘와 석곽묘가 있으면서 여기에는 각각 석실묘도 존재한다.

석실묘의 경우 나 구역과 다 구역에 각각 1기씩 있으며, 나 구역에서 1

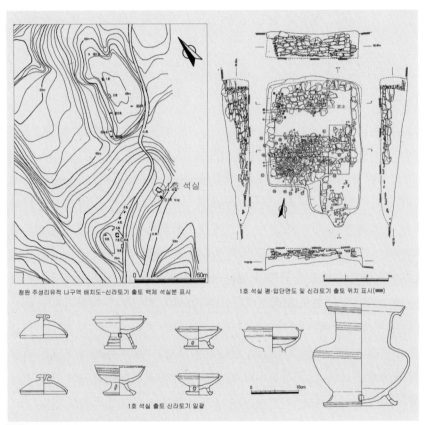

청원 주성리유적 나구역 배치도-신라토기 출토 백제 석실분 표시   1호 석실 평·입단면도 및 신라토기 출토 위치 표시(■)

1호 석실 출토 신라토기 일괄

003 주성리 유적과 석실묘 출토 신라토기

호 석실묘로 구분된 것이 신라토기가 출토된 백제 석실묘이고, 다구역의 2
호 석실묘에서는 신라토기가 출토되지 않았다. 이외에 백제시대의 것으로
판단하는 석곽묘 2기와 적석묘도 있으며, 이들도 묘제나 유물의 정황으로
미루어 대체로 4세기대 후반경으로 편년할 수 있기에 주성리 유적은 4세기
무렵에서 5세기경에 조성된 백제시대의 분묘 유적으로 봄에 문제가 없다.
더불어 주성리 유적의 신라토기 출토 백제 석실묘인 1호 석실묘의 입지는
구릉의 남향 면으로 정리될 수 있다. 나구역의 백제 토광묘는 구릉 정상부

에 등고선 방향의 장축을 두면서 드문드문 남았는데 석실묘는 그 동북단에 자리한다.

이 1호 석실묘의 묘실내부에서 가장 주목된 것은 바닥에 남겨진 다수의 매장 흔적이다. 즉 묘실 내부에는 적어도 5차에 걸쳐 반복된 매장 흔적인 시상대의 형상이 남았는데, 그중에서 1~3차와 5차의 것은 동서방향으로, 그리고 4차는 남북방향으로 있는데 이중에서 5차의 매장만 신라의 것이고, 나머지는 백제의 것으로 판단할 수 있는 것이다. 즉 1차 매장은 꺾쇠를 사용한 목관의 흔적, 2차는 잔자갈을 깐 관대를 중심으로, 3차는 남벽에 인접한 할석을 부석한 관대, 그리고 4차는 할석을 이용한 관대인데 모두 목관을 사용한 흔적을 남기고 있으면서 토기와 철기 그리고 금동 이식·구슬 등 4세기 후반대에서 5세기 초반으로 편년될 수 있는 유물을 남기고 있다. 그리고 마지막 5차의 매장 흔적은 4차 매장흔적을 정지하면서 할석을 깔아 마련한 것으로 구슬을 비롯하여 방추차, 토기 8점을 남겼는데 목관을 사용하지 않았다.

주성리 유적의 석곽묘나 적석묘도 함께 잔존된 토광묘나 석실묘의 백제시대 유물과 비슷하기에 동시기에 조성된 다른 묘제로 볼 수 있다. 더불어 다 구역에 있는 2호 석실묘의 경우 입지환경이나 조성방식에서 1호 석실묘와 큰 차이는 없지만 중앙연도라는 점에서 차이를 보이기도 한다.

3) 가락동·방이동 유적과 신라토기출토 석실묘

가락동·방이동 고분군의 발굴조사는 전면 제토에 의해 잔존된 유적을 망라한 조사가 아니고 표면에 드러난 흔적을 통해 분묘를 인지하고 발굴조사를 진행하였던 것으로 보인다. 따라서 유적내의 유구정황을 종합하기 어려운데 특히 분묘의 분포정형이나 분포밀도, 무덤간의 구역 설정 등을 비롯하여 다른 성격의 유적이 존재하는지의 판단도 어렵다. 때문에 가락동·

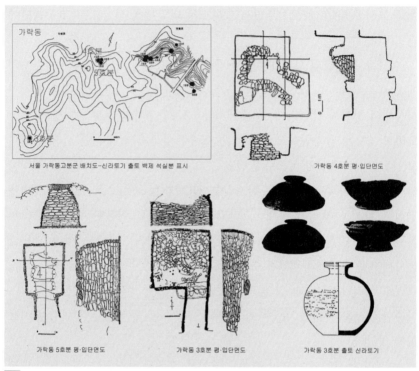

가락동

서울 가락동고분군 배치도-신라토기 출토 백제 석실분 표시

가락동 4호분 평·입단면도

가락동 5호분 평·입단면도

가락동 3호분 평·입단면도

가락동 3호분 출토 신라토기

004 방이동유적과 석실묘 출토 신라토기

방이동 고분군 성격 검토에 여전한 한계를 가질 수밖에 없다. 다만 석실묘
나 석곽묘처럼 분묘가 존재하기에 고분군으로 봄에 문제가 없을 것이고,
더불어 잔존 유구나 유물의 정형에서 신라와 백제시대 성격이 간취되기에
분묘군도 그에 상응하는 형태로 존재한다고 볼 수 있을 것이다. 특히 신라
분묘는 석곽묘의 형상을 유지하고 있는데 반해서 석실묘는 후술되겠지만
백제 석실묘의 전형을 보이면서 구조속성이나 축조방식 그리고 유물에 나
름의 특성을 갖추고 있기도 하다.

사실, 가락동·방이동 고분군의 범위는 개발로 본래의 지형모습을 찾기
는 어렵고 개발 이전의 도면에서 그 정황을 살필 수 있는 상황이다. 즉 고

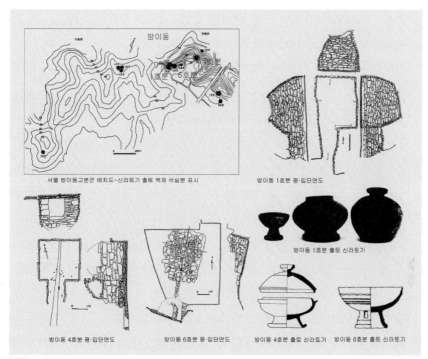

005 가락동유적과 석실묘 출토 신라토기

분군은 석촌동 고분군의 동안지역 하천변 구릉성 산지에 위치하고 있다는 점, 구릉은 서남쪽 남한산성이 위치한 산지에서 발기된 가지능선의 말단이나 분지형상의 표고 50m내외의 범위에 이른다는 것 정도이다. 여기에 개별 분묘의 분포는 가락동의 경우는 산포형상이나 방이동은 어느 정도 군집상을 보이기도 한다. 즉 가락동 3호분으로 구분된 1기가 남쪽의 구릉 중턱의 남향 면에 있고, 이에서 동북으로 1km정도 거리에 동쪽으로 흐르는 구릉 선상 가깝게 위치한다[7]. 더불어 방이동 석실묘는 다시 서쪽에 돌출 구

---

7) 본디 가락동 고분군은 서쪽의 석촌동 방향으로 확대될 개연성이 크다. 서쪽의 석촌동 고분군이 대규모 군집군으로 그것이 동쪽으로 확대되면서 가락동으로 이어지기 때문이다.

릉형태로 동향으로 전개된 구릉 남향면의 150m정도 범위에 잔존하나 2기
는 이들에서 동쪽으로 200m정도의 거리를 두고 있다.

가락동·방이동의 분묘는 가락동에 6기, 방이동에 8기의 분묘가 알려져
있다. 이중에서 가락동 분묘는 일제강점기에 조사된 1호 석실묘와 2호분
으로 구분된 즙석봉토분(봉토목관묘)을 제외한 4기가 추가로 확인·발굴 조
사되었고[8], 방이동 분묘는 4기가 발굴조사 된 상황이다[9]. 이중에서 신라
토기가 출토된 백제 석실묘는 가락동의 3호분과 4호, 그리고 5호분과 함께
방이동의 1호와 4호, 6호분으로 볼 수 있는데 후술되겠지만 이는 묘실구
조나 묘실내의 재사용의 흔적 즉 추가장의 정황과 관못 등의 존재에 나름의
특징으로 차별화될 수 있는 것들이다.

우선 가락동 3호분의 잔존유물은 중앙에 2구의 인골 외에 토기 뚜껑을
갖춘 고배 2점과 단경호 1점의 신라토기 5점이 있고 이외에 관못 5점도 수
습되어 있다. 그리고 가락동 4호분 3-6호분에 가장 서쪽의 구릉 위쪽에 있
는 것으로 조사 전에 분형을 확인할 수 있었던 것으로 유물은 회청색경질의
大壺와 승석문 회황색 연질호 등인데, 복원할 수 없는 파편들이다. 마지막
으로 5호분도 유물로는 금동환 4점과 철도 1점, 와편, 그리고 고배개의 구
연부편 등이 수습되었다[10]. 한편 방이동 고분은 1·4·6호분 중에 파괴가 심
한 6호분을 제외한 1호분과 4호분은 일단 신라토기가 출토되는 백제 석실
묘로 판단할 수 있는 것이다. 묘실의 형태는 각각에 차이가 있지만 1호분
의 경우 부장품은 토기 3점만 수습되었다. 더불어 4호분의 경우는 관못을
비롯한 철제품 외에 신라토기는 유개고배 1점이 남겨져 있었다.

---

8) 蠶室地區遺蹟發掘調査團, 1975, 「蠶室地區遺蹟發掘調査報告」『韓國考古學報』3,
   17~80쪽.
9) 趙由典, 1975, 「芳荑洞遺蹟發掘報告」『文化財』9, 98~123쪽.
   金秉模, 1977, 「芳荑洞古墳群」『考古學』4, 1~35쪽.
10) 蠶室地區遺蹟發掘調査團, 1977, 앞의 글.

3. 新羅土器 出土 百濟 石室墓의 墓制檢討

신라토기 출토 석실묘는 안성 장원리에 2기, 청주 주성리 1기, 그리고 서울의 가락동의 3기와 방이동 2기로 모두 8기이며, 묘제는 횡혈식 석실묘이나 각각의 구조형식에 차이를 보인다. 안성 장원리의 경우 유적에서 발견된 석실묘는 신라 토기가 출토된 석실묘를 포함하여 모두 4기인데, 이들은 구조속성에 어느 정도 공통성을 보인다. 그리고 청주 주성리는 석곽묘 1기, 적석묘로 분류된 분묘 1기를 포함 2기의 석실묘가 있고, 그중에 1기에서만 신라 토기가 출토되었는데, 2기의 석실묘는 중앙연도와 우편재 연도라는 차이가 있다. 반면에 가락동·방이동 석실묘는 모두 횡혈식 석실묘인 점은 동일하나 묘실의 평면, 연도의 위치나 형상 등에 차이가 나타난다. 각 유적에 잔존된 석실묘들의 구조속성을 서로 비교할 경우 공통점은 거의 발견되지 않는다는 것이 오히려 주목되는 상황이다.

장원리 유적의 4기 석실묘 중에 형상을 구체적으로 남긴 것은 1호와 2호분으로, 이들은 천장부만 유실된 상태로 있다. 반면에 3호분은 묘광과 그 안에 석축의 흔적만 있을 뿐으로 묘실의 평면구조만이 파악되는 정도이고, 4호분은 그것이 석실묘였다는 점만 확인할 수 있는 정도이다. 따라서 4호분을 제외한 나머지 3기는 평면구조를 비롯한 횡혈식 묘제로서의 환경을 어느 정도 살필 수 있고, 나아가 1호와 2호를 토대로 세부 구조속성도 엿볼 수 있다. 모두 지하로 묘광을 파고 그 안에 괴석형 할석재로 묘실을 조성하였다. 더불어 지면상에는 주구로 분류된 굴토 흔적이 있는데, 봉분을 조성하기 위하여 판 흔적이기에 이를 토대로 묘실은 반지하식으로 조성되었고, 일정한 규모의 봉분도 갖추었음을 알 수 있다. 그러나 묘실의 장축은 각각 다른 배치상을 보인다. 즉 1호분의 경우는 장축을 경사방향으로 배치하였지만 묘실 입구를 경사 위쪽에 둔 특이한 형상으로 있다. 반면에 2호분과 3호분의 장축은 경사방향이 아닌 등고선 방향으로 배치되어 1호분과 차이를 보이고, 나아가 일반적으로 횡혈식 석실묘의 장축이 경사방향으로 두고 있는 점과도 차이가 있다.

그러나 묘실 평면은 거의 대동소이한데, 방형에 가깝게 조성한 것이 그것이다. 다만 벽체의 선에 약간의 굴곡이 감지된다거나 모서리를 말각으로 처리하는 미숙함이 드러난다. 여기에 좁지만 긴 연도를 묘실의 전면 중앙 즉 중앙연도로 갖추었음이 공통적으로 확인된다. 3호 석실묘는 크게 파괴된 상황이기에 구체적 검토는 어렵지만 중앙연도로 보는데 문제가 없다. 사용된 석재는 한쪽 면만 거칠게 다듬은 괴석형 할석인데 조사된 석실묘가 모두 같은 내용이고, 이를 길이로 쌓아 묘실쪽 면을 맞추었지만 상태는 조잡하다. 벽체는 약간 수직으로 올리다가 점차 안으로 좁혀 쌓은 흔적으로 미루어 궁륭식 천장을 조성한 것으로 판단할 수 있다. 바닥은 장축이 등고선 방향이나 경사의 위쪽에 맞추어져 있기에 입구부터 경사를 두고 내려가는데 모두 생토면을 그대로 이용하였다.

한편 주성리 석실묘는 동서간으로 흐르는 구릉의 남향면에 L자형으로 묘광을 구축하고 할석으로 묘실을 구축한 것이다. 본디 4-5세기대의 백제 토광묘를 비롯하여 석곽묘, 석실묘, 적석 목곽묘 등이 남아 있었고, 석실묘는 1호와 2호분의 2기이나 서로 일정한 거리를 두고 있기도 하다. 신라 토기가 출토된 1호 석실묘는 반지하식의 묘광을 갖추고 있는데, 묘실 장축이 경사방향으로 배치되었고, 따라서 묘실 입구도 경사의 아래쪽으로 향한다. 더불어 묘실 평면은 거의 방형 구조인데 비교적 규모를 갖추었으며, 전면에 우편재 연도를 시설하였다. 연도는 전면부의 유실로 길이를 구체적으로 알기는 어렵지만, 좁고 긴 연도였을 것으로 추정된다. 묘실의 축조는 벽돌형태의 할석을 사용하여 비교적 정연한 축석 상태를 유지하고 있는데, 묘실 평면은 완전 방형이 아닌 약간 일그러진 형상을 남기고 있다. 북쪽에서 1m정도 남아 있는 벽체에서 안으로 좁힌 형상이 있어 궁륭식의 천장구조였을 것으로 추정한다.

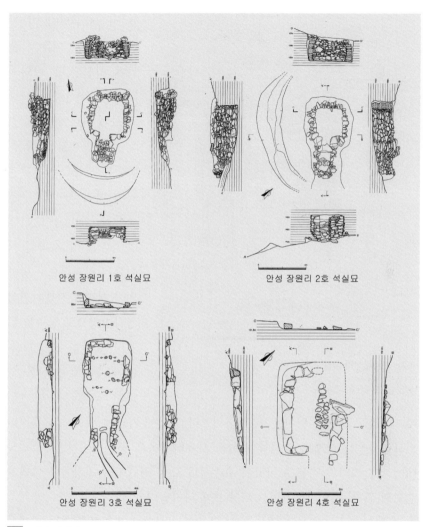

안성 장원리 1호 석실묘

안성 장원리 2호 석실묘

안성 장원리 3호 석실묘

안성 장원리 4호 석실묘

안성 장원리유적 석실묘

　　묘실의 바닥은 입구와 거의 같은 수평을 유지하고 있는데, 생토면을 그대로 사용한 것으로 추정되나, 시상대를 별도로 부정형한 형태로 부석하여 반복적으로 사용한 흔적을 남기고 있다. 참고로 약간 거리를 두고 있는 2

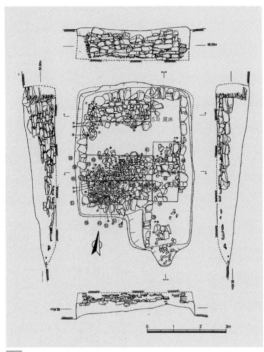
007 청원 주성리 석실묘

호 석실묘는 연도가 약간 우측으로 치우쳐 중앙에 시설된 것 이외의 구조형상이 1호 석실묘와 크게 다르지 않다.

마지막으로 가락동·방이동 석실묘는 분포권역에 따라 각각의 구조속성에 차이를 드러낸다. 우선 이 지역의 석실묘는 입지적으로 남향의 경사면을 선택하면서 경사방향으로 장축을 두면서 묘광을 조성한 후에 석축으로 묘실을 구축한 공통점이 발견된다. 그리고 묘실의 위치는 반 지하식보다 지상에 가깝게 위치하는 특징이 있고, 사용한 석재도 괴석형 할석을 사용하였음은 공통적이지만, 축석상태에 약간씩의 차이는 보이고 구조속성도 묘실 평면이나 천장가구 그리고 연도의 위치 등에 서로간의 차이가 크게 나타난다.

우선 가락동 3호분의 경우 남향 구릉의 경사면에 묘광을 구축하고 괴석형 할석으로 묘실을 구축한 것으로, 거의 방형에 가까운 묘실은 경사방향으로 장축을 두면서 우편재 연도가 시설된 석실묘이다. 천장은 궁륭식이었을 것으로 추정되며, 묘실 바닥은 부정형한 할석을 부석하였는데 벽체에 회칠한 흔적도 남아 있다. 반면에 3호분과 일정한 거리를 두고 있는 4호분은 반지하식의 묘광을 조성하고 그 안에 묘실을 축석한 점에서 3호분과 다

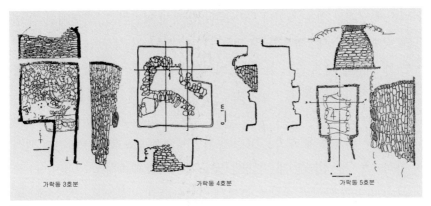

가락동 3호분   가락동 4호분   가락동 5호분

008 서울 가락동유적 석실묘

르지 않다. 묘실도 방형이고 우편재의 연도를 갖추었다는 점에서 유사성이 크지만 연도가 왼쪽으로 크게 휘어진 형상이나 묘실의 규모가 보다 작다는 차이가 있다. 그리고 가락동 5호분도 묘광을

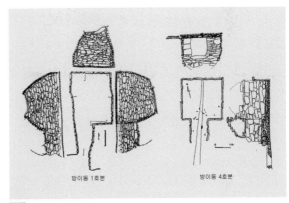

방이동 1호분   방이동 4호분

009 서울 방이동유적 석실묘

조성하고 그 안에 묘실을 조성하였는데, 묘실의 평면이 장방형이면서 중앙 연도를 갖추고 있어 앞의 것과는 차이가 크다. 더불어 이 5호분은 네벽 조임 후에 천장을 대판석 수매를 좌우 벽체 상단에 마무리한 상황이다. 특히 바닥은 판석과 자갈로 부석한 특징도 갖추고 있다.

한편 방이동 1호분은 남향의 경사면에 반지하 형태의 묘광을 파고 그 안에 부정형한 할석을 사용하여 묘실을 조성한 것으로 묘실의 형상을 거의

완벽하게 남기고 있는 것이다. 묘실은 장방형의 평면이고, 좌편재의 긴 연도를 갖추고 있는데, 연도가 밖으로 나가면서 좁혀진 형상이다. 묘실의 천장은 네 벽면을 크게 좁혀 천정을 1매석을 덮어 마무리하지만 완전한 궁륭식을 구성하지는 않았다. 이 석실묘도 묘실의 바닥에 강자갈을 깔았는데, 그 위에 다시 시상대가 시설되어 있기도 하다. 그리고 4호분도 반지하식의 묘광내에 거의 방형에 가까운 묘실의 전면 중앙에 연도를 시설하면서 괴석형 할석으로 구축한 것인데, 천장은 궁륭식에 가깝게 좁혀 쌓은 것이다. 특히 묘실 바닥은 판석과 자갈을 겹쳐서 깔았던 것이 이중으로 남았는데, 바닥에는 배수시설도 갖추었고 벽면에 회바름도 남아 있다.

이상의 신라 토기가 매납된 이들 8기의 석실묘는 비록 분포 위치가 다르고, 횡혈식 석실묘로서 구조형식에서 서로간 차이를 보이지만, 백제 석실묘로 봄에 문제가 없다. 백제 석실묘의 시간적 위치에 따른 묘제환경을 고려할 경우 모두가 석실묘 전개의 초기적 정황을 반영하는 것이면서, 동시기 백제 석실묘가 가진 속성을 여실히 드러내고 있기 때문이다. 살펴본 석실묘의 현황은 다음의 표처럼 정리될 수 있다.

〈표 1〉 신라토기 출토 석실묘의 현황

유적명	묘실규모 (長短高)cm	장단비	연도 위치	천정 형태	부석 시설	장축방향
안성 장원리 2호분	280×280×(?)	1:1	중앙	궁륭	생토	N-42°-W
안성 장원리 3호분	260×230×(?)		중앙	궁륭(?)	생토	N-36°-W
청원 주성리 1호분	(?)×222×(?)	1.08:1	우편재	궁륭	생토	N-7°-W
서울 가락동 3호	370×365×400	1.01:1	우편재	궁륭	잡석	N-10°-E
서울 가락동 4호	260×230×(?)	1.13:1	우편재	·	·	N-70°-W
서울 가락동 5호	280×225×170	1.24:1	중앙	네벽조임	판석	N-2°-E
서울 방이동 1호	310×250×(?)	1.24:1	좌편재	궁륭	강자갈	N-3°-E
서울 방이동 4호	234×257×(?)	0.91:1	중앙	궁륭	자갈+판석	N-15°-E

표에 제시된 내용은 개별 분묘의 규모와 형상에 대한 것이다. 종합하면 장원리 석실묘 2기는 규모나 형상에서 동질성이 크게 나타난다. 비슷한 규

모의 방형묘실에 중앙연도, 그리고 천장은 유실로 판단이 어렵지만 모두 생토를 이용하였다는 공통성이 있다. 다만 묘실의 장축에서 등고선 방향의 배치가 주목된다. 그리고 주성리 석실묘의 경우 규모에서 장원리 등지의 것과 큰 차이가 없고, 방형의 묘실을 갖추고 있지만, 작은 연도를 우편재로 설치하였다는 점에서 차이가 있다. 바닥은 생토를 이용하면서 묘실의 장축은 경사방향에 맞추어져 있다는 것도 차이로 지적할 수 있을 것이다. 반면 가락동·방이동의 분묘는 묘실의 규모나 형태, 그리고 연도의 위치에서 통일성을 보이지 않는다. 여기에 묘실의 평면이 방형과 장방형으로 구분되듯이 천장도 그에 상응한 형태로 가구되어 있다. 다만 묘실의 장축은 경사방향으로, 그리고 묘실 바닥 부석에 강자갈을 사용한 흔적이 많다는 공통점이 있듯이, 각각의 무덤들의 잔존환경이나 구조속성의 상이점이 크게 나타나는데, 이는 초기 백제 횡혈식 석실묘에 나타나는 묘제적 특성이기도 하다.

한편, 신라토기 출토 백제 석실묘들이 포함된 유적은 각각의 지역에서 기왕의 고유 토착묘제로 분류될 수 있는 묘제환경과 더불어 남아 있다. 장원리 석실묘나 가락동 4·5호분처럼 지형상으로 돌출된 선상부 지점을 선택하여 축조한 경우도 있지만, 전체적 지형은 남향 면에 입지하는 현황은 공통적으로 가락동이나 방이동의 나머지 석실묘, 그리고 주성리의 석실묘에서 그러하다. 이러한 입지는 동시기 백제 분묘의 입지환경에서 공통적으로 발견되는 것이다.

그런데 석실묘의 구축은 기본적으로 경사면에 L자형의 묘광을 조성하고 그 안에 석축하여 조성함이 일반적인데, 묘실의 깊이에 차이가 있고, 그것은 지역 고유의 묘제 전통과 관련된 것으로 볼 수 있을 것이다. 한강유역 석실묘의 묘실이 지상에 가깝게 위치한 것은 해당 지역의 고유묘제인 분구식 분묘의 조영 전통의 영향이 아닌가 추정할 수 있다. 반면에 장원리나 주성리 석실묘 묘광이 어느 정도 깊이를 유지하고 있는 것은 장원리의 석곽묘, 주성리의 토광묘 조영 전통과 관련된 것으로 판단된다.

이러한 지역적 전통은 묘실의 장축 배치에서도 나타난다. 횡혈식 석실묘는 출입을 위한 연도 및 입구를 갖추면서 묘실의 전면이 경사의 아래쪽에 위치하는 것이 기본 전통이기에 묘실의 장축은 경사방향에 맞추어지는 것이 기본이다. 반면에 입구가 없는 석곽묘나 토광묘의 장축은 경사방향보다 오히려 등고선 방향의 장축이 보편적이다. 이는 축조 편의와 관련된 것으로 볼 수 있으면서 초기 지방사회에 유입된 석실묘의 경우 묘실의 전면을 경사 아래쪽에 두기보다 오히려 지역 전통을 답습하여 등고선 방향이나 상단에 두는 이상 현상이 나타나는 것이기도 하다. 이로 보면 주성리의 석실묘나 가락동·방이동 석실묘가 경사방향에 맞추어져 있음에 석실묘 축조의 기본 전통을 간직하고 있지만, 장원리 석실묘의 장축과 관련하여 함께 있는 1호 석실묘는 무덤의 입구가 경사의 위쪽으로 향하고 있다든가 이외의 석실묘가 등고선 방향으로 장축이 배치되고 있음은 석실묘에 지역적 전통이 반영된 것으로 볼 수 있다.

4. 新羅土器 出土 百濟 石室墓의 存在意味

분묘의 시·공간적 특성은 묘제적으로 서로간에 차이가 존재한다는 점인데 이는 사후세계의 안식처로 마련된 시설이지만, 시·공간적으로 차이있게 전개된 관념의 차이가 묘제에 그대로 반영된 것과 관련된 것으로 볼 수 있을 것이다. 우리나라의 묘제 발전을 보면 선사시대 특히 청동기시대의 석관묘나 고인돌의 존재, 그리고 이후 철기시대에 이르러 토광묘의 등장에도 불구하고 삼국시대 각국의 묘제가 차별적으로 축조되는 것은 시간의 진전에 따른 사후세계의 안식처로서 분묘를 어떻게 인식하였는가의 차이와 무관치 않은 것이다. 이로써 분묘 축조의 주체에 대한 인식은 분묘 자체만으로도 가능하다.

주지되듯이 우리나라의 고대 삼국시대 각각의 분묘문화도 고유한 전통을 갖추고 있다. 고구려는 적석총과 석실봉토분, 백제는 토광묘 외에 적석묘, 석실묘 등을, 그리고 신라는 토광묘, 적석목곽묘, 석실묘 등을 사용한 것이 그것이다. 이들은 비록 같은 유형의 묘제라 할지라도 고유 전통을 반영하는 세부 속성을 갖추고 있어 서로 간에 차별화되어 인식될 수 있다. 특히 삼국이 고대국가로 정립되는 후반 무렵에 이르면 각국은 횡혈식 석실묘를 수용하여 사용한다. 삼국이 수용한 석실묘는 비록 외부에서 유입되지만[11] 점차 나름의 고유한 묘·장제 환경과 결부되어 각각의 고유 특성을 갖추어 정립된다. 때문에 구조 속성만으로도 축조의 주체를 준별하는데 전혀 문제가 없다.

한편 분묘는 매납시설인 유구 외에 유물로서 부장품도 풍부하게 남기는 것이 일반적이고, 그것은 무덤의 축조 주체인 피장자의 성격을 그대로 대변하는 것이 보통이다. 때문에 분묘의 성격 판단에서 축조주체와 피장자는 동일한 것으로 간주하고, 나아가 묘제와 부장품도 동일 성격의 범주에서 논급되는 것이 보통이다. 물론 무덤내 남겨진 부장품으로서 유물은 피장자와 함께 남겨진 것으로 그 자체가 피장자는 물론이고 매납 주체의 성격을 그대로 대변하는 것으로 봄에 문제가 없다. 특히 무덤 내 부장품은 장례의례품이나 사후세계를 위한 공헌품적 성격의 것들이기에 동시대 물질자료로서 가장 적극적 성격을 갖추었다고 볼 수 있기에 더욱 그러하다. 다만 부장품은 동산적인 유물이기에 왜 그러한 유물이 거기에 있는지는 고려될 필요가 있을 것이다. 더불어 부장품과 무덤내 피장자나 장례 주체와의 관계는 서로 동일할 것으로 봄에 의문이 없겠지만, 묘제나 환경에 따라서 무덤의 축조주체와 무덤내 남겨진 부장품이 반드시 동일하지 않는 경우도 있음

---

11) 이남석, 2009, 「橫穴式 墓制의 淵源과 展開」 『先史와 古代』30, 9~10쪽.

을 반드시 유념하여야 할 것이다.

분묘의 축조주체와 피장자가 서로 다른 성격의 것으로 판단할 수 있는 대표적 사례가 앞서 살핀 신라토기 출토 백제 석실묘 유적들일 것이다. 그리고 그 배경은 횡혈식 석실묘의 묘제 특성, 즉 횡혈식 석실묘는 출입시설의 마련을 가장 큰 묘제 특징으로 지적할 수 있는데, 이는 묘실의 반복 사용을 위한 시설로서 추가장을 전제한 시설이란 점에서 찾을 수 있을 것이다.[12]

백제의 횡혈식 석실묘에 추가장이나 재사용의 흔적을 남긴 것도 적지 않은데, 대부분의 횡혈식 석실묘가 2인 이상을 多葬한다는 점이 묘제의 가장 큰 특징이란 점에서 알 수 있다. 특히 공주 산의리 1호 석실묘의[13] 경우처럼 처음 만들어진 묘실에 후대에 다시 추가의 매장행위가 진행되면서 기왕의 棺臺를 한단 높여 사용하고 있음도[14] 확인되어 추가장의 확실한 모습도 보여준다. 이는 추가장 자체가 1차의 매장이 이루어진 다음에 상당정도의 시간이 경과된 후 이루어졌음을 보여주는 사례이기도 하다. 그리고 논산 육곡리 7호 석실묘의 묘실 내에 3개체 유골의 잔존형상도[15] 있는데 이러한 정황은 백제 횡혈식 석실묘가 다장제 즉 추가장의 흔적을 분명하게 보여주는 것들로 봄에 문제가 없을 것이다. 나아가 이는 횡혈식 석실묘를 묘제로 사용하는 백제라는 동일한 정치·사회 환경에서 그것이 계기적으로 이루어진 행위였다고 봄에 문제가 없을 것이다.

그런데 이러한 행위는 동일 시기나 정치 환경이 아닌 변화된 서로 이질

---

12) 李南奭, 1999, 앞의 논문, 475~476쪽.
13) 李南奭, 1999, 「山儀里 遺蹟」, 公州大學校 博物館.
14) 이러한 관점에서 본다면 芳夷洞 호에 나타난 묘실내의 이중벽체의 잔존도 기왕의 무덤을 재사용하는 과정에서 남겨진 것으로 볼 수 있겠는데 동일한 형상의 구조가 청주의 주성리 고분중에 석곽묘로 분류된 것에서 확인되기 때문이다.
15) 安承周·李南奭, 1988, 「論山 六谷里 百濟古墳 發掘調査報告書」, 百濟文化開發研究院.

적 정치 환경이 도래된 뒤에도 추가장이 이루어진 경우가 있는 것이다. 가락동·방이동 석실묘는 검토가 필요하지만 주성리 1호 석실묘의 경우 5차에 걸친 반복된 매납 행위가 있었고, 이중에서 가장 마지막에 이루어진 5차의 매납이 신라토기를 남긴 것인데 이는 묘실 바닥에 시설된 관대로서 확인되는 것이다. 반면에 안성 장원리 석실묘는 백제의 매납 흔적이 그대로 남겨지면서 묘실 바닥을 돋우고 재매장이 이루어졌음을 층위상, 즉 하단의 백제 매납 잔흔 위에 상단에 신라 매납 흔적을 선명하게 남기고 있다. 특히 장원리 석실묘는 백제시대에 매장행위가 완료된 다음에 이루어진 묘실 폐쇄석의 상단부를 제거하여 다시 출입하고, 이어 후면에 별도로 폐쇄행위가 이루어진 모습도 남기고 있어, 반복 사용의 흔적을 선명하게 드러내고 있다.

주성리나 장원리의 백제 석실묘에 추가장으로 신라토기가 남겨진 배경은 아마도 특수한 상황속에 이루어진 것일 가능성이 높다. 대체로 이들은 초기에 매장된 백제의 유물이 한쪽으로 치워지거나 정지하거나 청소된 다음에 그 위에 다시 신라토기를 사용하는 사람들에 의해 매장행위가 이루

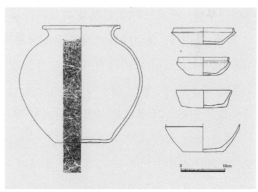

010 주성리 1호분 출토 백제유물

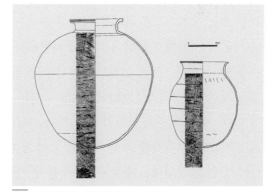

011 장원리 출토 백제유물

어졌는데, 이러한 매장행위는 연속적이기 보다도 백제와 신라라는 단절 속에 이루어진 것으로 보아야 한다.

본디 추가장은 동일혈연이나 집단에 의해 상호간 연속선상에서 진행되는 것이 자연스런 현상이다. 그런데 신라토기 출토 백제 석실묘에서 발견되는 추가장은 전혀 이질적 환경의 발생으로 무덤의 재활용 형태로 이루어질 수도 있음을 보여주는 것이다. 특히 추가장 자체가 시간이 상당히 경과된 후에 이루어지고, 그 과정에 정치·사회적 변화가 크게 나타났다면 유구와는 전혀 이질적 유물이 부장될 수 있다는 사실도 인정할 수 있다. 즉 신라토기 출토 백제 석실묘들은 백제가 한성에 도읍하던 시기, 즉 적어도 4세기 후반경부터, 백제사회에 횡혈식 석실묘가 유입되면서 조영되기 시작한 것으로 볼 수 있다. 그러다가 백제가 웅진으로 남천하고, 얼마 후 신라토기를 사용하면서 횡혈식 묘제를 인지한 사람들이 이 지역에 진출하면서 새롭게 고분을 축조할 수 없는 환경에서, 기왕에 백제인이 만들어 놓은 석실묘를 재사용한 결과 신라토기가 유물로 남겨진 것으로 볼 수 있다는 것이다.

결국 백제 석실묘의 출입시설의 존재는 반복된 추가장을 추정할 수 있고, 그러한 행위가 시간과 주체를 달리하여 이루어졌음을 분명하게 보여주는 것이 안성의 장원리와 청원 주성리의 신라토기 출토 백제 석실묘 자료일 것이다. 즉 각각의 무덤들은 백제가 한성에 도읍하던 시절에 축조된 분묘였으나, 웅진천도를 계기로 사회 혼란 속에 각각의 무덤들이 방기되면서 나중에 이 지역에 진출한 신라인이 재활용하면서 신라토기를 남기게 되었음을 알 수 있다. 다만 신라인의 무덤 재활용은 무덤내부의 정리가 선행되었을 것인데, 정리 방식에 따라 백제 유물의 잔존여부에 차이를 보일 수밖에 없다. 이로 보면 신라토기 출토 백제 석실묘로서 안성 장원리나 청원 주성리 자료는 시간차를 가진 백제 유물이 함께 공반되어 그 성격의 이해에 문제가 없을 것인데, 여기에서 가락동·방이동의 석실묘 중에 신라토기가 출토된 석실묘 중에 백제 석실묘의 인지도 나름의 타당성을 얻을 수 있을 것이다.

사실, 서울지역에서는 일찍이 가락리 2호분 등의 횡혈식 석실묘가 발견되면서[16] 이를 기회로 한성도읍시기에 적석총 외에 횡혈식 석실묘가 백제묘제로 존재하는 것이 언급되기도 하였다[17]. 이후 한강유역에서 발견되는 횡혈식 석실묘가 대체로 백제묘제의 범주에서 이해되면서[18] 나아가 이들의 연원을 기단식 적석총[19], 고구려의 석실묘 계통이나[20] 낙랑지역의 묘제[21]에서 구하기도 하였다. 그러다가 앞서 언급한 것처럼 이들 한강유역의 횡혈식 석실묘 자료가 백제보다는 오히려 신라의 것일 수 있다는 의문이 제기되고[22], 이어 한강유역의 횡혈식 석실묘 특히 가락동·방이동의 횡혈식 석실묘는 백제보다는 오히려 신라의 것이라는 논지가 강하게 주장되었던 것이다. 이러한 논거의 배경은 가락동·방이동의 석실묘에서 출토된 신라토기가 적극적으로 활용되었음은 물론이다. 이에 대한 반론으로 부장품으로서 토기의 특수성 문제라던가, 묘제적 측면에서 본 구조특성은 백제고분일 수밖에 없다는[23] 지적도 있었지만, 자료적 한계로 말미암아 여전히 크게 주목되지 못하였던 것이 사실이다. 오히려 묘제적 속성에서도 신라 석실묘에 가깝다는 의견이 제기된 형편이었다[24].

물론 가락동·방이동 석실묘의 축조 주체의 인식에 필요한 마땅한 비교

---

16) 野守建 外, 1929,「公州宋山里古墳調査報告」『昭和二年度古蹟調査報告』朝鮮總督府.
17) 輕部慈恩, 1927,「公州に於ける百濟古墳」『考古學雜誌』26.
18) ① 安承周, 1975,「百濟古墳의 硏究」『百濟文化』7·8合輯, 公州大學校 百濟文化硏究所.
   ② 姜仁求, 1977,『百濟古墳硏究』一志社.
19) 西谷正, 1980,「百濟前期古墳의 形成過程」『百濟文化』13, 公州大學校 百濟文化硏究所.
20) 姜仁求, 1981,「驪州 普通里의 石室墳」『韓佑劤博士停年紀念論叢』.
   尹煥, 1989,「漢江下流における百濟橫穴式石室墳」『古文化談叢』20.
21) 小田富士雄, 1980,「橫穴式 石室墳의 導入とその源流」『日本古代史講座』4, 學生社.
22) 金元龍, 1974,「百濟初期古墳에 對한 再考」『歷史學報』62, 147~164쪽.
23) 李南奭, 1992,「百濟 橫穴式石室墳의 構造型式硏究」『百濟文化』22, 52~54쪽.
24) 崔秉鉉, 1997,「서울 江南地域 石室墳의 性格-新羅 地方石室墳의 硏究(1)」『崇實史學』
   10, 112쪽.

자료는 한동안 결여된 상황이었다. 비록 가락동 방이동 석실묘의 경우 동시기 비교될 수 있는 신라 석실묘를 확인하기 어렵다는 점, 관못이라던가 아니면 대형 토기편과 같은 백제 유물이 잔존된 정황, 그리고 묘실 바닥에 초기 백제 석실묘 고유의 자갈돌이 남겨져 있고, 재사용 과정에 남겨진 정리 흔적이 많다는 점 등의 이질적 분위기에도 이를 보완할 반증적 자료의 결여는 출토유물이 축조주체를 대변한다는 논리가 우선할 수밖에 없는 상황이었다. 물론 이러한 정황은 장원리나 주성리의 백제 석실묘에 신라토기가 매납된 환경의 발생으로, 백제 석실묘에 신라토기가 부장될 수 있는 전제가 마련됨으로서 자연스럽게 반증될 수 있었고, 따라서 기왕의 의문도 해소될 수 있었음도 주지된 사실이다.

백제사회에 횡혈식 석실묘의 등장은 4세기 중·후반 무렵으로, 초기의 묘제는 횡혈식이란 속성 이외는 형식적 정형화가 담보되지 않은 다양한 형태로 축조되었던 것으로 판단되기도 한다[25]. 그러면서 이들이 지방사회로 확산된 것으로 볼 수 있는데, 특히 지방으로의 확산은 지방사회의 주체적 수용으로 각각의 구조형식에 다양성이 담보된 것이 아닌가 여겨진다. 최근 백제의 한성도읍기의 도읍지역내 석실묘 자료로 간주할 수 있는 유적이 적지 않게 확인되어 있다. 이는 광암동 유적을[26] 비롯하여 우면산 유적[27], 그리고 판교 유적[28] 등지의 것들이 그것인데, 각각의 유적에 잔존된 석실묘의 구조속성 간에는 일정한 차이가 있다. 예컨대 광암동 유적의 석실묘가 우편재의 장방형 묘실에 아치형 천장구조인데 반해서 우면산은 방형 묘실

---

25) 李南奭, 2007, 앞의 논문, 15쪽.
26) 세종대학교 박물관, 2006, 『하남 광암동 유적 : 덕풍-강북간 도로 확·포장공사 4차 구간 발굴조사 보고서』
27) 한얼문화유산연구원, 2012, 『서울 우면동 유적 : 서울 서초 우면2지구 국민임대주택부지 내 유적 발굴조사』.
28) 한국문화재보호재단, 2010, 『성남 판교동 유적』.

의 우편재에 궁륭식 천장구조가 그러하다. 더불어 축조기법이나 바닥의 처리에서도 일정한 차이를 보이는 바, 이들은 백제초기 횡혈식 석실묘 즉 한성 도읍기에 축조된 것으로 구조적 통일을 이루지 않은 것을 반증하는 것이기도 하다.

요컨대 무덤자체에는 축조주체의 성격이 그대로 반영되어 있음이 일반적이다. 반면에 무덤내의 부장품은 피장자의 성격을 대변하는 것임은 물론이다. 그런데 축조주체와 피장자가 반드시 동일한 사회의 구성원에 한정되지 않는다는 것을 신라토기출토 백제 석실묘는 보여준다. 물론 그로 말미암아 유구로서의 무덤과 유물로서의 부장품이 반드시 동질 사회의 소산품이 아닐 수도 있다는 사실을 신라토기 출토 백제 석실묘는 알려준다. 석실묘는 묘제특성상 출입시설이 마련되어 있음에서 매장행위가 반복적으로 이루어진 것을 알 수 있다. 이는 무덤내에 피장자의 안치가 반복적, 추가장이 전제된 묘제라는 것이다. 그러나 추가장이 동시대가 아닌 시대적 차이 속에 성격을 달리하는 사회집단에 의해 매장이 반복적으로 이루어질 수 있고, 그 결과 무덤의 축조자와 피장자, 나아가 구조물인 유구로서의 무덤과 유물로서의 부장품은 서로간 이질적 성격차를 드러낼 수 있음을 신라토기 출토 백제 석실묘는 여실히 보여준다.

5. 結言

석실묘의 묘제적 특징은 출입시설을 마련하여 묘실을 반복적으로 출입할 수 있다는 점이다. 그런데 반복적 출입은 매장행위의 반복적 실시, 즉 추가장에 보다 큰 목적이 있었기에 석실묘는 다장이라는 장제적 특징도 엿보인다. 백제사회에 횡혈식 석실묘의 등장은 상장례 중, 묘제가 기왕의 단장적 일회성 매장행위에서 다장적 반복적 매장행위로 전환되었음을 의미하는 것이기도 하다.

다만 한국 고대사회는 삼국시대로 구분되듯이 여러 정치체가 정치적 역량을 갖추면서 각축을 이루었고, 때문에 남겨진 문화유산은 시간과 지역에 따라 차이가 있다. 특히 묘제의 경우 정치 환경의 역동성에 부응한 사회변화에 기인하여 다양한 변화상을 연출한다. 그중에서도 횡혈식 석실묘는 삼국이 고대국가로 성장하면서 주묘제로 자리함에, 각각의 국가 성장의 정도에 따라 수용에 차이가 있고 나아가 사용주체에 따라 고유한 특성도 갖추게 된다.

본고는 백제 석실묘로서 특이하게 신라토기가 부장된 사례, 즉 청원의 주성리 석실묘와 안성의 장원리 석실묘, 그리고 서울의 가락동·방이동 석실묘의 검토를 통해 백제 석실묘에 신라토기가 부장될 수 있는 환경을 검토하여 보았다. 백제사회는 4세기 후반 무렵이란 비교적 이른 시기부터 횡혈식 석실묘가 수용되고 그것이 점진적으로 확산되어 백제 전사회의 보편적 묘제로 자리한다.

그러나 한성에서 웅진으로 천도 즈음에 나타난 백제의 정치환경 변화는 기왕의 거점지역에 대한 변화가 수반될 수밖에 없었다. 반면에 6~7세기대 신라의 비약적 발전은 점진적으로 백제 강역을 차지하면서 백제 고지에 방치된 석실묘의 재활용이 이루어지고 백제 석실묘에 신라인의 재매장을 통해 신라토기가 부장품으로 남겨진 것으로 확인된다. 이러한 정황은 분묘주체의 인식에 부장품이 중요한 전거가 될 수 있음을 부인할 수 없지만 적어도 유적이나 유구의 종합적 현황이 우선되어야 할 것임을 상기시켜주는 것으로 여겨진다.

IX 백제의 금동관모와 담로제도

百濟의 金銅冠帽와 擔魯體制

1. 序言

백제에 대한 고고학적 접근이 다양하게 전개되면서 백제사 해명에 고질적 장애였던 기록 영성문제도 어느 정도 해소되고 나아가 정치·사회상의 다양한 이해에 접근하게 되었음은 이미 주지된 사실이다. 그중에서도 주목할 수 있는 것은 한성 도읍기의 유물로 판단되는 금동관모일 것으로, 사비도읍기 유물인 은제관식과 대비되어 백제의 통치체제 변천상을 엿볼 수 있는 귀중한 자료이다. 필자는 일찍이 백제 은제관식을 검토하면서 백제의 의관제 제정과 실행이 고이왕대라는 『三國史記』의 기록과는 달리 물질자료인 관모·관식의 존재로 미루어 그것은 오히려 웅진도읍 후반이나 사비도읍 초반경으로 보아야 하고, 백제는 이즈음에 집권적 통치체제가 구현되었음을 살핀 바가 있다[1]. 이는 물적자료를 토대로 백제의 정치사적 단면을 엿

---

1) 이남석, 2008, 「百濟의 冠帽·冠飾과 地方統治體制」 『韓國史學報』33, 고려대학교한국사연구회.

본 것이다. 이후 금동관모의 자료가 증가하면서 이를 토대로 한성 도읍기의 중앙에서 지방통제 방식이었을 것으로 추정되는 담로제의 결과가 이 금동관모였을 것으로, 이에 대체된 은제관식은 담로제보다 발전된 지방통제 방식인 方·郡·城體制의 산물로 재확인하기도 하였다.

이글은 후자의 논고 「백제의 관식·관모와 지방통치체제」란 글을 「백제의 금동관모와 담로체제」로 바꾸어 제시한 것이다. 이를 위해 사비도읍기의 정황에 해당되는 은제관식을 통한 방·군·성체제의 내용을 제외하면서 금동관모와 관련되는 담로체제의 내용을 재정리하였다.

사실, 관모·관식은 의관을 갖추는데 사용되는 장착품으로, 관모는 전체가 모자의 형태를, 관식은 모자를 장식하는 부속품으로 구분할 수 있다. 그러나 모두 머리를 장식하는 지위의 상징물이기에 이들은 위계에 따라 차별적으로 사용된다. 그리고 백제는 일찍부터 衣冠制[2]가 시행되었음을 『三國史記』는 전하며[3], 그러한 의관제의 실상을 보다 심층적으로 실증·이해할 수 있는 금동관모 자료가 확대되면서 금·은제 관식 자료가 풍부하게 축적되어 있다. 이러한 고고학 자료의 현황은 나름의 백제사 해명에 의미가 있다고 여겨져 이미 그 개괄적 현황에 대한 검토가 있었고[4], 아울러 최근 자료가 증가하면서 그 유용성의 인식 속에 보다 확대된 검토도 있었다[5]. 그런

---

2) 衣冠制는 왕이나 관료가 공식석상에서 착용하는 복장과 관에 대한 규정(노중국, 2003, 「삼국의 관등제」『강좌 한국고대사』 2, 163쪽)으로 기왕의 색복제라던가 공복제와 더불어 관식이나 관색을 포함하는 용어로서의 합당함이 지적된 것을(김영심 2007, 「백제의 중앙지배조직」『百濟의 政治制度와 軍事』(百濟文化史大系硏究叢書 8). 충청남도역사문화연구원, 97쪽) 원용하여 따른다.
3) 唐書云百濟 其王服大袖紫袍 靑錦袴 烏羅冠 金花爲飾 素皮帶 烏革履 官人盡緋爲衣 銀花飾冠 庶人不得衣緋紫(『三國史記』 卷 第三十三 雜誌 第二 色服條).
4) 李南奭, 1990, 「百濟冠制와 冠飾」, 『百濟文化』20.
5) 백제 관모·관식의 검토는 朴普鉉(1999, 「銀製冠飾으로 본 百濟의 地方支配에 대한 몇 가지 問題」『科技考古硏究』 5)이 은제관식의 형태와 그 의미가 추가로 논급된바 있으며, 최근에 금동관모가 발견되는 것을 기회로 (노중국 2005, 「금강유역의 백제 영역화와 문화

데 최근 집적된 자료를 종합할 경우 시간적·공간적 측면에서의 존재의미를 검토할 수 있을 뿐만 아니라 통치체제의 변화까지도 재음미할 수 있지 않은가 여겨진다.

따라서 여기에서는 새롭게 증가된 금동관모와 은제관식 존재를 주목하고, 그것이 백제사회의 왕 및 관료의 位階性 구현의 산물이었다는 점을 염두에 두면서, 제도로서 시행된 의관제와의 부합문제를 살펴 백제의 중앙과 지방간 통치체제의 실상을 살펴보고자 한다. 이에 논의는 자료의 실상과 의관제의 현황을 검토하고, 이어 백제 관모·관식의 시간과 공간성을 살피겠다. 이는 관모·관식이 언제, 어디에, 어떤 형태로 존재하였는가의 이해를 토대로 백제의 중앙과 지방간의 관계나 그 변화상을 추론하여 보기 위함이다. 특히 백제 관모·관식을 금동관모와 금·은제 관식으로 구분하고 나아가 시간적으로 선·후의 구분, 공간적 분포 특성, 제도로서 의관제와의 부합문제 등을 살피면서 그것이 백제의 중앙과 지방간의 관계에 어떻게 반영되는가를 보도록 하겠다. 이러한 관모·관식의 존재양상의 변화를 백제의 중앙과 지방간의 관계변화에 대비하는 것은 동시기의 지방제로 언급되는 담로라던가, 방·군·성제와의 관련성의 추구로 자연스럽게 이어질 것이다.

2. 百濟의 冠帽·冠飾과 衣冠制 規定

1) 冠帽·冠飾의 現況

백제 관모·관식자료는 관모로 분류된 공주 수촌리, 서산 부장리, 익산

적 변화」, 『4~5세기 금강유역의 백제 문화와 공주 수촌리유적』, 충남역사문화원 5회 심포지엄)이 지방통치 측면에서 검토가 이루어진 바가 있다.

001 나주 신촌리 9호 옹관묘와 을관출토 금동관모 등의 유물

입점리, 나주 신촌리, 고흥 안동 고분 출토품이 있다. 그리고 형태가 모호하지만 천안 용원리 출토의 금동제품도 관모 장식품으로 판단된다. 관식은 무령왕릉 출토품인 왕과 왕비의 금관식 외에 백제의 각 지역에서 출토된 은제관식 다수가 존재한다. 이들 관모·관식을 일단 용원리 유적 출토 관모 장식을 관모에 포함하여 이를 금동관모로 정리한다. 이외 무령왕릉의 왕과 왕비 관식 및 은제 관식을 관식으로 구분하면서 그 현황을 살펴보겠다.

금동관모로 가장 일찍 알려진 자료는 나주 신촌리 9호 옹관고분 출토품이다[6]. 유적은 하나의 봉분 안에 11개의 옹관이 있다. 그중에서 乙棺으로 분류된 것에서 금동관모 외에 금동신발, 단봉문환두대도, 은제 삼엽문환두대도를 비롯하여 토기와 구슬 등이 출토되었다. 금동관모는 내부의 고깔

---

6) 國立文化財研究所, 2001, 『羅州 新村里 9號墳』.

x

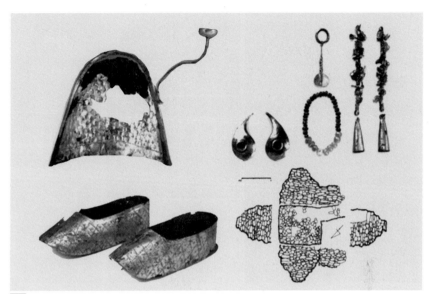

002 익산 입점리 1호분 금동관모, 금동신발 등

모양 관모와 외부의 입식 관으로 구성되었다. 관모는 좌우 측판과 이를 고
정하는 대륜과 함께 외부 관을 금동판을 구부려 타원형 관테를 만들고 전면
과 좌우에 투각 초화문 입식을 세웠다. 입식의 선단에는 보주형의 형상에
화형의 작은 가지가 좌우로 3개씩 내어 만든 것이다[7].

　익산 입점리 출토 금동관모는 횡혈식 석실묘 출토품이다.[8] 금동관모 외
에 금동신발, 중국제 청자사이호와 각종 토기 등이 있다. 청자 사이호는 무
령왕릉 출토품과 유사하고 금동관은 일본 후네야마 고분출토 관모의 후면
장식과 유사한 것으로 평가된다. 금동관모는 관대와 입식, 관모로 구성되
었고, 관모는 2매의 반원형 金銅板을 좌우에서 맞붙인 부분에 대륜을 돌려

---

7)　申大坤, 1997, 「羅州 新村里 出土 冠, 冠帽 一考」 『고대연구』 5.
8)　文化財硏究所, 1989, 『益山笠店里古墳發掘調査報告書』.

003 공주 수촌리 4호 석실묘 금동관모

마무리한 고깔 모양이다. 한편 입식은 3점으로 얇은 금동판인데 타출 점선문에 의한 외연장식이 있고, 초화형 입식으로 추정되는 흔적도 있다[9].

수촌리 금동관모 출토 고분은 6기의 백제무덤 중에 1호와 4호로 구분된 토광묘와 석실묘이다.[10] 1호 토광묘는 유물로 목관 안에 금동관모와 금동신발, 금제 귀걸이, 환두대도, 금동허리띠, 중국제 청자 사이호가 있고, 목관밖에 등자, 재갈, 교구, 살포, 철부 등의 철기와 함께 직구호, 대호, 호형토기, 광구호, 발형토기 등 각종 토기류가 있다. 4호 석실묘는 관대 위에 금동관모, 금동신발, 금동허리띠, 환두대도, 청자잔, 유리구슬, 중국제 흑갈유 양이부병, 광구장경호 등이, 관대와 벽면 사이에 중국제 계수호, 흑갈유도기, 살포, 등자, 재갈, 교구, 기대, 직구단경호, 유개합, 대

---

9) 百濟文化開發研究院, 1992, 『百濟 彫刻·工藝圖錄』.
10) 忠南歷史文化研究院, 2007, 『公州 水村里 遺蹟』.

004 부장리 금동관모

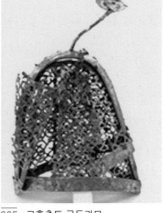

005 고흥출토 금동관모

형옹, 꺾쇠, 관정 등의 유물이
있었다. 1호 토광묘 출토 금동
관모는 내관과 전면·후면의 입
식으로 구성되었다. 내관은 반
원형 금동판 2장을 맞대어 만들
고, 외연에 윤곽선을 돌리고 후
면에 긴 대롱이 부착되었다. 한
편 4호 석실묘 출토 금동관모도
1호 토광묘의 금동관모와 크게

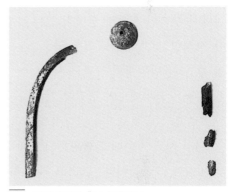

006 천안 용원리 출토 금동관모

다르지 않은 상단부가 둥근 고깔모양의 관모를 중심으로 전면과 후면에 입
식을 갖추고 있으면서 후면에 수발을 세운 것으로 무늬도 1호 토광묘 출토
품과 대동소이한 것으로 보고되어 있다[11].

----

11) 이훈, 2006, 「공주 수촌리 백제금동관의 고고학적 성격」 『한성에서 웅진으로』, 제6회
    충청남도역사문화원 정기 학술심포지엄, 忠淸南道歷史文化院 國立公州博物館.

부장리 금동관모 출토 유적은 13기의 분구토광묘로 구성된 것으로 5호분에서 금동관모가 출토되었다. 동반 유물은 철제의 초두 및 환두대도, 반부 철모, 철도자, 철겸, 모시톱, 철부 외에 광구호 4점과 발 1점, 그리고 곡옥 등의 구슬이 있다.[12] 금동관모는 반원형에 가까운 내관을 중심으로 전면과 후면에 입식을 세우고 하단에 테를 두른 형태의 것이다. 관모 안에서 백화수피제가 남아 있음이 주목되기도 하였다.

이외에 고흥의 안동고분은 1기만 조사된 것으로 석곽묘이다.[13] 금동관모와 식리, 그리고 갑주 등의 유물만 있고, 토기는 없다는 사실이 특이하다. 금동관모도 앞서 살펴 본 수촌리나 서산 부장리 출토품과 매우 유사하다는 것만 알려져 있다. 그리고 용원리 9호 석곽묘 출토품은 장식의 일부만 남아 있어 정확한 형상의 복원이 어렵다. 관모는 귀걸이와 함께 머리부분에서 수습된 것으로 금박이 있는 유기질만 남아 있다. 다만 전면 모서리를 장식한 것으로 추정되는 금동금구와, 관모의 정상에 매달았던 것으로 볼 수 있는 방원형의 금판금구가 있어 관모로 추정하는 것이다. 함께 수습된 유물은 환두대도와 귀걸이, 성시구, 마구, 흑색 마연토기, 중국제 흑유계수호 및 심발형토기와 난형의 항아리 등 다수의 토기가 있다.[14]

관식 자료 가운데 무령왕릉의 왕과 왕비의 관식과[15] 나주 복암리 7호분의 자료는[16] 金製이다. 그리고 부여 하황리 전세품과[17] 부여 능안골의 33호분과 45호분 출토품[18]. 부여 염창리 42호분 출토품[19], 논산 육곡리 7호

---

12) 忠淸南道歷史文化硏究院, 2007, 『瑞山 富長里 遺蹟』.
13) 임영진, 2006, 「고흥 안동고분출토 금동관의 의의」 『한성에서 웅진으로』, 제6회 충청남도역사문화원 정기 학술심포지엄, 忠淸南道歷史文化員 國立公州博物館.
14) 李南奭, 2000, 『龍阮里 古墳群』, 公州大學校 博物館.
15) 文化財管理局, 1973, 『武寧王陵』.
16) 국립문화재연구소, 2001, 『羅州 伏岩里 3號墳』.
17) 國立夫餘博物館, 1977, 『扶餘博物館陳列品圖錄』 圖版 125.
18) 國立扶餘文化財硏究所, 1998, 『陵山里』.
19) 公州大學校博物館, 2003, 『塩倉里 古墳群』.

분[20)], 남원 척문리 폐고분[21)], 나주 복암리 5호분과 16호분[22)], 나주 흥덕리 석실묘 출토품은[23)] 銀製이다. 이들 금·은제 관식도 부여 하황리 출토품 이외는 모두 무덤, 그 것도 평천정의 횡혈식 석실묘에서 출토된 것이다.

금제관식이 출토된 무령왕릉은 백제 묘제로는 특이한 전축분으로 왕릉의 품격에 걸 맞는 다량의 유물과 함께 관식은 왕과 왕의 것 각 1쌍이 있다. 또 다른 금제관식으로 나주 복암리 3호분 7호묘 자료는 금제로 구분할 수 있지만 형태에서 다른 백제 관식과는 다르다. 즉 백제 관식은 대부분이 입식인데

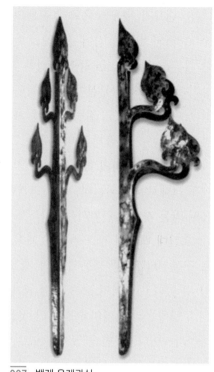
007 백제 은제관식

반해서 7호묘 자료는 관모에 부착한 장식이란 차이가 있다.[24)] 이외의 은제 관식은 형태적 공통성이 돋보인다. 모두 화형이 기본으로 17~20cm정도의 중앙줄기에 좌우로 가지를 내어 보주형 꽃잎 장식을 가진 수식형으로 만든 것이다. 다만 전면의 좌우 가지의 숫자나 장식 정도에 차이만 있을 뿐

20) 安承周·李南奭, 1988, 『論山六谷里 百濟古墳發掘調査報告書』, 百濟文化開發研究院.
21) 洪思俊, 1968, 「南原出土 百濟飾冠具」 『考古美術』9.
22) 국립나주문화재연구소, 2006, 『羅州 伏岩里 三號墳』.
23) 朝鮮古蹟研究會, 1940, 『昭和十三年朝鮮古蹟調査報告』.
24) 김낙중, 2000, 「5~6세기 영산강유역 정치체의 성격-나주 복암리 3호분 출토 위세품 분석」, 『백제연구』 32, 충남대 백제연구소.

이다. 대표적 사례를 육곡리 출토의 관식을 통하여 살펴보면 관식은 두께 0.06cm의 銀板을 접어 透刻으로 문양을 조성한 것으로 모양은 반으로 접힌 기본줄기를 18cm 높이로 만든 후, 좌우에 각기 2개씩의 花枝를 낸 양상이다. 관식의 끝부분에 花峯 형태의 草花를 표현하였다. 花峯은 기본줄기 상단에도 반으로 접힌 상태로 표현하여 모두 5개를 배치하였다. 또한 반으로 접은 기본줄기의 하단에서 7cm의 높이에 돌기형태가 돌출되어 있다[25]. 이러한 관식의 형태는 남원 척문리 관식, 복암리 5호묘 출토 관식 등에도 그대로 적용되는데, 특히 크기나 문양의 형태, 표현 수법이 동일한 틀에서 만든 것처럼 일치하는 점이 주목된다.

요컨대 백제의 관모·관식은 재질로서는 순금제, 금동제, 은제의 3종으로 구분된다. 이중 금동제는 그 재질의 외형적 속성에서 보면 금제로 분류할 수 있다고 여겨져 크게 보면 금제, 은제의 분류가 가능하다. 또한 형태는 무령왕릉의 관식이 초화형인 것을 비롯하여 은제관식도 초화형인 것은 마찬가지이다. 다만 금동제 관모로 구분되는 자료는 관식자료와는 형태상 차이가 있으면서, 무령왕릉 관식과 은제관식이 전형적 前立飾이라는 사실과는 차이가 있는 것으로 보아야 할 것이다. 그리고 관모는 금동제품으로 형상에 차이가 발견되지만 부장리나 수촌리, 그리고 길두리 출토품에서 알 수 있듯이 형태적 유사성도 크게 나타난다. 더불어 무령왕릉 금제관식과 은제의 관식은 모두 관모와 형태가 다른 관식으로 구분된다. 이들은 유기질의 관모에 장식하였던 것으로 추정된다. 재료는 금제와 은제의 구분 외에 형태상으로 화형이란 공통점, 은제의 경우 기본 도안의 공통성과 더불어 장식의 추가에 따른 차별성도 인정된다.

---

25) 安承周·李南奭, 1988, 『論山六谷里 百濟古墳發掘調査報告書』, 百濟文化開發研究院.

2) 衣冠制 規定

관모나 관식은 머리에 장착하는 장식물로서 일종의 치장물이긴 하지만, 고대사회에 있어서 의관제 규정은 통치 질서의 확립과 표리관계에 있어[26] 관식이 의관제의 범주에 포함되면서 질서체계의 상징으로 사용된 것을 알수 있다. 그리고 『三國史記』 잡지의 색복조를 보면 신라·고구려·백제의 색복규정을 적기하는데, 특히 백제는 복색 규정 외에 관식 규정도 남기고 있다. 즉 백제는 왕은 금제의 화식을, 관인 중 육품인 나솔 이상은 은제의 화식을 장식한다고 적혀 있음이 그것이다. 이를 보다 구체적으로 살펴보면 백제는 왕과 관인의 의관에 구분을 두었는데, 특히 冠制에서 왕은 오라관에 금화식을, 관인은 은화식을 사용하는데 은화식도 다만 6품인 奈率이상의 관인만이 착용할 수 있다는 것이다[27].

기록내용을 그대로 취신할 경우 백제는 복색뿐만 아니라 관식도 관등이나 신분에 따라 차등 있게 서로 다른 것을 착용할 것을 분명하게 규정하였음을 알 수 있다. 나아가 이러한 내용은 의관제가 신분이나 관등 차에 따른 차별규정으로 존재함을 알게 한다. 특히 이러한 제도는 통치체제의 확립 즉 고대국가의 중앙집권적 절대왕권의 확립과 더불어 제정·시행된 것으로 보아야 하기에 그 중요성은 적지 않다. 따라서 이러한 제도가 언제 마련되었고 그것이 구체적으로 어떻게 실행되었는가의 문제는 국가 성격의 검증에 중요한 사안이 될 수 있다. 특히 백제는 앞서 살핀 것처럼 관모와 관식의 자료가 존재하고 이들은 백제사회에 제도로서 의관제가 실행되었음을 분명하게 보여주는 것이기에 더욱 그러하다.

먼저 주목하여야 할 것은 백제에 의관제가 언제 마련되고 실행되었는가

---

26) 이종욱, 1977, 「백제왕국의 성장」, 『대구사학』 12, 55~86쪽.
27) 『三國史記』卷 第三十三 雜誌 第二 色服條..

의 문제이다. 이와 관련하여 백제의 의관제 내용은『三國史記』잡지의 색복조 외에 本紀에도 제정한 기사를 구체적으로 남기고 있다. 즉 백제의 의관제란 규제조항이 고이왕대에 이루어진 것으로『三國史記』의 백제본기에 전한다. 고이왕 27년에서 28년의 어간에 일종의 개혁이라 부를 수 있는 관등제정, 관직임명과 함께 의관제의 제정이 이루어진 것이 그것이다. 동 사서에는 27년 정월에 六佐平制를 마련하고 그들의 임무를 규정함과 동시에 관등을 제정하였고, 2월에 六佐平을 포함한 十六官等 중 六品, 十一品을 계선으로 하여 관인의 복색과 관식을 규정한 것이 그것이다[28]. 이는 본기의 내용만으로 보면 대단히 체계적이고 일목요연한 의관제가 이미 고이왕대인 3세기 후반경에 마련되었다고 보아야 함에 전혀 의문을 가질 수 없게 한다.

　　그런데『三國史記』잡지 색복조의 문두에 있는 고구려나 백제의 의관제에 대한 전문에 따르면[29] 백제 의관제 제정이 과연 고이왕대에 이루어진 것인가에 대한 커다란 의문을 가질 수밖에 없게 한다. 삼국사기 잡지 색복조의 기사는 삼국의 복색규정에 대해 적고 있지만 어느 시기에 마련된 제도인지에 대해서는 전혀 추론할 수 없다. 정황도 "不可得而考"라는 내용과 함께 백제 의관규정은 중국의 歷代史書를 참고하여 고찰하였다고 전하고 있을 뿐이다. 이와 관련하여 백제의 의관제 제정 시기나 내용은 본기의 내용을 그대로 취신하기 어렵다는 것을 사서 찬술경위나 내용 검토를 통해 이미 살펴본 바 있기도 하다[30].

　　그에 따르면『三國史記』본기와 잡지에 백제의 의관제와 관련된 기사가

---

28) (古爾王)27年 春正月 置內臣佐平-- 以上服紫 以銀花飾冠 十一品以上服緋 十六品以上服靑. 28年 春正月初吉 王服紫 帶踝袍 靑衾皁 金花飾鳥羅冠(『三國史記』卷 第二十四 百濟本紀 第二 古爾王).
29) 高句麗 百濟衣服之制 不可得而考 今但其見於中國歷代史書(『三國史記』卷第 三十三 雜誌 第二 色服條).
30) 이남석, 1990, 앞의 글.

존재하는데, 이를 통해서 백제의 의관제를 규정하는 규칙이 존재한다는 것은 인정된다. 그러나 제도로서 의관제가 마련된 시기의 경우 『三國史記』 본기에 고이왕대로 알려져 있지만 이에 대해서는 상당한 의문을 가질 수밖에 없다. 적어도 『三國史記』 본기의 고이왕대 제정기사의 타당성을 인정하기가 어렵다는 것이다.

반면에 『三國史記』 잡지의 색복조에 제기된 백제의 의관제 기록에는 중국사서의 인용이 적지 않다. 그리고 중국사서중에 『周書』, 『北史』, 『隋書』에도 마찬가지의 백제 의관제 관련 기록이 상세하게 남아 있다. 그런데 이를 삼국사기의 것과 비교할 경우 큰 차이를 발견하기 어렵다. 따라서 『三國史記』의 백제 의관제 관련 기록을 토대로 그 제정 시기를 살필 경우 본기보다는 잡지의 색복조 기사가 오히려 신빙성이 있는 것으로 보아야 한다.

이는 삼국사기의 의관제 관련기록의 찬술이 비록 『古記』나 『舊三國史』와 같은 국내 逸失 사서를 인용하였지만,[31] 중국사서의 인용도 적지 않음을 주목할 필요가 있고, 특히 의관제에 관한 기록은 중국사서의 기록을 『三國史記』가 상당부분 채록하였다고 봄이 타당할 것이라는 전제도 있다. 이를 통해 백제의 의관제 제정 시기는 현재로서는 구체화할 수 없는 사안이다. 다만 삼국사기 등의 문헌기록에 남겨진 내용은 대체로 6세기 전반경의 사실이 반영된 것일 뿐이라는 점도[32] 유념할 필요가 있다.

한편 백제 의관제와 관련된 사실 중에 이의 제정 시기에 대한 것은 구체성이 결여되었다 하더라도 그것이 제도로 실행되었다고 보는데 문제가 없다. 이는 관제시행을 실증할 수 있는 실물자료로서 冠飾이 존재한다. 더불어 관식 중의 일부를 기록의 내용과 대비할 경우 그 부합성에 나름의 특성이 나타나기 때문이다. 예컨대 앞서 언급된 것처럼 백제 의관제의 핵심은

---

31) 『三國史記』雜誌의 官制, 色服의 내용 뒤에 "又見古記"라 명기하고 있음이 대부분이다.
32) 이남석, 1990, 앞의 글.

王은 烏羅의 冠에 金製 花飾을 장착하고 관인 중 奈率인 六品이상 관인은 銀製花飾을 장착한다는 점이었다.

그런데 백제의 관모·관식의 자료를 살피면서 이들을 재질로 구분할 경우 금·은제로 구분되고, 형태적으로 花飾의 형상을 갖추고 있음에서 그것이 의관제의 관련 기록과 상당히 일치하고 있음을 알 수 있다. 특히 공주 무령왕릉의 금제관식이라던가 각종의 은제관식은 왕과 관인이란 구분이 가능한 것도 알 수 있다.

백제 의관제는 제도로서 시행된 것이고, 더불어 그 엄격성이 전제된다면 왕과 관인의 구분은 철저하게 이루어졌을 것으로, 이는 금제와 은제 관식의 존재로 충분하게 입증할 수 있을 것이다. 특히 금·은제 관식은 제도로 시행된 의관제의 내용에 상당히 부합하기에 그 자체로 의관제 존재의 추정은 물론 물적자료 자체가 의관제의 산물이라는 것도 알 수 있다.

그런데 관모 관식 자료 중에서 금동관모로 분류된 것들은 의관제와 거의 부합되지 않는 것도 분명한 사실이다[33]. 그럼에도 금동관모는 실물자료로 존재하고, 그것도 백제사회에 널리 유포되어 있음이 확인된다. 이는 결국 제도로 실행된 의관제로는 설명할 수 없는 사회 환경이 존재한다는 것을 암시하면서, 이의 해명은 의관제의 제정 시기나 실행의 시기와 관련될 것이고, 관모·관식자료의 시공간적 성격과 관련될 수 있을 것이다.

요컨대 백제 관모·관식자료는 금제와 은제, 그리고 금동제가 관모·관식의 형태로 다양하게 축적되어 있다. 이는 백제사회에서 실행된 제도로서 의관제의 범주에서 이해될 수 있는 물질자료이다. 그러나 백제의 의관제는

---

33) 금동관모는 재질별로 금제로 보아야 하고, 규정에 의하면 왕만이 소유할 수 있는 것으로 의관제 규정과는 상치된다. 따라서 더불어 이 금동관모는 백제의 지방사회에서 출토된 것으로 의관제 규정의 왕과는 전혀 무관한 것이기에 금동관모는 의관제 규정의 내용과는 상반되는 자료로 볼 수밖에 없다.

삼국사기의 기록과는 달리 구체적 제정 시기를 확인할 수 없다. 반면에 관모·관식 자료는 의관제도와 부합하는 것과 부합되지 않는 것이 존재하는데 특히 관모·관식의 구분 속에 관식자료는 제도적 틀 속에서의 이해가 가능하나 상당수의 금동관모 자료는 제도인 의관제와 전혀 무관한 상태로 존재한다. 이는 의관제란 제도의 실행시기와 관련된 것으로 볼 수 있고, 그 구체성은 관모·관식의 시·공적 존재양상에서 검토될 수 있을 것이다.

3. 百濟 冠帽·冠飾의 存在特性

1) 冠帽·冠飾의 時間性

백제 관모·관식의 시간성 탐구는 그 자체가 지닌 특수성으로 각각의 편년문제를 가늠하기가 어렵다. 반면에 이를 출토한 유적이 분묘라는 공통점이 있어 백제묘제의 전개 틀 속에서 출토물인 관모·관식의 시간적 위치가 추구될 수 있다고 본다. 앞서 살핀 것처럼 백제의 관모·관식을 무령왕릉 출토 금제관식 외에 은제관식, 그리고 금동관모로 구분하고, 이들이 출토된 유적인 분묘의 묘제를 보면 다음과 같다. 금동관모는 토광묘로 수촌리 1호분, 석곽묘는 용원리 9호분, 고흥 길두리 안동고분을 꼽을 수 있으며, 신촌리 9호분과 부장리 5호분은 분구토광묘, 그리고 수촌리 4호분, 입점리 1호분은 석실묘이다. 여기에 금제관식이 출토된 무령왕릉 전축분으로 절대 년대의 추정이 가능한 것이고, 나머지 은제관식도 출토지가 불분명한 하황리 자료를 제외하면 모두 횡혈식 석실묘란 묘제적 공통성이 있다. 이들 각각의 묘제는 편년적 위치를 가늠할 수 있는 것인데[34] 이를 토대로 관

---

34)) 이남석, 2007, 「백제 금동관모 출토 무덤의 검토」, 『선사와 고대』 26, 한국고대학회.

모·관식의 시간적 위치도 결정될 수 있을 것이다.

먼저 토광묘에서 출토된 수촌리 1호분 출토 금동관모에 대해서이다. 본디 수촌리 유적은 백제무덤 6기로 구성되었다. 이중에서 1호와 2호가 토광묘이고, 3호는 횡구식 계통의 석곽묘, 그리고 4호와 5호가 석실묘이다. 이들 수촌리 유적의 백제 무덤은 토광묘에서 석곽묘, 그리고 석실묘로의 변화가 추정되었고, 가장 이른 것이 토광묘로 대체로 4세기 후반에서 늦어도 5세기 전반경으로 편년된다. 물론 백제 토광묘에 대해서는 개괄적 이해 외에[35] 아직 구체적 검토가 이루어진 바 없다. 하지만 수촌리 토광묘는 석촌동 대형 토광묘, 천안 화성리 토광묘, 용원리 토광묘, 청주 신봉동 토광묘 및 공주 취리산 토광묘와[36] 대비하여 축조시기를 4세기말에서 아무리 늦어야 5세기 전반으로 보는데 문제가 없다고 본다.

한편 금동관모가 출토된 석실묘는 수촌리 4호분과 입점리 1호분이 그것이다. 그리고 수촌리 석실묘는 횡혈식 구조를 지녔지만 초기적 속성이 그대로 있어 한성 도읍기인 5세기 중반이란 편년관이 마련되어 있다[37]. 수촌리 4호분은 백제 웅진도읍기의 횡혈식 석실묘와 대비될 수 없다. 묘실평면이나 연도 및 입구의 형태 및 장축이 등고선 방향으로 있는 점 등에서 횡혈식 석실묘의 초기적 속성이 그대로 노출되어 시기적으로 5세기 중·후반을 벗어날 수 없다고 보는 것이다[38].

---

35) 권오영, 1991, 「중서부지방 백제토광묘에 대한 시론적 검토」 『百濟研究』 22, 충남대백제연구소.

36) 公州大學校博物館, 1998, 『就利山』.

37) 이남석, 2005, 「수촌리 고분군과 백제묘제」 『4~5세기 금강유역의 백제 문화와 공주수촌리유적』, 충남역사문화원 5회 심포지엄.

38) 수촌리 4호분의 년대를 백제 동성왕기로 보기도 하지만(강인구, 2008, 「공주 수촌리 백제고분의 고찰」 『한국학논총』 제 30집, 국민대학교한국학연구소) 백제 초기 석실묘의 수용환경에 대한 이해 차이에서 비롯된 것으로 보이며, 오히려 금은세공품의 편년 등에 동의하기 어려운 부분이 많아 여전히 이 유적은 백제의 한성도읍 후반기로 편년되어야 한다고 본다.

그리고 익산 입점리 1호 석실묘도 횡혈식 구조를 갖춘 것으로 산 경사면에 묘광을 굴착하여 지하 묘실을 안치하고, 우편재의 긴 연도를 갖추면서 벽체의 네면 상단을 오므려 궁륭식 구조를 갖추었다. 여기에 묘실 내부 바닥에 할석을 부석하였고, 그 아래에 배수로를 시설하는 등 백제 횡혈식 석실묘의 전형적 형상을 갖추고 있는 것으로 평가된다.[39] 그러나 이 무덤도 천정을 궁륭식으로 완벽하게 조성하지 못한 점이나 묘실 장축이 등고선 방향에 맞추어져 있는 점, 그리고 동반 출토 유물 등을 토대로 5세기 후반경이란 편년이 이루어져 있다.

신촌리 9호분은 저평한 구릉 상에 흙을 쌓아 높은 분구를 조성한 분구 옹관묘이다. 분구에 11개의 옹관이 매납되어 多葬的 성격을 갖추고 있다. 옹관이 상하로 나뉘어져 있어 매납이 순차적으로 이루어졌다는 추정도 가능하다. 나아가 고총의 분구는 옹관의 반복적 매납으로 형성된 것이다. 이 신촌리 9호분은 영산강 유역 옹관묘 문화의 중심에 자리하는 것으로 4세기 후반,[40] 5세기대나[41] 6세기 전반까지의[42] 편년관이 제시되어 있다. 그러나 신촌리 9호분은 동형의 분묘가 존재하는 나주 반남면 일원에 이미 백제의 석실묘가 유입됨에도 여기에는 그 영향이 전혀 없는 것으로 미루어 조성시기가 5세기대를 크게 벗어날 이유는 없다고 판단된다[43].

한편 부장리 5호 금동관모 출토 무덤은 묘제적으로 분구토광묘로 구분된다. 이것도 지상에 매장시설을 만든 다음에 흙을 덮는 방식으로 축조하였다. 매장시설로 목관을 사용하였고, 외형은 평면 방형을 갖춘 한 변의 길이가 약 30m정도 규모이다. 조성은 지반상을 대강 정지한 다음에 목관을

---

39) 文化財研究所, 1989, 『益山笠店里古墳發掘調査報告書』.
40) 안승주, 1983, 「백제옹관묘 연구」『百濟文化』15, 공주사범대학 백제문화연구소.
41) 정계옥, 1985, 「한국의 옹관묘」『百濟文化』16, 공주사범대학백제문화연구소.
42) 國立文化財研究所 ,2001, 『羅州 新村里 9號墳』.
43) 이남석, 2007, 앞의 글.

안치하고 다시금 성토하여 큰 봉분을 조성한 것이다. 그리고 이 유적은 지역 환경·묘제나 출토유물에서 적어도 5세기 중반은 넘지 않는 것으로 보고 있음은 물론이다[44].

이외에 금동관모 출토 무덤중에 석곽묘는 고흥 길두리 안동고분과 천안 용원리 9호분을 꼽을 수 있다. 이들은 묘제를 석곽묘로 구분하였지만 매장 주체를 기준한 것이고 오히려 외형은 나름의 차이가 있기도 하다. 용원리 9호 석곽묘는 구릉상에 묘광을 파고 할석으로 묘실을 구축하였다. 규모가 큰 편인데 출토된 중국제 흑유 계수호를 토대로 4세기말[45] 혹은 5세기 전반으로[46] 편년하고 있다. 한편 안동고분은 외형이 직경 34m에 높이 5m 정도의 분구가 있는 특이성도 있다. 그러나 매장시설은 전형적 석곽시설로 이루어진 것이며, 편년은 대체로 5세기를 벗어나지 않는다는 점에서 견해가 일치한다[47].

다음으로 관식은 먼저 금제관식으로 무령왕릉 출토품은 6세기 전반이란 분명한 시간적 위치가 부여될 수 있고, 이외에 은제관식은 하황리 자료 외에 부여 능안골, 염창리, 논산의 육곡리, 남원의 척문리, 나주의 흥덕리, 복암리 출토품 모두가 횡혈식 석실묘란 공통된 묘제에서 출토되었음을 앞서 보았다. 그런데 은제관식이 출토된 횡혈식 석실묘는 고임식이라는 구조 형식적 공통성도 있어 일단 편년적 위치는 6세기 중반 이후로 보아야 한다.

부여 능안골의 은제관식 출토 석실묘 2기는 전형적 횡혈식 구조를 지닌 것이다. 능안골 고분군은 약 60여기의 분묘로 구성되었고 사비도읍기의

---

44) 忠南歷史文化院, 2005,『瑞山 富長里 遺蹟 略報告書』.
45) 이남석, 1999,「고분출토 흑유계수호의 편년적 위치」『호서고고학』 창간호, 호서고고학회.
46) 성정용, 2000,『중서부마한지역의 백제영역화과정연구』, 서울대학교대학원 박사학위논문.
47) 임영진, 2006, 앞의 글.

것이 집중되었는데, 은제관식이 출토된 36호분은 단면 6각의 고임식 구조를 화강판석으로 조성하여 6세기말에서 7세기대에 널리 사용된 묘제임을 알 수 있다[48]. 이는 염창리 은제 관식 출토 무덤도 마찬가지이다. 염창리 고분군은 7세기대 어간에서 시작된 약 330여기로 이루어진 고분군이다. 은제관식이 출토된 무덤은 Ⅲ지역 72호이며 평천정의 고임식이란 횡혈식 석실묘의 전형적 구조를 갖추고 있는 것으로 7세기대라는 편년관을 벗어날 수 없는 것이다[49].

한편 논산 육곡리 유적도 백제 석실묘 13기가 확인되었는데, 모두 횡혈식 석실묘로 구조는 평천정의 단면 6각의 고임식이나 단면 4각인 수평식 구조이다. 물론 이들은 6세기말이나 7세기 전반부로 편년되는 유적인데 은제관식이 출토된 7호분도 대형 화강 판석을 조립하여 단면 6각의 고임식 구조로 조성한 것이다[50]. 이러한 현황은 남원 척문리 은제관식 출토무덤도 같은 현황이다. 이 유적은 수습조사로 알려졌지만 묘실은 평천정 구조를 갖추고 있음이 분명하다[51]. 따라서 무덤의 편년은 육곡리 등의 유적 편년관에서 크게 벗어나지 않는 것으로 볼 수 있다. 이는 영산강 유역의 흥덕리나 복암리 고분군도 마찬가지이다. 복암리 3호분의 은제관식이 출토된 2기의 분묘도 모두 횡혈식 석실묘로 평천정 유형이다. 동형의 무덤의 시간적 위치는 앞의 자료들에서 제시된 편년관에서 크게 벗어날 수 없다. 흥덕리 석실묘는 2실 병존형태로 나름의 구조적 특이성은 있지만 평천정에 긴 묘도를 갖추고 있어 6세기 후반이나 7세기대로 편년되는 묘제라는 점에 이견이 없다.

---

48) 국립부여문화재연구소, 1998, 『陵山里』.
49) 공주대학교박물관, 2003, 『塩倉里 古墳群』.
50) 安承周·李南奭, 1988, 앞의 보고서.
51) 弘思俊, 1968, 앞의 글.

이상으로 백제의 관모·관식이 출토된 유적을 통해 각각의 시간적 위치에 대한 문제를 살펴보았다. 가장 큰 특징은 관모·관식 자료 중에 금동제 관모로 분류되는 것과 은제관식으로 분류되는 것이 일정한 시점을 기준하여 전후로 뚜렷하게 구분됨을 알 수 있다. 즉 금동관모는 모두 5세기나 그 이전으로 편년된다. 반면에 은제관식은 6세기나 7세기대로 편년되는 것뿐이다. 이는 금제관식이 출토된 무령왕릉을 기준으로 보면 금동관모가 그 이전으로, 그리고 은제관식은 그 이후로 시간적 구분이 이루어짐을 알 수 있다.

2) 冠帽·冠飾의 空間性

관모·관식의 존재양상은 금동관모가 도읍지를 제외한 백제 지방사회의 전역에서 발견되었음이, 그리고 은제관식은 도읍지는 물론 지방사회 전역에서 광역적 분포양상을 드러내면서 존재한다는 특징이 있다. 특히 금동관모는 백제의 지방사회 각지에 존재하는데 해당지역의 고유한 전통문화 속에 포함되어 있다. 은제관식은 백제문화가 중앙과 지방의 구분없이 통일적 상황이 조성된 환경에 잔존한다는 특징도 발견된다. 이를 유념하면서 각각의 유적 존재현황을 토대로 관모·관식의 공간적 특성을 유추하여 보겠다.

먼저 금동관모가 발견된 유적은 천안 용원리, 공주의 수촌리, 서산의 부장리, 익산의 입점리, 나주의 신촌리, 고흥의 길두리로 지역적으로 백제의 전역에 망라되는 비교적 광역적 분포를 나타낸다.[52] 이는 금강유역, 영산강유역을 넘어 남해안까지를 아우르는 분포권임을 알게 하는데, 앞서 살핀 것처럼 금동관모의 시간성이 적어도 한성 도읍기에 국한된다는 점을 고려할 경우 이러한 분포 양상은 동시기에 백제와 관련된 지역의 범위가 매우

---

52) 이남석, 2007, 앞의 글.

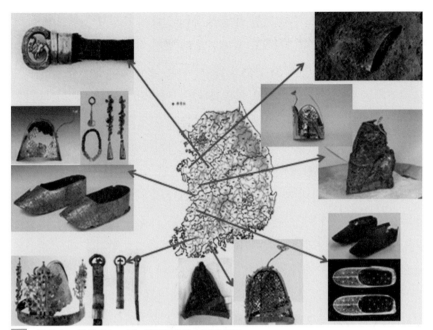

금동관모, 환두대도, 이식, 금동신발 등 분포현황도

넓게 형성되었음을 알 수 있다는 점에서 시사되는 점이 많다. 그런데 금동
관모가 출토된 각각의 유적은 비록 묘제를 통해 추론하는 것이지만 사회·문
화적 통일성보다는 해당 지역의 고유한 전통문화가 깊게 잔존된 환경을 유
지하고 있다는 점이 크게 주목된다.

먼저 천안 용원리 유적은 토광묘와 석곽묘가 혼재된 4세기대에서 5세
기 전반대로 편년되는 것으로 청주 신봉동이나 봉명동 유적, 그리고 화성
마하리 유적과 동일한 성격으로 비교되는 유적이다[53]. 주변에 천안 청당동

---

53) 청주 신봉동 유적(충북대학교 박물관, 1982, 『청주신봉동백제고분발굴조사보고서』)은
    5세기대 토광묘, 봉명동 유적(충북대학교 박물관, 2002, 『봉명동 유적』)은 4세기대
    토광묘, 화성 마하리 유적(호암미술관 마하리 유적)은 4세기대 토광묘, 석곽묘, 석실묘
    로 이루어진 유적이다.

의 주구토광묘 유적도[54] 있지만 용원리 유적 일대에 토광묘나 석곽묘 유적이 넓게 분포되어 있어, 적어도 묘제만으로 보면 하나의 문화권을 설정할 수 있을 만큼 특징적 면모도 갖추고 있다. 이는 동시기 백제의 중심권인 서울지역과는 적어도 묘제적으로 차별화되며, 나아가 하나의 지방문화권으로 분류하여도 문제가 없을 정도의 독자성을 갖춘 것으로 볼 수 있다.

이러한 환경은 서산 부장리 유적도 마찬가지이다. 금동관모가 출토된 부장리 유적은 서해안 인근에 자리한다. 무덤은 이 지역 전통묘제인 분구토광묘인 것이다. 본디 서산지역은 해안으로 돌출된 형상을 갖추었는데 지정학적으로 백제가 한강유역에 자리하고 있을 즈음, 이 지역은 크게 주목되기 어렵다고 추정되는 지역이다[55]. 그와 관련된 때문인지 묘제도 분구토광묘와 같은 전통묘제가 오랫동안 사용되었는데 부장리 유적 외에 기지리 유적[56], 명지리 고분군[57]등의 존재는 이를 대변하고 있다. 백제의 상징적 분묘인 횡혈식 석실묘가 이 지역에 등장한 것은 웅진천도 이후의 일로 알려져[58] 결국 이 지역도 오랫동안 전통적 환경이 유지되었음을 알게 한다. 나아가 금동관모도 그러한 전통 속에 잔존되었던 것으로 볼 수 있다.

한편 공주 수촌리 유적은 백제의 두 번째 도읍인 공주의 인근에 있어 어쩌면 백제 중심권에 있다고 볼 수도 있다. 그러나 공주지역은 백제의 웅진천도 후에 관련시설이 집중적으로 출현한다. 더불어 이들은 천도 이전에 조성된 유적과는 지역적으로 어느 정도 구분되기도 한다. 즉 공주의 중심

---

54) 서오선·권오영, 1991, 「天安淸堂洞遺蹟發掘報告」『休岩里』, 國立中央博物館.
55) 이남석 2005, 「고고학자료로 본 백제시대의 서산지역」『瑞山文化春秋』1, 서산문화발전연구원.
56) 이남석·이현숙, 2006, 「서산 해미 기지리 분구묘 검토」『瑞山文化 春秋』2, 서산문화발전연구원.
57) 金永培·韓炳三, 1969, 「瑞山 大山面 百濟 土壙墓 發掘報告」『考古學』2, 한국고고학회.
58) 이남석 2005, 앞의 글.

을 동서로 가로지르는 금강을 경계로 남쪽은 천도 후의 유적이, 북쪽은 천도 이전의 유적이 잔존되어 있음이 그것이다[59]. 수촌리 유적도 후자의 범주에서 이해될 수 있는 것이고, 토광묘와 석곽묘, 그리고 석실묘로 구성된 유적은 토광묘가 사용되다가 이후 석곽묘나 석실묘가 수용된 것을 단적으로 보여준다. 나아가 이는 오랜 전통문화에 기초한 집단이 보다 새로운 선진문화를 수용하는 과정을 적나라하게 보여주는 사례인데, 그러한 주체가 금동관모를 소유하였음도 물론이다. 이러한 정황은 익산 입점리 금동관모 출토 유적도 마찬가지이다.

입점리 유적이 위치한 금강 하류지역은 익산 웅포리, 군산 여방리 유적, 그리고 금강을 건너 서천 봉선리, 추동리 유적으로 미루어 백제가 남천하기 이전에 여러 집단이 있었음을 알게 한다. 그리고 묘제에서 대체로 삼한의 유풍을 간직한 분구토광묘라던가 토광묘 등이 존재한다거나 이후에 새롭게 유입된 석곽묘나 석실묘도 남았는데, 웅포리 유적이나 서천 봉선리 유적이 석곽묘가 있는 대표적 사례들이다. 특히 금강유역 석곽묘는 논산의 표정리나 모촌리 석곽묘 유적 등의 예로 미루어 금강 중류지역에서 하류 지역까지 분포권을 형성하고 있음도 알 수 있다. 결국 금동관모가 출토된 익산 입점리 무덤은 횡혈식 석실묘지만 본디 금강 하류지역의 석곽묘 사용과정에 금동관모가 출토된 석실묘가 수용되었음을 보여주는 것이다.

한편 나주 신촌리와 고흥 길두리 유적은 영산강 유역권으로 볼 수 있을 것이고, 이 지역은 특유의 옹관묘 문화가 발전, 나름의 독자 문화기반을 형성한 지역이기도 하다. 특히 금동관모가 출토된 신촌리 9호분은 나주 반남면의 옹관묘 분포권 중심에 포함되어 있다. 이는 고흥 길두리 안동고분도 크게 다르지 않다. 금동관모가 출토된 무덤은 아직 정확한 내용의 파악

---

59) 李南奭, 1997, 「熊津地域 百濟遺蹟의 存在意味」『百濟文化』26, 공주대학교 백제문화연구소.

이 어렵지만, 인근에 일찍부터 옹관묘가 번성하던 지역이고 점차 석곽묘나 석실묘가 유입된, 적어도 옹관묘라는 독자적 전통문화가 오랜 기간 유존된 지역으로 봄에 문제가 없을 것이다.

결국 금동관모는 백제 지방사회에서 산포된 형태로 출토되었고, 대부분 유적은 고유의 전통 환경에 기초한다는 공통점이 발견된다. 다만 각각의 유적은 지방사회 나름의 독자적 전통을 함유하였지만 금동관모라는 특이성이 강한 물질자료·를 공유하고 있다. 반면에 은제관식은 분포범위에서 광역이란 환경은 금동관모와 동일하나 그 양상에서는 상당한 차이가 있다.

은제관식의 출토위치는 도읍지와 지방으로 구분된다. 그리고 도읍지로 구분하였지만 마지막 도읍지인 사비지역에 국한된다는 특징도 있다. 자료 중에 하황리 출토품은 유적내용이 구체적이지 않지만 도읍인 사비지역에 포함된다. 이외에 부여 염창리나 능안골 유적도 전형적인 도읍지인 사비지역의 유적에 해당된다. 능안골 유적이나 염창리 유적은 백제의 사비도읍기 왕릉군으로 분류되는 능산리 고분군의 인근에 자리하고 있다. 무덤은 대부분이 횡혈식 석실묘로 사비도읍기의 도성내 거주인의 분묘였던 것으로 추정할 수 있는 것이다.

반면에 논산 육곡리는 도읍지와 지근의 거리지만 일단 지방사회로 볼 수 있으며, 남원의 척문리나 나주 흥덕리, 복암리는 백제의 중앙과는 비교적 멀리 이격된 지방사회에 잔존된 유적이다. 도읍지와 지근거리에 있는 논산 육곡리 은제관식 출토 유적은 횡혈식 석실묘로 구성된 분묘군으로 도성인 사비에서 동쪽으로 약 50km정도의 거리에 위치한다. 이곳은 백제의 5방중에 동방으로 추정하는 보는 득안성이 인근에 있다고 보기도 한다[60]. 아무튼 육곡리 고분군은 도읍지와 가깝게 위치한 횡혈식 석실묘란 단일 묘

---

60) 이에 대해서는 노중국, 1988, 『百濟政治史硏究』, 260쪽 : 박현숙, 1996, 「백제 泗沘時代의 지방통치체제 연구」『韓國史學報』창간호가 참고 된다.

제로 이루어진 유적이란 점을 주목할 필요가 있다.

나주 복암리 3호분과 홍덕리 석실묘, 그리고 남원 척문리의 석실묘도 묘제적으로 보면 앞서 본 능안골이나 염창리, 그리고 논산 육곡리와 크게 다르지 않을 뿐만 아니라 분묘 조영환경이 횡혈식 석실묘란 단일 묘제를 사용한다는 통일적 환경이 확인된다. 복암리 3호분의 경우 본래 옹관묘 위해 성토된 분구상에 매장부를 조성한 것으로 옹관 이외에 석실도 적지 않게 발견된 무덤이다. 다만 이 무덤은 초기의 옹관묘제가 점차 석실묘제로 변화된 것으로, 그 정점에 은제관식이 출토된 평천정의 횡혈식 석실묘가 자리하여 횡혈식 석실묘로 묘제 통일이 이루어졌음을 분명하게 보여준다. 석실묘는 모두 긴 연도를 갖추고 있지만 장방형 묘실에 평천정의 횡혈식 석실묘로 사비 도읍기에 성행한 형식이란 것도 틀림없다. 이러한 정황은 척문리와 홍덕리 석실묘도 마찬가지이다. 홍덕리 석실묘의 구조는 2실분으로 이루어졌지만 기본형상은 고임식의 평천정 구조를 지닌 것으로 백제 석실묘로는 충분한 발전이 이루어진 것이다.

결국 복암리 석실묘 자료를 비롯하여 나주지역에서 발견되는 백제 후기 석실묘의 예는 옹관묘제를 대신하여 이 묘제가 주류를 형성하였고 은제관식은 그러한 묘제에서 출토되고 있음을 알게 한다.

이처럼 관식, 특히 은제관식 출토 유적은 도읍지는 물론이고 각 지방사회에 넓게 산재되어 있으며, 나아가 관식이 출토된 유적은 모두가 석실묘란 공통점이 있다. 특히 은제관식 출토 유적이 석실묘 중에서도 사비 도읍시기에 유행한 평천정 구조라는 점은 은제관식의 사용이 특정한 시기를 암시하는 것이기도 하다. 물론 이는 은제관식이 출토된 유적이 백제영역의 여기저기에 흩어져 있다 하더라도 그들은 백제의 중앙과 일정한 관계를 맺은 동일한 성격의 집단에 의해 조성된 것임도 추정할 수 있다.

4. 百濟 金銅冠帽와 擔魯制

백제지역에서 출토된 금동관모는 각각에 나름의 특징이 있지만 모두가 백제적 특성을 함유하였다는 점에 의문이 없다[61]. 그리고 이들은 백제 각 지역에서 산포된 형태로 출토되지만 출토된 지역에서 자체 제작된 것으로 보기는 어렵고, 오히려 위세품으로 제작되어 사여된 것으로 보아야 한다. 물론 賜與의 주체로 백제 중앙을 지목하는데도 주저할 필요가 없을 것이다. 즉 백제 금동관모는 중앙에서 제작하여 지방 유력자에게 하사된 위세품이라는 것이다. 그런데 이 위세품은 특정 시기, 즉 백제가 한성에 도읍하던 시기의 후반 무렵, 빨라야 4세기말을 시작으로 5세기까지의 어간에만 존재한다는 것을 관련 유적을 통해 알 수가 있다.

그리고 금동관모는 위세품으로 중앙에서 지방으로 사여된 것이기에 그러한 행위의 이면에는 일정한 정치적 상관관계가 존재한다고 보아야 할 것이다. 특히 백제 금동관모처럼 동시다발적으로 많은 사례가 존재할 경우 이를 매개로 이루어진 행위가 의례적 차원의 단순한 것보다도 오히려 항상적·정치적 행위나 중앙과 지방의 상관관계 속에서 진행되었다고 보아야 할 것이다. 즉 금동관모가 중앙에서 제작하여 지방에 사여된 것이고, 그것이 위세품으로서 중앙과 지방이나 지방간의 위계를 상징한 것이라면 이는 백제라는 고대국가가 그들의 통치 질서체제를 확립하기 위한 수단으로 활용하였다고 볼 수 있다는 것이다. 다만 백제의 경우 의관제가 제정되어 시행된 기록이 있는데, 금동관모가 제도로 시행된 의관제와 어떤 관련이 있는가의 의문을 제기할 수 있다.

앞서 백제는 지배질서의 구현을 위해 관등제와 의관제를 실행하였음을

---

61) 李漢祥, 2006,「新羅와 百濟 帽冠의 比較」『한성에서 웅진으로』, 제6회 충청남도역사문화원 정기 학술심포지엄, 忠淸南道歷史文化員 國立公州博物館.

보았다. 그리고 의관제의 경우 비록 제정 시기에 의문은 있지만, 은제관식 등의 자료로 미루어 그 진정성은 충분하게 입증될 수 있음도 보았다. 문제는 금동관모도 의관제의 범주에서 이해될 수 있을 것인가이다.

우선, 금동관모는 기록상으로 확인되는 제도로서 기록된 의관제 범주에서 이해될 수 있는 물품은 아니라고 보아야 할 것이다. 금동관모는 형태적 특징이 어떠하든 간에 재료는 금동이다. 따라서 금동관모를 의관제 규정에 준거하여 이해할 경우 이는 금제 화식으로 구분되어야 하고, 그 소유자는 당연히 백제왕이 될 수밖에 없다. 그런데 현재까지 알려진 금동관모의 실물자료는 왕보다도 오히려 지방의 유력자들이 소유하였던 것으로 볼 수밖에 없기에 그러하다.

결국 금동관모는 출토위치나 유적내용, 그리고 형상이나 성격으로 미루어 의관제 규정에는 부합된다고 보기는 어렵다. 나아가 그러한 현황은 금동관모가 유포, 사용되던 시기에 기록으로 알려진 백제의 의관제가 구체적 제도로 실행되었는가에 대한 의문을 낳게 한다. 반면에 의관제 규정과 정확하게 부합하는 은제관식이 존재하는 것으로 미루어 오히려 은제관식의 존재시기에 제도로서 의관제가 시행된 것이 아닌가라는 판단도 가능하지 않을까.

금동관모는 대체로 4세기말에서 5세기대 어간에 지방사회 각지에서 출토되고 있는데 반해서 은제관식은 전혀 확인되지 않는다. 반면 은제관식은 6세기대에 이르러 갑작스럽게 등장하지만 이와는 반대로 금동관모는 완전히 자취를 감춘다. 이러한 사실은 금동관모와 은제관식이 위세품이라는 공통 속성에 관모·관식으로 의관제의 산물이란 동일한 성격을 지녔지만 시간적 선·후관계를 분명한 물질자료라는 것을 알 수 있다. 그러면서 금동관모는 의관제 규정에 부합하지 않음이 잔존정형에서 확인된다. 반면에 은제관식은 제도로서 의관제의 규정과 정확하게 일치한다. 따라서 백제의 의관제가 실행되었음을 은제관식으로 입증할 수 있기에 이 규정은 적어도 금동관모가 유포되었던 5세기를 지나 그것이 은제관식으로 전환된 6세기대에나 실행된 것으로 볼 수밖에 없다는 것이다.

그런데 금동관모가 백제의 중앙에서 지방에 하사된 것이 분명한 환경에서 그 정치적 의미도 백제의 중앙과 지방의 관련 속에서 추구될 수밖에 없다. 더불어 금동관모는 빨라야 4세기 후반경에서 5세기까지 유포되었던 물품이기에, 금동관모를 매개한 중앙과 지방과의 관계도 그 시기의 범위에서 논급되어야 할 것이다. 그런데 이즈음 백제의 중앙과 지방의 관계, 즉 지방통치 방식은 담로나 왕후제가 논급되기도 한다[62]. 따라서 금동관모의 존재 의미도 그러한 논의의 범주에서 고찰될 수 있지 않을까 여겨진다.

담로나 왕·후제는 그것이 백제의 지방사회를 의미하는 명칭이면서 기구나 제도로 이해되기도 하지만, 서로간의 관계나 실제 의미에 대한 구체적 검토는 아직 미진한 것으로 여겨진다. 특히 그것이 제도였다면 실행 시기나 범위, 나아가 통치 기구로서 위치나 변화문제 등에 대해서는 전혀 요령을 얻지 못한 상황이다. 그런데 주목할 수 있는 것이 담로인데, 이는 관련 기록에서 중국의 군현으로 비유된 지방사회의 단위라는 점이 분명하기 때문이다. 여기에 王·侯도 官爵的 의미로 볼 수 있기에, 담로란 의미에 용해시킬 수 있어 판단 여하에 따라 이들을 금동관모와 밀접한 관련이 있는 것이라 여겨진다.

사실, 백제 지방제로서 담로를 인정하고, 이를 금동관모의 존재와 대비하여 검토할 경우 가장 큰 문제로 남는 것은 아마도 담로제의 실시 시기일 것이다. 알려져 있듯이 『梁職貢圖』에는 백제에 중국 군현과 같은 담로 22

---

62) 담로와 왕후제가 동일 혹은 관련성이 있다고 보거나(金英心, 1990, 「5~6세기 百濟의 地方統治體制」, 『韓國史論』22), 서로 무관한 것으로 보기도(梁起錫, 1991, 「韓國 古代의 中央政治」『國史館論叢』21, 鄭載潤, 1992, 「熊津 泗沘時代 百濟의 地方統治體制」『韓國上古史學報』10. 田中俊明, 1997, 「웅진시대 백제의 領域再編과 王·侯制」『백제의 중앙과 지방』) 하는 등 여러 가지 의견들이 피력되고 있다.

개가 있었고, 거기에 자제종족을 분거시켰다는 사실이 남겨져 있는데[63], 백제 담로에 관한 이해는 모두 이 기록에서 비롯되고 있음은 물론이다. 기록은 담로라는 지방이나 기구로 볼 수 있는 것이 존재한다는 사실과 함께, 백제의 중앙정부는 지방단위 사회로 담로가 있는데, 거기에 자제 종족을 분거시켰다는 사실을 적기하고 있는 것이다. 그런데 양직공도가 520년대 무렵에[64] 작성된 것으로 미루어 동시기에 동일한 기구와 상황이 백제사회에 존재하였다는 것을 알려 주는 것은 물론이다.

다만 담로란 지방체가 존재하던 시기나 그 시작이 언제인가라는 것이 문제인데, 이에 대해서는 근초고왕[65], 개로왕[66], 무령왕대[67] 라는 견해차가 있듯이 해석에 상당한 시각차를 드러내고 있다. 그런데 담로제의 시발이 개로왕이나 무령왕대라면 금동관모와 담로와의 관계를 유추하는 것은 전혀 불가능할 것이다. 즉 5세기말이나 6세기 전반 무렵에 이르면 금동관모는 완전히 자취를 감추고 오히려 은제관식이 사용되기 시작하기에 그러하다.

그런데 금동관모는 중앙이 아닌 지방사회에 위세품으로 존재하고, 출토유적도 각각 지방의 고유한 전통에 입각한 환경에서 조영되었다는 점을 지적하였다. 즉 금동관모는 대체로 백제 지방사회의 거의 전역에 망라된 형태로 출토된다. 그러면서 금동관모 자체는 형태와 성격에 나름의 공통성이

---

63) 所治城曰固麻 謂邑檐魯 於中國之郡縣 有二十二檐魯 分子弟宗族爲之 旁小國有叛波 卓多羅 前羅 新羅 止(逮迷) 麻連 上己文 下枕羅等 附之(「梁職貢圖」百濟國使).

64) 김영심, 1990, 앞의 글.

65) 盧重國, 1991, 「百濟의 檐魯制 實施와 編制基準」『啓明史學』2.
김周成, 1993, 「백제 지방통치조직의 변화와 지방사회의 재편」『國史館論叢』35.

66) 金英心, 1990, 「5~6세기 百濟의 地方統治體制」『韓國史論』22.
金起燮, 1998, 「百濟前期의 部에 관한 試論」『百濟의 地方統治』(한국상고사학회편).

67) 李基白, 1991, 「百濟史上의 武寧王」『百濟 武寧王陵』, 공주대학교 백제문화연구소.
鄭載潤, 1992, 「熊津 泗沘時代 百濟의 地方統治體制」『韓國上古史學報』10.

있음과 함께 환두대도라던가 금동제 식리 같은 위세품적 성격이 강한 물품과 동반 출토되는 등의 유사성도 보인다. 물론 이러한 동질성이나 공통성은 위세품적 성격의 물품에 국한되고, 오히려 유적인 분묘나 여타 유물은 각 유적의 고유의 것에 철저하게 한정되는 모습 즉 지역간 묘제나 부장환경의 이질성이 크게 나타난다.

그런데 이러한 환경은 금동관모를 비롯한 위세품의 사여자가 백제의 중앙정부이고, 收受者가 지방사회의 우두머리라고 판단할 수 있게 하면서, 그들의 관계도 지방사회의 우두머리들이 그들의 고유한 전통을 유지할 수 있는 정도의 독자성이 담보된 환경에서 위세품의 사여라는 특수한 상호관계가 유지되었음을 보여주는 것이기도 하다.

결국, 백제의 금동관모의 존속 시기는 4세기 후반에서 5세기말경까지로 보았고, 이즈음의 백제의 중앙과 지방의 관계는 위세품과 같은 특수품은 공유하지만, 상당부분은 독자성을 유지하는 관계라는 것을 엿볼 수 있다. 더불어 금동관모가 중앙에서 지방에 사여된 위계성이 부여된 위세품이라면, 중앙과 지방간의 위계적 관련성을 상징하는 물품으로 볼 수 있다. 물론 중앙과 지방의 관계는 지방사회의 독자성을 담보된 상황에서 상호간의 정치적 역관계가 형성·유지된 것이기도 하다. 이러한 관계 즉 백제의 지방통제방식을 무엇으로 설명할 것인가는 문제로 남겠지만, 현재로서는 앞서본 것처럼 담로제만이 유일한 설명의 도구가 아닌가 여겨진다.

금동관모가 지방사회에 사여되던 시기의 지방제를 담로라 이해할 경우, 담로의 초현과 그 실행 시기를 적어도 4세기 후반 이전으로 볼 수밖에 없다. 여기에 금동관모의 수수관계에서 살필 수 있는 중앙과 지방의 관계도 지방의 독자성이 담보된 환경에서 위세품을 매개로 통제하는 정도로 수준이 가늠되어야 할 것이다. 이 경우 담로관련 기록을 어떻게 이해할 것인가의 문제는 남는다. 즉 담로의 존재라던가 자제종족의 분거 사실을 어떻게 이해할 것인가라는 점이다. 그중에서 주목할 수 있는 것이 자제종족의 분거의 사실이다. 즉 자제종족의 분거가 중앙에서 지방사회를 직접 장악한 형태의 지배방식을 의미한다면, 금동관모를 매개한 중앙과 지방의 관계와는 전혀 부합되지 않음을 알 수 있기 때문이다.

따라서 담로제 관련기사의 해석에서 子弟宗族 分居라는 문제가 기록이 전부터 실행된 사실을 기록한 것인가. 아니면 새롭게 실행된 사실을 특기한 것인가, 나아가 담로설치와 자제종족 분거가 동시적 상황인가 서로 다른 시기의 것을 채록한 것인가 등의 판단이 선행된다면 문제해결에 보다 접근할 수 있을 것이다. 그러나 담로제의 실행 시기나 성격, 나아가 관련기록의 분해적 해석시도 등의 문제는 여전히 미진한 채로 둘 수밖에 없다. 다만 4세기 후반에서 적어도 5세기까지의 백제 지방사회는 금동관모와 같은 위세품의 수수환경에 머물러 있었다고 보아야 하고, 이는 이후 은제관식이 사여되던 환경과 큰 차이가 지적될 수 있다. 그리고 6세기 이후의 백제사회가 의관제의 실행 속에 은제관식이 사여되었고, 나아가 동시기 백제사회는 중앙과 지방의 구분 없이 통일적 환경이 조성되면서 여기에 지방의 통제는 정연한 방·군·성제라는 지방제를 통해서 이루어졌다는 점도[68] 고려할 필요가 있다. 이는 금동관모 사여 시기의 백제사회가 중앙과 지방, 그리고 지방간 이질성이 크게 돋보이던 상황과는 대비될 수 있는 것인데, 그러한 차이는 결국 후대의 방·군·성제와 다른 통제방식의 설정이 가능하기에 이를 담로제로 잠정적 이해도 가능할 것이다.

요컨대 백제 후기의 지방통제 방식인 방·군·성제보다 선행하는 지방통제 방식으로 담로제 이외의 대안이 없는 상황에서 금동관모 존속시기의 지방통제는 담로제라는 수단으로 설명코자 한다. 이러한 전제가 수긍된다면 담로는 4세기 후반 무렵부터 백제의 지방사회에 금동관모가 사여되던 시기

---

68) 李南奭, 2008, 앞의 논문, 472쪽.

의 지방사회를 지칭하는 것으로 볼 수 있다. 나아가 담로제는 4세기 후반 무렵에서 5세기까지의 백제의 지방 편제 및 통제방식이었고, 담로의 우두머리들은 중앙에서 금동관모 등의 위세품을 사여 받아 그들의 정치적 위계를 확립하였다고 볼 수 있다. 그러나 중앙에서 위세품을 사여 받지만, 여전히 고유전통에 입각한 환경에 머물면서 강인한 독자성을 유지하였다고 볼 수 있을 것이다.

5. 結言

문헌사료의 영성과 한계로 백제사의 상당부분이 베일에 가려진 상황에서 최근 고고학 자료의 증가는 백제사에 대한 새로운 접근을 가능케 되었다. 특히 금동관모를 동반한 무덤자료가 지방사회의 각지에서 출토됨으로 인해 중앙과 지방과의 관계나 지방사회의 잔존실상에 대한 폭넓은 검토가 이루어지고 있다. 본고는 최근 백제지역에서 다수 출토된 금동관모와 은제 관식 자료의 종합결과 백제의 중앙과 지방의 관계를 보다 정치하게 정립할 수 있다는 전제에 이들 자료의 현황 정리를 토대로 이를 백제의 의관제에 대비하면서 그것의 정치사적 의미로 중앙과 지방의 관계, 즉 백제의 지방통치체제를 엿보겠다는 목적에서 작성한 것이다.

백제의 관모·관식을 형태에 따라 구분할 경우 재질은 순금제, 금동제, 은제이나 금동제는 외형적 속성에서 금제로 분류될 수 있기에 크게 금제·은제의 구분도 가능하다. 도안은 무령왕릉 관식이 초화형이고 은제관식도 초화형이다. 그러나 금동제 관모는 관식과 차이 외에 상호간 속성에 나름의 차이가 있지만 부장리나 수촌리, 그리고 길두리 출토품에서 알 수 있듯이 유사성도 적지 않다.

한편 백제의 관모·관식자료는 금제와 은제, 그리고 금동제가 관모·관식의 형태로 구분되지만 위계를 상징하는 위세품으로 존재하며, 나름의 제도적 틀 속에서 운영되었음도 확인된다. 이는 백제사회에서 제도로서 의관제가 실행되었음에서 알 수 있다. 그러나 백제의 의관제는 『三國史記』의 기록과는 달리 구체적 제정 시기를 확인할 수 없다. 반면에 관모·관식 자료는 의관제도와 부합하는 것과 부합되지 않는 것이 존재한다. 특히 관모·관식의 구분 속에 관식자료는 제도적 틀 속에서 이해가 가능하나 상당수의 금동관모는 의관제와 전혀 무관한 상태로 존재한다.

백제의 관모·관식이 출토된 유적을 통해 각각의 시간적 위치에 대한 문제를 살펴보면, 관모·관식 자료 중에 금동제 관모로 분류되는 것과 은제관식으로 분류되는 것이 일정한 시점을 기준하여 전후로 뚜렷하게 구분된다는 특징이 확인된다. 즉 금동관모는 모두 5세기나 그 이전으로 편년된다. 반면에 은제관식은 6세기나 7세기대로 편년되는 것들 뿐인데, 이는 금제관식이 출토된 무령왕릉을 기준으로 보면 금동관모가 그 이전으로, 그리고 은제관식은 그 이후로 시간적 구분이 이루어짐을 알 수 있다.

여기에 관모·관식의 공간적 분포 특성을 보면 금동관모는 백제 지방사회에서 산포된 형태로 출토되면서, 대부분 유적은 고유의 전통 환경을 유지하고 있다는 공통성이 있다. 이는 금동관모라는 동질의 위세품을 소유하였지만 각자가 고유의 문화기반에 자리하면서 상당한 독자성을 누리고 있다는 것을 단적으로 보여주는 것이다. 반면에 은제관식은 분포범위에서 광역이란 환경은 금동관모와 동일하나 그 양상에서는 상당한 차이가 있다. 즉 은제관식은 도읍지는 물론이고 각 지방사회에 넓게 산재되고, 관식이 출토된 유구는 모두 석실묘란 공통점이 있다. 특히 석실묘 중에도 사비 도읍시기에 유행한 평천정 구조라는 점이 주목되는데 은제관식이 출토된 유적은 백제 전역에서 중앙과 일정한 관계를 맺은 동일한 성격의 집단에 의해 조성된 것임도 추정할 수 있다.

백제의 지방사회에서 출토되는 관모와 관식은 지방 통치체제의 산물로

볼 수 있고, 기왕의 백제 지방통치제도는 담로제와 방·군·성제가 논의되어
왔다. 따라서 백제 후기의 지방통제 방식인 방·군·성제보다 선행하는 지방
통제 방식으로 담로제 이외의 대안이 없는 상황에서 금동관모 존속시기의
지방통제는 담로제라는 수단으로 설명할 수밖에 없을 것이다.

X 백제분묘와 묘제유형

百濟墳墓와 墓制類型

1. 序言

분묘의 고고학적 의미는 그것이 시·공간적 구분에 따라 선명하게 차별화될 수 있는 물적 자료로서 총합적 성격을 가진다는 점에 있다. 여기에 축조주체의 문화상에 따라 또 다른 차별화가 나타나기에 그에 포함된 역사적 정보는 엄청나다. 그러나 분묘는 喪葬禮의 결과물에 불과하다. 때문에 그에 포함된 정보의 실체는 상장례가 전제된 다음에 구체화될 수 있을 것인데, 아쉽게도 우리나라 고대사회의 상장례 실상은 전혀 알려진 바가 없다. 따라서 분묘자체의 검토는 물론이고 이를 토대로 살펴보는 사회적 면모의 구체화에 커다란 한계를 가질 수밖에 없다. 그럼에도 분묘는 유형으로서 건축물을 갖추고, 나아가 부장품으로 동시대의 생활상을 엿볼 수 있는 자료를 풍부하게 포함하여 고고학 연구대상으로서는 특별한 매력을 지니고 있다.

백제의 고분문화는 고대국가 백제의 범주에서 운용된 분묘의 종합적 양상을 의미하는 것으로 볼 수 있다. 나아가 그러한 고분문화가 시간별로 어떻게 변화·변천되었는가의 전개상은 물질문화의 변화상을 토대로 국가의 변천 모습을 유추할 수 있기도 하다. 이 글은 정치체로서 백제의 위상을 염두에 두고, 그에 포함될 수 있는 분묘를 망라하여 묘제상을 검토하여, 그것이 어떻게 전개되는가를 살펴보고자 하였다.

이를 위해서 먼저 묘제를 종합적으로 정리하여 유형을 구분하고 나아가 각 묘제의 구조 특성을 언급하면서 그것이 시대별로 어떻게 변화·변천하는지를 살펴보겠다. 묘제 전개상에 대한 검토는 기왕에도 진행된 바가 있다[1]. 그러나 최근의 자료 증가는 백제묘제의 유형만이 아니라 전개양상에 대한 새로운 접근이 요구된다. 특히 다양한 토광묘 자료의 증가, 의례시설로 볼 수 있는 적석유구의 발견 등은 기왕에 마련된 백제묘제 전개상에 대한 새로운 수정이 필요하기에 이를 고려하면서 검토를 진행하였다.

2. 百濟墳墓와 그 墓制類型

1) 百濟墳墓는

백제 분묘는 고대국가 백제의 구성원에 의해 남겨진 무덤을 말하는 것이다. 따라서 백제분묘에 대한 개념을 분명하게 정의하기 위해서는 먼저 백제라는 고대국가의 시·공간적 범위와 그 속에 포함된 백제 구성원에 대한 분명한 정의가 선행되어야 할 것이다. 그러나 백제의 시·공간적 위상을 정립하기는 쉽지 않다. 이는 백제사를 바라보는 시각차가 크다는 것과 무관치 않다. 예컨대 영산강 유역의 고대문화를 백제와 별개로 본다거나 백제의 고대국가 정립과정이나 지방으로의 확대과정에 대한 이견차가 큰 것이 그러하다. 이로써 그들이 향유하였던 분묘문화에 대한 정의도 다양하게 이

---

1) 기왕에 백제의 고분문화를 종합적으로 검토한 견해는 다음과 같다.
　① 안승주, 1975, 「百濟古墳의 硏究」『百濟文化』7·8합집, 公州師範大學百濟文化硏究所.
　② 강인구, 1977, 『百濟古墳 硏究』, 一志社.
　③ 이남석, 2002, 『백제의 고분문화』, 서경.

루어질 수밖에 없다.

특히 백제는 한반도 중서부지역에서 청동기시대 이래 발전된 고유문화에 기반하였기에 문화자체의 복합성도 매우 크다. 그러한 복합성은 강한 전통성을 가진 분묘에 보다 강인하게 반영되었을 것인데, 때문에 백제묘제를 분명하게 준별하는데 어려움을 갖게 한다. 주지되듯이 고대국가 백제의 위상 설정은 『三國史記』 등의 문헌뿐만 아니라 고고학 자료를 통해서 검토될 수밖에 없는데, 다양한 의견이 개진되어 있지만 현재로서 개념을 구체화할 정도의 단계에 이르지 못한 것으로 미루어 그 어려움을 짐작할 수 있다. 그런데 백제가 역사적으로 삼한시기에 마한의 소국으로 존재하였고, 그것이 고대국가 백제로 발전하였다는데 이견이 없다. 나아가 이는 문헌기록 만이 아니라 고고학적으로 분묘의 존재양상이나 유물들, 그리고 성곽 등의 자료로 미루어 3세기 후반 어간이란 시간대의 설정도 문제가 없다. 따라서 백제는 고대국가로 대두되기 이전에 이미 小國 단계에 머물렀던 것은 분명하다. 다만 소국으로서의 백제가 고대국가로 발전한 것이기에 본래 백제의 연속성은 3세기보다 훨씬 상회하여야 할 것인데, 어떤 정치체를 어떻게 기준삼아 백제를 가늠할 것인가의 판단이 어렵다는 또 다른 문제가 제기된다.

한편 공간적 범위의 경우, 백제가 한강유역에 정착한 직후의 초기 강역은 한강 하류지역 일부에 불과하며, 국가성장과 더불어 북쪽이나 남쪽으로 영역확대가 이루어진다. 때문에 백제가 영산강 유역에 이르는 남부지역까지 완전하게 장악한 것은 상당한 시간이 경과된 후에나 가능했을 것으로 보는데, 이 경우 백제의 공간은 상당히 유동성이 큰 것으로 볼 수밖에 없다. 여기에 고대국가 백제에 대한 개념을 구체화하기 어려운 상황을 고려하면서, 분묘의 개념을 정의할 경우 부닥치는 문제도 없지 않다. 즉 분묘라는 物的資料는 不動的인데 반해서 政治体인 백제는 流動的이기에 서로의 관계를 분명하게 설정하기가 어렵다는 한계가 있기 때문이다.

결국 이러한 정황은 어떤 것이 백제의 분묘이고, 그 묘제적 현황은 어떠한지, 나아가 지역별 아니면 시대별로 백제묘제를 峻別하기가 매우 어렵다는 것을 알려준다. 이러한 어려움은 기왕의 백제묘제에 대한 인식을 반추할 경우 적지 않게 발견된다. 예컨대 초기백제의 묘제가 무엇인가의 정의는 물론이고, 그것을 삼한시대 즉 원삼국기의 묘제와 어떻게 구분할 것인가의 문제가 그것일 것이다. 그리고 앞서 언급된 것이지만 영산강 유역의 옹관묘를 마한묘제로 볼 것인가 아니면 백제묘제로 볼 것인가의 문제도 여전히 의문으로 남아 있는 것도 그와 무관치 않다.

그런데 이러한 문제의 배경은 고대국가 백제의 성장이 점진적으로 이루어졌고 영역의 확대 또한 점진적으로 진행되면서 확대된 영역을 자기 세력화하는 방식도 다양할 것임에도 그에 대한 분명한 설명이 어려운데 기인하는 것이다. 따라서 백제묘제의 정의는 보다 광의적 범주에서 이루어질 수밖에 없다.

여기에서는 백제의 분묘를 살피기에 앞서, 백제는 시간적으로 백제가 소국의 체계에서 벗어나는 시점, 즉 삼국지 동이전에 백제가 '伯濟'로 존재하던 시기를 제외하고 오히려 '伯濟'에서 '百濟'로 전환된 시점을 기점으로 삼고자 한다. 이는 시간적으로 『三國志』의 찬술연대가 3세기말인 점을 고려하고, 나아가 백제가 고이왕대 고대국가로 성장하였다는 점, 여기에 4세기 초반에 이르러 한반도 서남부 지역의 물질문화가 크게 변화한다는 점 등에 근거하여 그 시점을 출발점으로 삼는 것이다. 물론 종점은 백제가 멸망하는 660년까지로, 이로써 백제묘제의 검토 시간범위는 약 350여년에 해당되는 셈이다.

한편 공간적 범위는 백제가 차지하였던 영역에 잔존하는 분묘를 일단 백제의 것으로 간주될 것이고, 따라서 대체로 경기도·충청도·전라도의 범위가 이에 해당될 것이다. 이러한 공간범위의 설정은 각각의 지역이 백제권으로 전환되는데 시간 차이가 있을지라도 거기에 잔존하는 물질자료는

001 백제 무덤군의 광경(부여 염창리 고분군)

결국 백제의 것으로 간주될 수 있기 때문이다. 다만 백제권역에 포함된 분묘라도 권역에 따라 별도로 구분될 수 있을 것이다. 또한 한성시대의 도읍지역에 해당되는 지금의 강남지역, 그리고 두번째 도읍지역인 지금의 공주지역, 세번째 도읍지인 사비 즉 지금의 부여지역의 분묘로서 해당지역에 도읍하던 시기의 것들은 각각 중앙묘제로, 그리고 여타 지방사회의 것은 지방묘제나 토착묘제로 구분할 수 있을 것이다.

한편 시간과 공간 범위를 백제가 고대국가로서의 존속시기와 그 최대 강역으로 설정하면서 각각의 시기와 지역에 잔존된 분묘를 종합하면 그 종류가 매우 다양하다는 특징이 있다. 그런데 이러한 다양한 묘제에도 나름의 상이점과 상사점이 존재한다. 우선 백제의 분묘는 공통적으로 土葬을 원칙으로 하는 장제가 구사된다. 다만 시신을 직접 묻는가, 이차장적 방식인 세골장을 실시하는가, 아니면 화장 후 유골을 수습하여 묻는 등의 차이는 발견된다. 물론 백제 분묘에서 보편적 속성으로 발견되는 토장은 동아시아 고대사회의 공통적 상장례에 해당되는 것이기도 하다.

본디 토장은 농경사회와 불가분의 관계에 있는 것으로 한반도의 자연환경과 인문환경이 농경사회에 기반하고 있음과 무관치 않은 것이다. 다만 화장의 경우는 고유의 장제와는 구분될 수 있는 것으로 기존의 토장과 구분될 수밖에 없는 장법이다. 그러나 백제에서의 화장은 토장의 선행적 행위로 진행되지만, 유골을 지하에 안치하는 방식으로 무덤으로 조성함에 있어서 전통 장법인 토장이 여전히 유효한 장법으로 유지되고 있음을 알 수 있다. 여기에 직접장인 일차장이나 洗骨葬이 전제된 이차장은 사례별로 파악될 수 있지만 자료의 한계로 세부검토는 어렵다. 물론 백제사회의 장제가 일차장이 대부분이었던 것으로 판단되지만 殯葬의 존재도 확인되고,[2] 나아가 세골에 의한 이차장을 추정할 수 있는 옹관의 사례도[3] 있기 때문에 일차장제가 보편적이었는가의 판단도 어렵다

물론 이러한 구조특성은 장제적 요소가 고려되면서 외형은 봉토의 유무라던가 보호시설, 그리고 매장부를 어떻게 위치하게 하였는가의 문제, 매장부 형태는 棺인가 槨인가 아니면 동시에 사용되었는가, 무엇으로 만들었는가, 출입시설 및 관·곽이 어떻게 結構되었는가 등에 따라 세분될 수 있을 것이다. 여기에 장제가 무덤의 형상을 결정하는 가장 중요한 요소인데 장법이 어떤 것인가 외에 다장인가 단장인가, 일차장인가 이차장인가에 따라 구분할 경우 백제의 분묘 형상은 보다 복잡한 형태로 구분된다.

그런데 이처럼 다양한 백제의 묘제환경도 그 분포정황은 지역이나 시기에 따라 분명한 차별화가 나타난다. 한성시대의 경우 도읍지인 중앙과 지

---

2) 백제사회에서 '빈'과 관련된 문제는 공주 송산리 고분군의 무령왕릉에서 출토된 지석에 왕과, 왕비의 장사에 빈장의 기간이 있었음을 적고 있어 추정하는 것이다.

3) 공주 보통골 고분군의 17호 석실묘에서 유골이 안치된 항아리가 있었고, 이외에 옹관묘는 대부분 유아장으로 추정되지만 상당수는 세골장의 결과인 것으로 볼 수 있는 것이 많다.

방간에 서로 다른 묘제가 사용되면서 지방사회도 지역별로 각각의 고유 묘제가 사용된다. 이러한 정황은 백제의 한성시대에 크게 돋보이는 묘제 전개상인데, 개별 묘제는 시간에 따른 변화·변천을 거듭하기도 한다. 예컨대 분구토광묘가 발생한다거나 횡혈식 묘제가 4세기 후반경에 선진묘제로 등장하여 점차 확대되면서 여타의 묘제를 구축하고 결국은 백제의 보편적 묘제로 자리매김 되는 것이 그것이다. 물론 이처럼 다양한 분묘가 존재하는 것은 이를 조영하였던 사회세력의 다양성을 의미하는 것으로 볼 수 있다. 특히 분묘는 累代에 걸쳐 형성된 관습적 속성이 풍부하게 반영되기 마련인데, 백제분묘의 이러한 복합성은 해당 사회의 복합성을 반영한 것으로 결국 분묘의 역사성 단면을 보여주는 것이기도 하다.

3) 百濟墓制의 類型

다양한 백제 분묘들은 지역과 시기에 따라 각각의 조성방식에 차이가 크게 나타나는데, 일목요연한 이해를 위해서는 형식에 기초한 유형분류가 필요하다. 그런데 백제묘제의 다양성은 유형이나 형식적 다양성을 담보하는 것이기에 그 결과도 매우 복잡하게 나타날 수밖에 없다. 특히 분류기준을 어떻게 설정하는가에 따라 분류의 결과는 크게 다를 수 있다. 다만 분묘의 유형화 목적이 거기에 스며있는 사회성 인지를 위한 것이기에, 묘제 분류를 통해 사용주체의 성격도 차별적으로 인지될 수 있어야 한다. 물론 구분된 분묘의 유형이나 형식 속에는 해당사회의 변천상도 반영될 수 있어야 한다.

묘제에 투영된 사회적 실상은 상장례에서 비롯된 것이기 때문에 묘제 검토에 앞서 우선적으로 주목하여야 할 것은 상장례에서 가장 상위 개념인 장제일 것이다. 다만 앞서 언급된 것처럼 백제 분묘는 기본적으로 토장을 전제하기에 장제적으로 단일 유형으로 간주되면서 단지 화장만을 별개로 다룰 수 있을 뿐이다.

그러나 백제의 분묘는 장제적으로 토장이 전제된 경우라도 매장시설의 외부 모습, 그리고 매장부의 본래적 형상에서 시간과 공간에 따른 차이가 크게 나타난다. 외형은 표식시설로 봉분을 조성하는 경우와 그렇지 않은 경우, 나아가 봉분도 원형인가 방형인가 등의 구분도 가능하다. 더불어 매장부의 형상도 그것이 지하에 시설되는가, 지상에 시설되는가와 함께, 단장인가, 다장인가의 차이가 있다. 또한 어떤 재료를 사용하였는가를 비롯하여 시신의 안치방식이나 부장품의 안치 방식 등에 나름의 차이가 크다. 따라서 백제 분묘는 이러한 구조속성을 토대로 유형화 될 수 있을 것이다.

물론 분묘 구조의 차별적 속성을 기준삼아 묘제 유형을 구분할 수 있을 것인데, 문제는 속성중에 可變性이 크게 나타나는 것도 있다는 점도 유념하여야 한다. 예컨대 토착 환경에서 새로운 묘제가 수용될 경우 토착의 고유한 묘제속성이 새롭게 수용된 묘제에 혼용되는 경우를 예로 들 수 있을 것인데, 석실묘가 지역에 따라 지상식과 지하식으로 존재하는 것을 그 사례로 꼽을 수 있다. 이는 차별적 구조속성 모두를 묘제분류의 기준으로 삼기가 어려움을 보여주는 것이기도 하다.

이러한 문제점을 고려하면서 백제분묘의 묘제 유형을 구분함에 우선은 장제 외에 축조재료와 매장시설의 형태를 고려하고, 여기에 봉분이나 매장시설의 조성방식을 부가적으로 참고하고자 한다. 이를 종합하여 묘제를 구분할 경우 기왕에 분묘 유형을 토광묘, 석축묘, 옹관묘, 기타라는 계통구분을 전제한 후에 보다 세분된 형태로 유형화를 전개한 바 있는데[4], 그 대

---

4) 백제고분의 유형 및 형식 분류는 연구자에 따라 다양하게 진행되어 있다. 그러나 개별 유형에 대한 형식분류에 집중되고 오히려 백제고분 전체를 망라한 분류검토는 한계를 보이고 있다. 이는 백제고분의 개념적 범위설정에 어려움이 있기 때문으로 추정된다. 그러한 한계는 여전히 상존하기에 본고도 백제고분에 대한 광의적 범위설정을 전제로 분류검토를 실시하지만 상당한 백제란 정치체의 정의에 따라 결과에 큰 차이가 있을 것으로 본다.

강은 아직도 큰 문제가 없다고 여겨진다. 다만 새로운 자료의 증가는 유형 구분의 수정을 필요로 하고, 나아가 사용된 용어도 보다 간단하게 정리할 필요는 있다.

　이에 백제 분묘의 묘제 정형을 재정리하는데, 우선 이를 위한 분류기준 은 다음과 같이 설정할 수 있다. 먼저 장제적 측면에서 토장과 화장으로 구 분하겠다. 대부분의 백제무덤이 토장이지만 화장묘도 존재하기에 장제로 서 화장의 존재를 인정하는 것이다. 그리고 토장에서 일차장인가 이차장인 가의 문제는 개별묘제에서 속성이 반영되기에 이를 묘제구분의 기준으로 확대시킬 필요는 없을 듯하다. 나아가 축조방식도 먼저 지상식과 지하식은 묘제속성을 크게 부각시키는 것이나 지역적 전통에 기반하면서 산발적으로 혼용되는 경우가 많아 보편성이 적기에 참고사항으로 둘 수밖에 없다. 반 면에 축조재료는 이를 통한 전통적 관습의 유추와 함께 일반성이 있어 분류 기준으로 삼기에 적합하다. 그리고 각기 상이한 재료로 조성한 매장주체는 空洞인가의 여부나 출입시설의 존재 여하에 따라 구분될 수 있는데, 이는 전통적 관습에 지배되는 것이기에 묘제 구분의 절대적 근거로 삼을 수 있을 것이다. 한편 백제묘제와 관련된 용어에서 墓와 墳, 塚의 개념에서 다양한 이견이 있겠지만 기왕의 용례를 답습하여도 큰 문제는 없을 듯 하지만 일단 분묘를 모두 묘로 통일하고자 한다.

　이외에도 분묘의 조성에 사용한 재료는 보호시설의 것인가 아니면 매장 부 축조에 사용된 것인가에 따라 차별화되어야 한다. 그런데 매장부를 조 성하는데 사용된 재료는 목재, 석재, 벽돌, 항아리, 기와 등으로 구분되 고, 보호시설은 흙과 석재로 구분되지만, 보호시설에 사용된 재료는 매장 부와는 달리 지역에 따라 선택적으로 사용된 것으로 보인다. 따라서 축조 재료의 기준은 매장부에만 국한하여 살필 수 있을 것이다. 그리고 외부시 설재로 석재가 사용된 적석총이나 적석묘가 잔존하지만, 묘제 연원이나 속 성에 나름의 의문이 있어 일반화하기에 문제는 있다. 다만 그 존재 인식이 여전히 강인하기에 여기에서도 잠정적으로 하나의 묘제 유형으로 분류해 두겠다.

반면에 외부시설의 조성에 흙이 사용되는 경우는 대부분의 묘제에 적용될 수 있기에 차별성이 적어 분류기준으로 삼기에 문제가 있다. 따라서 토장에 외형으로 봉토가 조성된 것들은 하위 개념인 매장부 축조재료를 근거로 분류될 수 있을 것이다. 백제고분의 조성은 토장 분묘의 특성상 지반의 아래나 지반 위에 묘광을 조성하고, 매장주체시설로 목재, 석재, 항아리, 벽돌, 기와 등이 사용되는데, 이를 기준으로 토광묘, 석축묘, 옹관묘, 전축분, 와관묘 등으로 구분할 수 있다. 그리고 이들은 조성방식 및 매장부의 형상에 따라 다시 세분할 수 있다.

백제분묘와 관련된 용어는 다음과 같이 정리코자 한다. 우선 분묘의 경우 외부 형상을 기준으로 구분할 경우 적석묘·봉토묘·횡혈묘로 분류할 수 있을 것인데, 돌만을 쌓는 적석묘, 봉토묘는 흙을 덮은 것, 횡으로 굴을 판 것을 횡혈묘로 간주한다. 그리고 주구봉토와 분구봉토는 외형으로 봉분을 갖춘 것이나 기왕에 주구토광묘로 분류되는 것과 분구토광묘로 분류되던 것을 의미하는 것이다. 또한 매장시설재로 토광으로 구분한 것은 지반 상에 지하로 굴광하여 묘광을 구축한 것을 의미하는 것이다. 이외에 매장시설은 그 형상에 따라 구분하는 것인데 관·곽은 목관과 목곽을 갖춘 것을 의미하나 묘광의 형상이 분명하면서 목관만 설치한 것도 여기에 포함될 수 있다. 이를 기초로 백제의 분묘를 구분하면 다음의 표와 같이 정리될 수 있다.

장법	외형	축조재료	매장시설	축조방식	묘제유형
토장	봉분	흙+목재	목관	목관+봉토	봉토목관묘(봉토묘)
			목곽·목관	토광+관·곽	관·곽토광묘
	주구봉분	흙+목재	목관·목곽	토광+관·곽+주구봉토	주구토광묘
	분구봉분		목관	목관+분구봉토	분구토광묘
	적석	돌+목재	목관	목관+봉석	봉석목관묘(봉석묘)
		석재	?	?	기단식 적석총(?)

봉분	석재	석곽	묘광+석곽	수혈식 석곽묘
		횡구석곽	묘광+횡구석곽	횡구식 석곽묘
		횡혈석실	묘광+석실	횡혈식 석실묘
		횡구석실	묘광+횡구석실	횡구식 석실묘
	벽돌	전실	묘광+전실	전축묘
?	토기	옹관	묘광+옹관	토광 옹관묘
	돌+토기		석곽+옹관	석곽 옹관묘
봉분	흙+토기		옹관+봉토	분구 옹관묘
?		횡혈	횡혈	횡혈묘
		옹관	횡혈+옹관	횡혈 옹관묘
?	기와	와관	와관	와관묘
화장	토기	토광	토광+장골용기	화장묘

3. 百濟墳墓의 內容

백제 묘제는 장법에서 화장과 토장으로 구분하였고, 그중에서 화장은 단일의 유형만이 존재한다고 보았다. 그러나 토장의 장법이 구사된 분묘는 외형상 적석과 봉토, 그리고 횡혈로 구분하였고 이중에 적석묘는 기단식 적석총으로 분류된 것은 불확실성으로 그 존재만 추정하였을 뿐이다. 반면에 목관에 다장으로 돌을 덮은 분묘는 봉석목관묘(봉석묘)로 구분하였다. 더불어 이들은 외형상 적석으로 드러나 일단 대분류에서 적석묘로 구분한 것이다.

봉토분은 토광에 목관이나 목곽을 갖추고 외형을 봉토한 것으로, 그 방식에 따라 봉토목관묘(봉토묘), 관·곽토광묘, 분구토광묘(분구묘), 주구토광묘로 구분할 수 있다. 또한 석축묘는 묘광내에 축석하여 묘실을 조성한 것인데, 수혈식 석곽묘, 횡구식 석곽묘, 횡혈식 석실묘, 횡구식 석실묘로 구분한다. 이중에 석곽과 석실의 구분은 입구의 존재 여하를 기준한 것이다. 그리고 옹관묘는 기본적 매장부는 옹관이나 외부 시설에 따라 토광, 석곽, 횡혈의 구분과 함께 다장적 성격에 봉토가 이루어진 분구 옹관묘로 묘

제 유형으로 구분할 수 있다. 이외에 전축묘나 와관묘는 특수묘제의 범주
에서 이해될 수 있다.

1) 봉토목관묘(봉토묘)

봉토목관묘는[5] 이전에 순수 토광묘로 구분된 것들이 포함될 수 있는데
원삼국기 마한의 묘제적 전통을 간직한 것이다. 이는 전형적 토광묘 유형
으로 지반상에 목관을 안치할 범위를 대강 정지하거나 굴광하여 부정형한
묘광을 조성한 다음에 목관을 안치하고 흙을 덮는 묘제이다. 목관 흔적이
불분명할 경우 목관이 사용되지 않은 순수 토광묘로 구분되기도 하였다.[6]

봉토목관묘의 잔존형상은 지반상에 부정형한 토광과 목관 또는 토광만의
흔적이나 목관만의 흔적이 남아 있는 경우가 많고, 부분적으로 부장유물만
확인되는 경우도 있
다. 이는 매장시설
의 조성에 선행되는
묘광의 조성이 불분
명한 것과 관련된 것
이다. 대체로 지반
상에 지상식으로 목
관을 안치하였기에
유구로 목관과 부장
유물만 남겨진 경우

002 석촌동의 봉토묘

---

5) 봉토목관묘는 마한의 봉토묘와 묘제적으로 같은 것이지만, 백제묘제로서 차별화하기 위
   하여 목관묘를 추가하여 명칭한 것이다.
6) 토광묘로 구분되면서 목관 혹은 목곽이 없기에 순수토광묘로 분류되는 자료 중에는 관·곽
   흔적의 인멸, 혹은 미발견의 결과로 볼 수 있는 것도 적지 않다.

가 많은 것이다.

부장품은 목관 내에서 발견되며, 간혹 의례로 목관의 위나 주변에 매납된 것도 있지만 목관내부가 아닌 토광내부에 유물을 부장하는 경우는 거의 없다. 이러한 봉토목관묘

003 천안 두정동의 봉토묘(즙석봉토묘)

는 단독으로 조성된 봉토목관묘 외에도 작은 봉토목관묘를 여러 개 중복 안치하여 커다란 봉토를 조성한 것과 그 위에 돌을 덮은 즙석 봉토묘로 조성되기도 한다.

대표적 유적은 서울 석촌동의 토광묘와 즙석 봉토묘, 가락동 토광묘, 그리고 천안 두정동의 봉토묘를 꼽을 수 있다. 봉토목관묘의 분포범위는 현재로서는 한정적이고 밀도도 높지 않다. 다만 최근 전북 군산의 미룡동 유적에서 동형으로 볼 수 있는 분묘가 다량으로 조사되었는데 이들은 오히려 2~3세기대의 분묘, 즉 마한 봉토묘로 편년되어 백제의 봉토목관묘는 삼한시대 마한지역의 전통적 분묘와 관련된 것임을 알게 한다.

2) 관·곽토광묘

관·곽토광묘는 지반을 지하로 정교하게 굴광하여 묘광을 조성하고, 그 안에 목관과 목곽을 설치하지만 목관만 설치한 경우도 많다. 봉분은 갖추어진 것으로 보지만 구체적이지 않다. 오히려 밀집 배치된 사례가 대부분인 것으로 미루어 외부의 표식시설은 미약하였던 것으로 보아야 한다.

004 천안 용원리 관·곽 토광묘

005 관·곽토광묘(용원리 72호분)

입지로 구릉의 남향면이 선호되는데 묘광을 지하로 파고 그 안에 목관을 안치한 다음에 시신을 매납하는 것이 원칙이다. 單葬으로 伸展葬이 보통이고, 묘광은 거의 장방형 평면에 벽체를 수직으로 조성한다. 관·곽토광묘로서 목관과 목곽의 사용여부는 사용주체의 성격이나 위계에 따라 차이가 있다. 목관내에는 장착품이, 목관과 목곽 아니면 토광 사이에는 토기나 무기류 등의 공헌물이 부장되는데, 부장품을 위한 별도의 부곽을 마련하는 경우는 드물다. 목관은 판재가 대부분이고, 꺽쇠나 관못과 같은 결구재가 빈약한 것으로 미루어 토광내에 목관을 짜 맞춘 다음에 시신을 안치한 것으로 보인다.

관·곽토광묘의 대표 유적은 경기도 화성 마하리 고분군, 천안의 용원리 고분군, 청주의 신봉동 고분군을 꼽을 수 있다. 대체로 4세기 후반경을 중심으로 크게 번창하여 5세기대까지 성행한 묘제이다. 규모나 부장유물의 종류, 유물의 안치방식은 지역과 시기에 따라 차이가 있지만, 철제무기류, 마구류 등이 풍부하게 출토되는 특징도 있다.

3) 주구토광묘

묘광을 조성하
고 그 안에 棺·槨을
설치하는 방식에서
관·곽토광묘와 공통
적이나 관·곽의 세
부 구조형상, 그리
고 유물의 안치방식
외에 외부 표식시설
로 방형에 가까운
봉분을 규모있게 조
성하면서 주구를 남
긴 것이 가장 큰 특
징이다.

006 연기 응암리 주구토광묘

007 주구토광묘(공주 하봉리)

잔존형상은 매
장부의 경우 지하로
묘광을 조성한 것과
그 안에 목곽과 목
관의 흔적이 선명
하게 남는다. 그리고 매장시설 외변에 주구가 있는데, 특히 경사의 위쪽에
눈썹형태로 남겨짐이 보통이다. 묘광 안에 목곽과 목관을 두면서 목관내에
피장자 소유의 장식품이나 무기류가 부장됨이 일반적이고, 이외에 목관의
아래나 위쪽에 별도의 부곽을 시설하여 부장 칸을 마련하고 다량의 토기 등
부장품을 안치한다.

따라서 주구토광묘는 지반에 지하로 묘광을 굴광한 후 목곽을 설치하고 목관을 안치하는데, 목관의 한켠에 부장품을 위한 부곽을 조성함이 일반적이다. 또한 외부에 봉분을 비교적 높게 조성하여 고총고분 형상을 갖춘 것으로 볼 수 있으며, 봉분의 성토에 필요한 흙을 파면서 외변에 주구를 남겨이로써 묘역구분이 되기도 한다. 무덤 간에 일정한 간격을 두는가 하면, 매장부의 장축이 등고선 방향에 맞추어져 있음이 일반적이다.

대표적 유적으로 천안 청당동 유적, 오산의 궐동 유적, 아산의 밖지므레 고분군, 공주의 하봉리, 장원리 유적을 꼽을 수 있다. 봉토목관묘의 잔존구역인 한강 중·상류지역이나, 분구토광묘 분포권인 충남 서해안과 그 이남지역의 분포밀도는 적다. 서산 예천동의 분구토광묘 내 주구토광묘로 미루어 적어도 3세기 초반경에 그 존재가 나타난 것으로 볼 수 있다.

4) 분구토광묘(분구묘)

분구토광묘의 가장 큰 특징은 매장시설을 지상식으로 조성한다는 점이다. 이는 지반을 대강 정지한 후에 거기에 목관을 안치하고 흙을 덮는, 즉 봉토하여 무덤을 조성하는데 이로서 분묘의 외형이 墳丘型을 이루게 된다.

잔존형상은 지반상에 유구가 남았을 경우는 지상식으로 설치하였던 목관이나 분구 조성을 위해 성토된 봉토, 그리고 외변에 파여진 방형의 주구가 확인된다. 반면에 표면층이 완전히 제거되었다면 단지 분구의 외변인 방형의 주구만 확인될 뿐이다. 매장부는 지반상에 시설하였을 경우는 약간을 제토하면서 흙을 거둔 흔적만 남기기 때문에 묘광자체가 매우 부정형한 형상으로 확인된다는 것이 특징이다. 반면에 그 안에 안치하였던 목관의 흔적은 선명하다. 하나의 분구내에 하나의 매장부만 안치하지만, 부분적으로 추가장도 있는데 지역에 따라 묘역 확장 방식, 수직 중복 방식의 차이가 있고, 기본적으로 무덤간 중복없이 묘역구분이 분명한 고총고분으로 조성한다.

따라서 분구토
광묘의 묘제 특징은
지상에 목관을 안치
하고, 성토하여 분
구를 조성하면서 외
곽에 흙을 파낸 흔
적으로 주구가 남겨
진다는 것, 관·곽의
구분없이 하나의 목

008 서산 기지리 분구토광묘

관 내에 시신과 부장품을 둔다는 것, 분구는 방형으로 고총고분의 형상을
갖추고 있다는 점을 지적할 수 있다. 분구토광묘는 주구묘나 방형 주구묘,
분구토광묘 및 분구식 고분 등으로 불렸는데[7] 지상에 마련된 매장부가 유
실되면서 주구만 남겨진 경우가 많았기 때문이다.

대표적 유적으로 보령의 관창리 유적과 서산 부장리의 금동관모가 출토
된 유적, 서산 기지리 유적, 전주 상운리 유적을 꼽을 수 있다. 이 묘제는
마한의 봉토묘가 서북한 지역에서 남하한 주구토광묘, 즉 고총고분적 전통
의 영향으로 3세기말이나 4세기초반 즈음에 발생하여 5세기대까지 성행한
묘제이다.

5) 봉석목관묘

이전에 적석묘로 구분하였던 분묘 유형으로 돌무지무덤으로 불리기도

---

7) 분구토광묘의 '분구'란 용어는 엄밀한 의미에서 분구토광묘의 묘제 성격을 대변하는 것으로
보기는 어렵다. 오히려 봉토란 용어가 적합할 것으로 추정되지만 기왕의 용례에 대한 인지
에 따른 편리성, 관·곽 혹은 주구토광묘와의 차별성을 고려하여 그대로 사용한 것이다.

009 연천의 봉석목관묘

하였고, 최근에는 적석 분구묘로 보기도 한다. 지상에 돌을 쌓아 매장부를 보호한 적석시설로 남았는데 본래는 목관인 매장시설을 안치한 후에 돌을 덮은 것이기에 봉석목관묘로 구분하였다. 묘제적으로 봉토목관묘와 상통하는데 목관을 돌로 덮는가 아니면 흙으로 덮는가의 차이만 있을 뿐이다.

잔존형상은 하천변 돌무지 형태로, 대부분이 하안 단구상에 무질서한 적석형태로 남아 있다. 강자갈과 할석 등이 무질서하게 쌓인 형상인데, 매장시설은 적석 속에 석곽 형태로 남겨져 있지만, 석곽이 정형으로 구축된 것이 아니고 오히려 목관을 놓고 돌을 덮었으나 목관이 부식되면서 남겨진 곽의 형태일 따름이다. 여러 개의 목관을 반복적으로 안치한 결과 다장으로 남겨진 경우가 많다.

봉석목관묘는 한강의 중상류 지역, 한탄강 유역에 집중 분포하며 특히 하천변에 조성된 경우가 대부분이다. 제원 도화리·연천 삼곶리 등의 유적을 대표적 사례로 꼽을 수 있는데, 봉토목관묘와 축조재료가 흙과 돌이라는 차이 외에 묘제적으로 동일한 것으로 볼 수 있다.

6) 기단식 적석총

기단식 적석총은 백제 적석총의 대표적 유형으로 보지만 묘제 속성이 구체적이지 않다는 한계가 있다. 백제 적석총은 적석묘와 기단식 적석묘로

구분되면서 서울 석
촌동 고분군내 3호
분과 4호분 등은 기
단식 적석묘, 한강
중상류의 도화리나
한탄강 유역의 삼곶
리 유적의 분묘는
적석묘로 구분하였

010 석촌동 기단식 적석총

었다. 그러나 적석묘는 오히려 봉석목관묘로 구분될 수 있기에 백제 적석
총으로는 기단식 적석총만 남는다.

　본래 기단식 적석총은 지상에 돌을 쌓아 분구를 조성한 다음에 그 위에
매장시설을 안치하는 묘제로 고구려의 적석총과 대비되는 묘제이다. 이러
한 백제의 기단식 적석총은 서울 석촌동 유적의 분묘에서 인지된 것으로 고
구려식 적석총과 백제식 적석총으로 구분하기도 한다. 고구려식 적석총은
분구를 모두 적석한 것이고, 백제식 적석총은 외변만을 석축하고 내부는
흙을 채운 형식이다. 그러나 매장시설은 전혀 발견된바 없기에 구체화할
수 없지만 석곽이나 횡혈식 석실의 구조였을 것으로 추정하기도 한다.

　백제 기단식 적석총은 석촌동 고분군, 그것도 고분군의 서쪽 구역에만
잔존한다. 나아가 묘제의 출현은 빨라야 3세기말이나 4세기 초엽으로 보
며, 한성시대 백제 왕실에서 사용된 유일한 묘제로 본다. 그러나 이 묘제는
아직 매장부가 확인된 예가 없고 관련 유물도 전혀 알려져 있지 않다. 더불
어 기단식 적석총은 석촌동 고분군에만 잔존할 뿐, 여타의 지역에서 전혀
확인되지 않아 그 보편성도 의문이 있다. 오히려 동형의 적석유구가 지방
사회에서 발견되고 그것이 의례시설로 비정됨을 유념하여 분묘로서의 성격
이 재검토될 필요도 있다.

7) 수혈식석곽묘

수혈식 석곽묘는 지하로 묘광을 파고 석축 묘실을 만들지만 출입시설이 마련되지 않는 것으로 단장묘에 신전장의 묘제이다. 경기도 및 충청도 지역에 집중적으로 남아 있으며, 화성의 백곡리 고분군·마하리 고분군, 천안의 용원리 고분군, 논산의 표정리·모촌리 고분군 등을 대표 유적으로 꼽을 수 있다.

구릉에 입지하는 것이 많고 묘광은 대체로 지하에 조성하면서 묘실 장축을 경사와 직교된 즉 등고선 방향으로 두는 것이 일반적이다. 묘광은 대체로 긴 장방형으로 조성하며, 묘실은 할석이나 괴석형 석재를 사용하여 상자형의 곽으로 조성하는데, 지역에 따라 대판석으로 벽체를 구성하기도 한다. 벽면은 거의 수직으로 쌓으면서 네 벽을 동시에 올린 다음 거기에 천장석을 올려 마무리 한다. 바닥은 맨땅을 그대로 이용하거나 돌을 깔았는데, 나중에는 별도로 정교한 관대나 시상대를 설치하기도 한다.

묘제적으로 지하에 묘광을 파고, 그 안에 석축으로 단장에 신전장이 가능한 규모의 석곽을 조성함을 특징으로 꼽을 수 있다. 특히 사용된 석재는 할석류가 보통이고, 다듬거나 물갈이한 석재를 사용한 경우는 아직 발견되지 않는다. 내부시설로 관대나 시상대와 함께 부곽의 설치도 선택적으로

011 용원리 석곽묘

나타나는데, 묘실을 거의 완전 지하에 안치하기에 외부의 표식시설로 봉분의 여하는 확인이 어렵다. 적어도 4세기 중반경에 백제묘제로 출현한 후에 횡혈묘제가 보편화되는 5세기말이나 6세기 전반경까지 사용된다.

8) 횡구식석곽묘

횡구식 석곽묘는 지하로 묘광을 조성하고, 그 안에 석축으로 묘실을 만드는데, 석곽묘와는 달리 한쪽 벽체를 전혀 구축하지 않고 그대로 입구로 사용한 묘제이다. 횡구식 석곽묘는 수

012 산의리 횡구식 석곽묘

혈식 석곽묘가 횡혈식 묘제, 즉 입구와 연도를 갖춘 묘제의 영향으로 석곽의 한쪽 벽면을 열어 입구로 사용함으로서 발생한 묘제로 볼 수 있다.

따라서 횡구식 석곽묘는 수혈식 석곽묘와 횡혈식 석실묘가 공존된 지역에 잔존된 경우가 많다. 대표적 사례로 논산 표정리 당골 고분군, 도구머리 고분군, 공주의 산의리 고분군, 익산의 웅포리 고분군 등을 꼽을 수 있다.

횡구식 석곽묘의 축조환경도 수혈식이나 횡혈식 묘제와 크게 다르지 않다. 다만 어떤 유형이 지배적인가에 따라 다르지만 대체로 수혈식 전통이 강하게 남는 경우가 많다는 특징이 있다. 축조재료로 할석의 사용이 보통이고, 묘실의 평면이 세장된 것이 많지만 장방형에 가까운 것도 지배적이다. 벽체의 구성이나 천장의 가구형상은 횡혈식 석실묘보다 오히려 수혈식

석곽묘적 요소가 강하다.

9) 횡혈식석실묘

　횡혈식 석실묘는 매장부를 空洞으로 석축으로 조성하고, 묘실 전면에 입구 및 연도를 설치하는 묘제로, 합장과 추가장이 전제된 것이기도 하다. 이 묘제는 석축으로 조성된 매장부가 지하에 안치되는 것이 많고, 나아가 상부를 성토하여 분구를 조성하여 봉토석실묘로 구분될 수도 있는데, 백제 묘제로서 가장 보편적으로 사용되어 넓은 분포권을 가진다.

　4세기 중후반에 백제묘제로 도입되었고, 이후 다양한 변화상을 연출하는데 부분적으로 항상성·보편성의 결여와 함께 지역적 성향도 강하게 나타난다. 그러나 산지입지나 남향의 경사면을 선호하는 선지관념, 그리고 매장부를 지하에 조성한다는 특징, 장축 방향 설정이 방위관념보다는 오히려 축조의 편의에 좌우되는 특징도 있다. 또한 매장부가 단실묘로써 공동의 묘실에 입구가 설치된다는 기본적 구조형식은 통일성을 갖추고 있다. 다만 묘실평면과 천정구조, 입구의 형태, 연도가 시설된 위치 및 규모, 축조재료는 상호간 유기적 관계 속에 변화되면서 개별속성이 규칙적으로 결합되

 013 염창리 석실묘 내부 　　　　　014 염창리 석실묘

는 특징이 있다.

이에 따라 백제 횡혈식 석실묘는 묘실의 평면·천정의 가구형태·입구의 시설방식·그리고 연도의 규모나 형상 등에서 차별적 속성이 발견된다. 속성의

015 금학동 석실묘

결합이 가장 집약된 형태로 나타나면서 다양성을 갖춘 천정양식에 따라 네 벽조임식·궁륭식·터널식·아치식·고임식(지송식)·수평식·맞배식(합장식)·양 벽 조임식의 8가지 형식으로 구분하며, 이러한 구분을 토대로 횡혈식 석실 묘의 변화 발전의 단계설정도 가능하다.

10) 횡구식석실묘

횡구식 석실묘는 횡혈식 석실묘가 변화된 것으로 입구를 만들지만 형식 화되고, 묘실 평면은 세장방형인 경우가 많은데, 이전의 횡혈식 석실묘가 다장이나 합장이었다면 횡구식 석실묘는 단장으로 변화된 묘제이다. 이 묘 제는 횡혈식 석실묘의 후기형이 존속된 지역에서 발견되는 경우가 많고, 특히 백제의 마지막 도읍지인 사비지역에서 다량으로 발견된다. 부여 염창 리 고분군을 대표적 사례로 볼 수 있는데 약 300여기의 분묘중에 대부분이 횡구식 석실묘이다.

묘제는 구조상으로 입구나 연도가 형식화된 것 외에는 횡혈식 석실묘와 큰 차이가 없다. 봉분 등은 여전히 확인이 어렵지만, 입지에서 남향의 경사면을 선호하고 구릉 선상부나 산지의 정상부는 피한다. 횡혈식 석실묘처럼 군집된

016 염창리 횡구식 석실묘

형태로 일정한 간격을 두고 배치되는데 군집 정도는 횡혈식 석실묘보다 조밀한 것이 특징이다.

묘광은 매장부를 완전히 아우를 수 있도록 깊게 조성하지만 입구가 개설되기에 경사면을 L자로 구축하면서 경사의 안쪽에 묘실을, 그리고 아래쪽으로 입구를 연결하는 형식으로, 가장 두드러진 특징은 입구가 횡구식임에도 의도적으로 만들어진 형상을 남기고 있다. 그리고 입구의 폐쇄에 문비석을 둔 것처럼 폐쇄하는 것과 積石하는 것으로 구분된다.

11) 토광옹관묘

017 논산 표정리 토광옹관묘

토광옹관묘는 지반에 토광을 파고, 그 안에 棺으로 甕을 사용한 것이다. 토광은 지하로 굴착함이 원칙이다. 그들만 군집되기보다 다른 묘제 즉 토광묘나 석실묘 그리고 석곽묘와 혼재된 경우가 대부분인데, 대체로 금강유역의 백제후기

고분군에서 많이 확인된다. 토광 옹관은 규모나 특성상 성인을 신전장하기 어려운 규모로, 성인용일 경우 세골장인 이차장으로 보아야 하고, 일차장인 경우는 유아용으로 본다. 사용된 옹은 하나 혹은 두 개, 아니면 그 이상으로 옹의 숫자에 따라 단옹식과 합구식으로 구분되며 일상용기를 사용하는 것이 보통이다.

12) 석곽옹관묘

석곽옹관묘는 시신 안치에 관으로 甕을 사용하지만, 이 옹을 묻기 위하여 별도의 석곽을 마련한 묘제이다. 백제 후기 도읍지역인 웅진과 사비지역에서 발견되지만 사례가 많지 않고, 산발적이다. 공주 봉정리

018 석곽 옹관묘(공주 웅진동)

와 웅진동 고분군, 보통골 고분군, 부여 저석리 유적에 사례가 있다. 대체로 산지의 경사면에 입지한다는 공통성과, 지하로 묘광을 판 후에 석축하여 묘실을 만들고, 그 안에 옹관을 안치하지만 옹의 형태나 숫자 그리고 석곽의 형태는 차이가 있다. 석축한 묘실은 수혈식인데, 시신 안치는 이차장에 의한 세골장으로 추정한다.

13) 분구옹관묘

분구옹관묘는 매장부의 형상이 토광 옹관묘와 크게 다르지 않지만 지상에 옹관을 안치한 다음에 성토하여 분구를 조성한다는 차이가 있다. 매장

019 분구옹관묘　　　　　　　　020 분구옹관묘의 옹관(나주 신촌리 9호분)

시설로 옹관만이 아니라 토광도 함께한 경우도 있지만 부분적 현황이고, 점차 고유의 옹관을 제작하여 사용하기도 한다. 분구 옹관묘는 영산강 유역에서 4~6세기 초반까지 존재하였던 묘제이다. 시신을 안치하기 위하여 항아리를 사용하지만, 특수 제작한 것이라는 점, 옹관을 안치하기 위한 매납시설로 대형 분구를 조성하는데 하나의 분구 내에 여러 개의 옹관을 안치하는 一墳丘多甕이라는 점을 묘제의 특징으로 꼽을 수 있다. 입지는 평야지가 전개되는 구릉지역에 자리하며 수로와 밀접한 관련이 있어 큰 하천을 끼고 있는 것이 많고, 분구 자체가 대형으로 조성되어 그 자체가 구릉처럼 보인다. 분구는 방형 아니면 불규칙한 장방형·타원형으로 외변에 주구가 남겨진 것이 많고, 입면은 방대형의 형상으로 규모는 한변이 30m정도에 이르듯이 대형이 많다.

14) 횡혈묘

횡혈묘는 매우 특수한 유형으로 공주 단지리 등의 일부 자료가 발견되어 있을 뿐이다. 이 묘제는 산경사면을 횡으로 파고, 안에 공동의 묘실을 조성한 양식이다. 형식상 횡혈식 구조를 연상시키기도 한다. 토굴형상으로 묘실을 조성하였는데 입구를 마련하면서 전면에 돌을 쌓아 막은 것이 보통이다.

백제묘제로서 횡혈묘의 사례는 많지 않다. 단지리 유적 외에 횡혈 내에 옹관을 안치한 것이 공주 웅진동, 탄천 안영리 등에서 발견되었지만 보편적 묘제로 보기는 어렵다. 이 묘제는 오히려 일본열도에 그 사례

021 횡혈 토광묘(공주 단지리)

가 많고, 횡혈묘 자료가 도읍지 웅진지역에 밀집되어 있는 것을 근거로 왜와의 관련 속에서 이해되어야 할 것으로 보기도 한다.

15) 횡혈옹관묘

횡혈 옹관묘는 특수한 유형으로 경사면에 옆으로 굴을 파듯이 묘광을 조성하고 거기에 옹을 안치한 것이다. 자료가 많지 않으나 조성방식에 특이성이 있으며, 공주 웅진동의 고분군과 공주 산의리 고분군에 포함되어 있다. 이

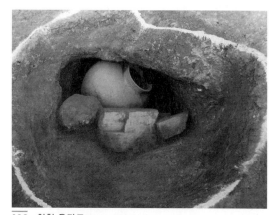

022 횡혈 옹관묘(공주 산의리)

묘제는 자료가 적어 묘제내용을 보편화하기 어렵지만 구릉성 산지의 경사면에 조성된 것이란 점, 옹을 관으로 사용하였다는 점, 그리고 지하식이란

공통성은 있다. 특히 옹을 안치하는 묘광시설에 묘제 특징이 있다. 모두 경사면에 잇대어서 굴을 파듯이 묘광을 조성하고, 그 안에 옹을 안치하는 것이 그것이다. 입구가 옆으로 마련되기에 옹을 안치한 다음에 입구를 측면에서 폐쇄하는 특징도 있다. 단장과 다장이 병존하나 일차인가 이차장인가의 구분은 어렵다.

16) 전축묘

전축묘는 재료가 벽돌이란 차이가 있는 외에 구조는 횡혈식 석실묘와 크게 다르지 않다. 백제 고유 묘제는 아니고 중국에서 유입된 것이다. 백제 전축묘는 웅진시대에 국한되어 조성되었고 따라서 웅진지역에만 존재한다. 공주 송산리 고분군내의 6호 전축분과 무령왕릉이 있고, 이외에 공주 교동 고분으로 알려진 자료가 있다.

축조방식은 지하로 묘광을 굴광하고, 그 안에 묘실을 벽돌로 쌓은 것인데, 입구와 연도가 마련되기에 구조형식은 횡혈식 석실묘와 동일하다. 묘실 평면은 장방형이고, 남쪽에 입구와 연도가 중앙식으로 설치되었으며, 터널형 구조의 묘실은 관대가 시설되고 나아가 벽체에 등감이나 유

023 **전축묘**(공주 송산리 6호분)

자창 등의 부수시설도 마련된다. 사용된 벽돌은 연화문과 오수전이 있는데 양각으로 문양을 조성한 것이고, 송산리 6호 전축묘는 벽면을 채색하고 다시 사신도를 그렸다.

17) 와관묘

와관묘는 시신을 안치하는 관을 기와로 만든 재료상에 특징이 있는 묘제이다. 석축묘가 석재로 매장시설을 조성하고, 토광묘가 목재를 사용하여 시신의 안치시설을 마련하지만 와관묘

024 와관묘(서산 여미리)

는 기와를 사용한 차이가 있다. 그러나 자료가 많지 않아 백제묘제로서 보편성을 인정하기는 어렵다. 묘제적으로 축조재료가 기와라는 점 외의 수혈식 석곽묘나 옹관묘와 큰 차이가 없다.[8]

18) 화장묘

화장묘는 백제말기에 도읍지역에서 활용된 것으로, 불교가 성행되면서 화장이 실행된 결과 남겨진 무덤으로 보고 있다. 장골용기를 사용하여 흙 속에 묻은 형태로 남아 있고, 따라서 장제는 화장이나 묘제는 토장이 전제

---

8) 백제묘제로서 와관묘는 서산 여미리 유적에서 발견된 것이 유일한 사례이다. 그러나 서 북한 지역인 대동강 유역에 낙랑, 대방 유적의 범주에 사례가 알려져 있고, 묘제적 특이성도 있어 일단 유형으로 구분하여 둔다.

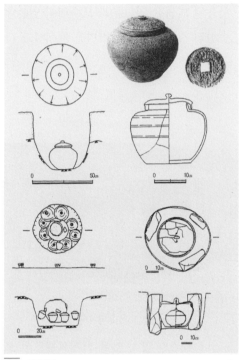

된 것으로 볼 수 있다. 부여의 당정리·상금리·쌍북리 유적이 대표적이다. 풍화암반에 둥근 구덩이를 파고, 구덩이 안에 다시 작은 구덩이를 낸 다음에 여기에 장골용기를 안치하는 것이 일반적이다. 장골용기는 뼈 가루를 담는 용기로 우리나라에 불교가 전래된 후에 화장이 이루어지고 그 결과 나타난 것으로 알려졌다. 藏骨容器는 안치방식에 따라 單壺式·單盌式·盌式·深壺多椀式·倒甕式·外壺內壺式 등으로 구분되기도 한다.

4. 百濟 古墳文化의 展開

백제묘제가 유형이 다양하다는 것은 앞의 무덤내용을 통해서 알 수 있다. 이러한 다양성은 묘·장제적 다양성을 의미하는 것일 뿐만 아니라 사용주체의 문화적 다양성을 내포하고 있는 것이기도 하다. 또한 이처럼 다양한 묘제는 백제라는 고대국가의 변천에 부응하여 함께 변화·변천하는 역동성이 발견된다. 즉 백제고분문화의 전개는 다양한 묘제의 浮沈이 확인되고, 나아가 이처럼 다양하던 묘제는 결국에 하나로 통일된다. 앞서 백제

묘제 유형을 18가지로 구분하였고, 각각의 묘제는 나름의 묘·장제적 특성을 갖추고 있음을 보았다. 그리고 이처럼 다양한 묘제가 동시에 존재했던 것이 아니라 시·공간적 상관성이 작용하면서 다양한 묘제의 부침이 나타나고, 이들은 횡혈식 석실묘라는 단일의 묘제로 통일되기에 이른다.

백제묘제의 전개환경은 토착묘제가 상용되는 환경에서 새로운 묘제가 도입되고, 그에 따른 묘제간의 결합이 나타나 새로운 유형이 창출되는 등의 변화가 감지된다. 특히 백제는 삼한을 기반으로 태동되었고, 점차 마한지역을 잠식하며 성장하는데 이 과정에서 끊임없이 새로운 문물의 유입이 이루어진다. 이외에도 국가성장의 동력을 얻기 위하여 대외교섭에 적극적으로 나서면서 새로운 문물의 도입도 활발하게 진행된다. 그 결과 백제문화의 질적 향상과 함께 다양성이 구비되는데, 이러한 환경은 그대로 묘제에도 반영되었다고 볼 수 있다. 그런데 이처럼 다양한 묘제가 역동적 변화상을 연출하지만 변화양상의 체계적 이해를 위하여 단계화하여 이해되어야 할 필요가 있다.

백제는 한성에 오랫동안 도읍하다가 5세기 후반에 웅진으로 천도하고, 다시 6세기 전반 무렵에 사비로 천도함으로서 세 지역에 도읍한 경험을 갖는다. 이러한 천도 경험은 백제의 정치사회를, 그리고 고고학에 이르기까지 시기구분의 기준으로 활용된다. 배경은 천도라는 사실성 외에 각각을 分期할 수 있는 특성이 인정되기에 여기에서도 한성·웅진·사비의 도읍시기를 배경으로 두면서 해당시기 및 지역에 잔존되었던 묘제현황을 종합한 후 변화상을 단계화할 수 있다.

이를 위하여 각 도읍지역에 남겨진 무덤자료를 살펴보면, 한성지역은 토광묘와 기단식 적석총으로 보는 유구, 그리도 석실묘가 존재하며, 웅진지역은 전축묘와 석실묘가 중심을 이루면서 옹관묘나 석곽묘가 부수적으로 존재한다. 사비지역은 석실묘가 중심이면서 화장묘를 비롯한 옹관묘 등의 여타 묘제가 부수적으로 잔존한다. 이러한 묘제 현황을 토대로 한성 도읍시기에는 토광묘 등의 초기 묘제환경이 기단식 적석묘로 변화되었다고 보나 구체적이지 않고 오히려 석실묘로 전환되었음은 분명하게 나타난다. 나아가 웅진 도읍시기는 한성 도읍시기에 정착된 횡혈식 석실묘가 중심에 있으면서 전축분 등의 새로운 묘제가 나타나지만 여전히 횡혈식 석실묘가 지배적이라는 것을, 이후 사비 도읍시기에도 횡혈식 석실묘가 여전히 주류를 이루면서 여타의 옹관묘나 석곽묘가 부수적 존재로 자리하는 것으로 볼 수 있다.

한편 도읍지 이외의 지방의 묘제환경도 지역과 시간차를 두고 역동적으로 변화가 전개된다. 관·곽토광묘나 주구토광묘 및 분구토광묘·봉토목관묘를 비롯하여 봉석목관묘, 수혈식 석곽묘, 분구 옹관묘 등이 서로간 시간과 지역을 달리하면서 생성과 소멸을 거듭한다. 그리고 이러한 변화상은 대체로 4세기 중반대를 기점으로 다양성이 크게 강화된다거나 6세기 초반에 이르러 다양하였던 묘제가 대부분 소멸되면서 도읍지역에 먼저 등장한 횡혈식 석실묘로 대체된다는 특징이 있다.

이러한 현황은 백제묘제의 전개환경에서 가장 두드러진 특징이 도읍지인 중앙 지역만이 아니라 지방사회의 경우도 지역에 따라 서로 다른 묘제가 사용된다는 점이다. 나아가 이러한 지역차이는 일정한 시간의 경과에 따라 변화되는 특징도 있다. 이를 기회로 백제묘제의 전개양상을 도읍지역 묘제 변화를 축으로 모두 5기로 구분하여 살핀 바가 있는데 이러한 구분에 큰 문제는 없을 것으로 본다. 물론 구분의 바탕에는 다양하였던 묘제들이 궁극적으로 횡혈식 석실묘로 일원화되는 점에 초점을 맞춘 것이고, 나아가 변화의 방향도 궁극적으로 사회 변화와 동일한 방향으로 진행된다는 결론과 맥을 함께 하는 것도 물론이다.

백제의 고분문화 전개를 5단계로 구분함은 도읍지를 중심으로 백제적 묘제가 아직 정착되지 않은 시기, 기단식 적석총으로 구분된 적석유구를 통한 상장례가 운영되던 시기, 횡혈식 석실묘의 사용시기로 대략 구분할 수 있다. 나아가 이에 상응된 지방의 묘제환경도 백제적 묘제가 출현하지 않은 초기적 환경을 공유하다가, 도읍에 기단식 적석총 유형의 적석유구를 통한 상장례가 사용되던 시기에 지방은 오히려 토광묘나 석곽묘, 옹관묘 등의 고유묘제가 정착되고, 이어서 이들 다양한 묘제들이 횡혈식 석실묘로 통일되는 단계로 구분하여 대응시킬 수 있다. 여기에 기왕의 전통묘제가 횡혈식 석실묘로 전환에 부응한 다양한 환경변화, 횡혈식 석실묘로의 전환 후 그에 따른 보편화 과정도 있어, 이를 고려하면서 백제고분문화의 전개 상을 5단계로 구분한 것이다.

내용은 백제적 묘제가 정착되지 않은 시기를 初期, 기단식 적석묘 유형 의 상장례가 실시된 시기를 前期, 횡혈식 석실묘로의 전환 시기를 中期, 횡 혈식 석실묘의 정착시기를 後期, 그리고 횡혈식 석실묘가 백제의 보편적 유일묘제로 사용되던 시기를 末期로 구분할 수 있다.

초기는 도읍지역은 물론이고 지방에서도 백제의 고유묘제가 무엇인지 구체적이지 않은 시기이다. 주지되듯이 백제 건국이 기원전 18년의 사실 이고, 적어도 이즈음에 백제를 잉태한 집단이 한강유역에 자리하였다고 추 정되지만 동시기에 백제 건국집단과의 관련을 추정할 수 있는 무덤자료는 아직 확인되지 않는다. 백제가 건국되었던 지역인 한강유역에는 백제의 잉 태환경을 추정할 수 있는 철기시대 초기문화 흔적이 간헐적으로 확인되지 만 묘제상으로 특정집단을 추정할 수 있는 것은 아직 알려진 바가 없기 때 문이다. 반면에 한강상류나 임진강 일원에는 그동안 적석묘로 알려졌던 봉 석묘가 있는데 이들도 백제의 건국주체와의 관련보다는 오히려 봉토묘라는 마한적 전통에 입각한 묘제가 존재한다. 오히려 한성지역에는 기원후 2~3 세기 무렵으로 편년되는 토광묘 계통의 무덤인 봉토묘가 간헐적으로 확인 되고 있을 뿐이다.

그런데 이즈음의 묘제 전개상에서 주목되는 것은 백제가 최종적으로 영 역으로 삼았던 마한지역에 봉토묘나 봉석묘로 구분되는 묘제가 사용되었음이 확인되는 점이다. 이 묘제의 흔적은 전북 군산, 세종시에서 구체적이고, 이외 충남의 천안, 그리고 서울의 석촌동, 가락동 등지에 그 유제로 볼 수 있는 즙석 봉토묘를 들 수 있다. 다만 묘제 특성은 정립되나 분포범위나 분포 밀도 정황은 불분명한 것이 많다. 이들은 봉토묘와 봉석묘로 분류할 수 있는 것으로 축조재료의 차이를 제외하면 묘제적으로 상통한다. 이 묘제가 마한지역에 성행할 즈음, 즉 3세기 즈음에 서북한 지역에서 주구토광묘가 경기지역의 서쪽 지역을 거쳐 아산만을 지나 충남 내륙 쪽으로 전개되는 모습도 주목할 필요가 있다.

그러나 묘제전개와 관련하여 초기단계로 구분한 기간은 기원 전후의 기간에서 3세기 중·후반까지의 범위이다. 앞서 살핀 것처럼 초기에는 도읍지역인 한성에 백제라는 고대국가를 건국하였던 집단들을 추정할 수 있는 무덤자료가 없는 셈인데, 기왕에 백제의 출자와 관련하여 이해되었던 적석총도 동시기의 흔적으로 볼 수 있는 것은 확인되지 않는다. 오히려 삼한사회의 속성을 지닌 토광묘 계통의 봉토묘가 집중적으로 있으면서 그것이 4세기대까지 계속적으로 사용되는 모습은 오히려 주목할 필요가 있다. 아무튼 백제의 건국지역의 묘제환경이 한반도 중서부지역의 삼한이나 원삼국시대의 묘제환경과 상통하는 것으로 볼 수 있고 그러한 정황은 백제가 삼한사회의 범주에 머물렀던 것과 관련하여 이해되어야 할 것이다.

백제적 묘제로 인정될 수 있는 것과 함께 다양한 묘제환경이 前期에 이르면 구체화되어 나타난다. 전기는 3세기 말경에서 4세기 중후반까지로 정치적으로 古爾王 후반대에서 近肖古王대까지의 범위이다. 주지되듯이 이 기간은 백제의 국가성립과 관련하여 역동적 움직임이 전개되던 시기이다. 묘제의 경우 도읍지역은 석촌동 유적을 중심으로 즙석봉토분이나 토광묘 등으로 구분되었던 봉토목관묘가 널리 사용되고 있음과 함께 기단식 적석총으로 판단된 유구도 등장한다. 물론 기단식 적석총은 그것이 언제, 어떤 배경으로 등장하였고 묘제의 구체적 실상이 무엇인가는 전혀 베일에 있지만 대체로 3세기말이나 4세기 초반에 등장한 것으로 4세기 중·후반에 횡혈식 석실묘가 유입되기까지 도읍내의 상층 지배층들이 사용한 분묘로 보는 것이다. 여기에 도읍지역에 잔존된 봉토목관묘는 이의 부수적 존재로 보기도 한다. 다만 상장례의 실상이나 묘장제의 내용이 구체화될 수 없고, 기단식 적석총을 분묘로서 성격을 구체화할 수 없는 환경에서 전기의 도읍지역 묘제환경을 상세하게 이해하기는 어렵다. 반면에 지방사회는 토광묘나 석곽묘 및 옹관묘 등의 다양한 묘제들이 등장하여 나름의 고유한 독자성을 갖추면서 전개된다.

前期의 지방사회는 도읍에서 성행하였다고 보는 기단식 적석총은 전혀 확인되지 않는다. 반면에 지역적으로 각각의 고유한 독자 묘제가 부각된다. 경기도 남부지역을 비롯하여 충남 지역의 일원인 중서부지역에는 주구토광묘가 넓게 사용되고, 중부의 내륙지역에는 주구토광묘와 함께 관·곽토광묘가 사용된다. 아울러 수혈식 석곽묘도 이즈음에 등장한 것으로 볼 수 있는데, 이 석곽묘는 경기 남부지역과 충남 특히 금강유역에 널리 자리하고 있다. 물론 충남의 내륙 쪽으로 관·곽토광묘와 함께 수혈식 석곽묘가 지배적 묘제로 자리한다. 이외에 금강 하류를 포함하여 충남의 서해안 및 호남의 서해안 지역으로 분구토광묘가 폭넓게 자리 잡게 된다. 이에 반해서 영산강 유역은 특유의 평면 사다리꼴의 분구토광묘나 분구옹관묘가 성행하기 시작한다.

중기는 횡혈식 석실묘가 유입되고 그것이 이전의 묘제와 병행 사용되면서 점차 확산되어 백제묘제로 자리하는 기간이다. 시간상으로 4세기 중후반경인 근초고왕 무렵부터 5세기 중반이후 특히 웅진으로 천도하기 이전의 한성말기까지를 그 어간으로 잡을 수 있는데, 4세기 중후반에 서북지방으로부터 횡혈식 석실묘라는 새로운 묘제가 백제지역에 유입되는 것이 중기의 시작이다. 횡혈식 석실묘는 도읍지역에서 일정기간 정립기를 거쳐 5세기 중반경에는 도읍지역에서 중심묘제로 자리잡은 것으로 여겨지는데 이는 가락동, 방이동의 석실묘 유적으로 방증될 수 있다. 나아가 판교나 광암리 석실묘 자료는 초기 환경에서 이 석실묘가 널리 사용되었음과 함께 유형적 다양성도 있음을 알게 한다.

중기의 지방사회는 토착적 전통묘제가 다양성이 보다 강화되는 것과 함께 고총고분으로 인정될 수 있을 정도의 발전을 거듭한다. 중서부 지역은 기왕의 주구토광묘가 산발적으로 잔존되면서 관·곽 토광묘의 사용이 확대되고, 금강유역 일원에 석곽묘가 집중 조영되는가 하면, 충남의 서해안을 비롯하여 전북의 서쪽지역에는 분구토광묘가 고총고분으로 보다 발전하는가 하면, 영산강 유역은 특유의 분구옹관묘가 크게 발전한다.

또한 중기 묘제의 전개상에서 주목되는 것은 도읍지역에 유입되어 백제 묘제로 정착되는 횡혈식 석실묘가 지방사회로 파급되는 사실이다. 횡혈식 석실묘는 출입시설이 마련되고 나아가 合葬이나 多葬에 추가장이 전제된 특성을 지닌 묘제로 기왕에 사용되던 단장에 直接葬으로 이루어지는 수혈식 묘제와 근본적 차이가 있다. 이처럼 새로운 묘제가 도읍지역에 등장한 이후 곧바로 지방사회로 파급되는데, 백제 전역에 나타나지만 산발적이란 특징도 있다. 여기에 지방에 등장한 횡혈식 석실묘는 구조적 정형성을 갖추지 못하면서 오히려 지방의 고유묘제가 지닌 축조환경에 영향을 받기도 한다. 지방사회는 이 횡혈식 석실묘의 수용과 함께 고유묘제의 高塚古墳的 조영환경과 짝하여 부장품으로 중앙에서 하사된 각종의 威勢品이 풍부하게 발견되는 특징도 있다.

후기는 중앙사회, 즉 도읍지역의 중심묘제로 횡혈식 석실묘가 자리하면서 자체적 변천을 거쳐 백제적인 것으로 정착되는 기간이다. 다만 지방사회는 중기의 묘제환경이 힘겹게 고수되거나, 자취를 감추는 이상 징후가 나타나는 기간이기도 하다. 대체로 한성말기나 웅진천도부터를 시작으로 석실묘가 백제적인 것으로 정착되고, 더불어 지방사회의 토착적 고유묘제가 완전히 자취를 감추는 6세기 전반 무렵까지이다. 정치적으로 백제의 熊

津遷都 後, 그리고 웅진도읍기의 상당기간을 포함할 수 있으며, 武寧王에 의해 백제의 중흥이 이룩되는 시점까지로 획정할 수 있을 것이다. 정치적으로 상당한 혼란기로 분류될 수 있는 것처럼 묘제환경도 변화발전에 踏步的 停滯를 면치 못하는 기간이기도 하다.

후기에는 횡혈식 석실묘만이 백제 지배층의 주묘제로 사용되고 봉토목관묘 등의 묘제는 완전히 자취를 감춘다. 그리고 횡혈식 석실묘도 한성말기에 성행하던 것들이 원형천정으로 통일되지만 점차 자체적 형식변화가 나타난다. 궁륭식이나 터널식에서 평천정으로 변화된다. 이 과정에 중국의 전축묘도 유입되어 영향을 끼친다. 그런데 평천정으로 전환되기 이전에 석실묘의 지방 확산은 상당히 한정적이다. 반면에 지방사회는 기왕의 중기 묘제환경이 고수되지만 연속성을 갖지 못한 채 자취를 감추는 유적이 증가하고, 호남지역에는 산발적 분포상을 가진 소위 전방후원형 분묘가 갑자기 등장하였다가 사라진다. 물론 이러한 묘제환경은 웅진천도를 즈음하여 전개된 중앙과 지방간의 정치적 혼돈과 관련 있을 것으로 보이며, 그에 따라 필연적으로 나타날 수밖에 없는 문화 轉移의 장애에서 비롯된 것이 아닌가 추정된다. 특히 호남지역의 전방후원형 분묘와 같은 이질적 묘제의 등장도 이처럼 혼란한 정치 환경과 관련하여 이해될 수 있을 것이다.

백제의 고분문화 전개는 후기에 이르면 웅진으로 천도한 직후에 도읍지역에서 횡혈식 석실묘의 단일묘제로 통일되어 중앙사회의 중심묘제로 자리한다. 그리고 이 묘제는 자체적 형식변화를 거쳐 평천정 형식으로 정착된다. 그런데 횡혈식 석실묘가 평천정으로 정착된 이후 백제의 묘제환경은 도읍지는 물론 지방사회까지 횡혈식 석실묘로 통일되기에 이르는데 이 기간을 말기로 구분하는 것이다. 말기의 묘제환경에서 가장 주목되는 현상은 횡혈식 석실묘의 지방 확산으로, 묘제로서 횡혈식 석실묘가 산발적으로 수용되던 단계를 탈피하여 전 지역을 망라하면서 포괄적으로 확산되는 것이다. 그 결과 각 지방에 다양하게 존재하였던 고유의 토착묘제는 자취를 감추고 있다.

말기로 분기되는 기간은 6세기 초·중반경부터 백제의 멸망시점까지이다. 정치적으로 백제의 웅진도읍 후반무렵인 무령왕 후반이나 성왕대부터 비롯되어 이후의 기간이다. 말기의 묘제환경은 횡혈식 석실묘로의 묘제통일과 구조형식도 평천정으로 정립되는 환경을 지적할 수 있다. 물론 횡혈식 석실묘 외에 옹관묘 등의 배장묘도 존재하지만 도읍지역에 성행된 횡혈식 석실묘제가 지방사회에 그대로 나타나 묘제 통일의 정도를 알게 한다. 다만 7세기경에 횡혈식 석실묘도 전통적 장법인 합장이나 다장이 단장으로 변화되어 횡구식이란 새로운 묘제가 창출되기도 하고, 부분적으로 화장묘도 사용된다. 이러한 환경은 다양한 묘제가 횡혈식 석실묘로 통일되는 다원적이었던 사회가 일원화되었음을 알게 한다.

5, 結言

백제분묘의 유형을 18가지로 보았다. 백제의 범위는 삼한중 마한 소국의 '伯濟'가 삼국중의 百濟'로 전환되는 시기를 시작으로 멸망하기까지 약 350여년간, 강역인 경기·충청·전라지역에 잔존된 분묘를 종합하여 축조방식과 재료 그리고 매장부의 묘제 특성에 기초하여 분류한 것이다.

이러한 묘제 정황은 우선적으로 다양성이 크게 돋보이는 것인데 각각의 묘제는 시·공간적 분포 특성과 함께 전개상에 나름의 독창적 면모를 갖추고 있기도 하다. 백제의 묘제는 토광묘계통과 석축묘 계통 그리고 옹관묘 계통 및 기타의 유형으로 구분할 수 있는데, 토광묘 계통의 것으로 봉토목관묘, 주구토광묘, 관·곽토광묘, 분구토광묘는 한성도읍기에 널리 성행한 묘제이기도 하다. 석축묘로 봉석목관묘의 경우 종전에 적석묘로 이해되었던 것이나 매장시설을 중심한 묘제인식의 결과이다. 더불어 계단식 적석총은 묘제로서 검토를 위한 자료의 확대가 긴요하다고 여겨진다. 그러나 석곽묘나 석실묘는 백제묘제로서 상당히 다양한 형상으로 존재하고 이는 옹관묘의 경우도 마찬가지이다.

더불어 백제분묘는 국가형성 과정에 짝하여 다양하던 묘제가 단일의 묘제로 정립되는 모습이 가장 주목된다. 초기의 묘제는 원삼국기 마한지역의 묘제에 기초하여 봉토·봉석목관묘가 사회 저변에 넓게 자리하다가 4세기 즈음의 한반도 정세 변화에 짝하여 주구토광묘, 관·곽토광묘의 등장을 비롯하여 분구토광묘가 발생하는 역동적 변화상이 연출되면서 석곽묘라던가 아니면 전통적 옹관묘제의 변형 발전도 이루어진다. 특히 선진묘제로 인정될 수 있는 석실묘의 등장과 이의 확산은 백제가 고대국가로의 진입과 더불어 본격화되기도 한다. 특히 6세기에 이르면 그처럼 다양한 묘제가 석실묘로 일원화되는 모습에서 정치, 사회의 일원화를 유추할 수 있을 뿐만 아니라 횡혈식 묘제의 백제적 묘제로 정착으로 백제의 선진문화의 섭취와 소화력을 살필 수 있기도 하다.

찾아보기